现代化新征程丛书

隆国强　总主编

GREEN ELECTRICITY FOR THE FUTURE

Green Low-carbon Transformation Development of Electric Power Industry

绿动未来

电力行业绿色低碳转型发展

中国大唐集团有限公司　编著

国研智库　指导

中国发展出版社
CHINA DEVELOPMENT PRESS

图书在版编目（CIP）数据

绿动未来：电力行业绿色低碳转型发展 / 中国大唐集团有限公司编著．—北京：中国发展出版社，2024.5

ISBN 978-7-5177-1400-2

Ⅰ．①绿… Ⅱ．①中… Ⅲ．①电力工业－低碳经济－经济发展－研究报告－中国－2023 Ⅳ．①F426.61

中国国家版本馆 CIP 数据核字（2024）第 015340 号

书　　　名： 绿动未来：电力行业绿色低碳转型发展
著作责任者： 中国大唐集团有限公司
责 任 编 辑： 郭心蕊　李欣桐
出 版 发 行： 中国发展出版社
联 系 地 址： 北京经济技术开发区荣华中路 22 号亦城财富中心 1 号楼 8 层（100176）
标 准 书 号： ISBN 978-7-5177-1400-2
经　销　者： 各地新华书店
印　刷　者： 北京博海升彩色印刷有限公司
开　　　本： 710mm × 1000mm　1/16
印　　　张： 17.75
字　　　数： 200 千字
版　　　次： 2024 年 5 月第 1 版
印　　　次： 2024 年 5 月第 1 次印刷
定　　　价： 88.00 元

联 系 电 话：（010）68990535　68360970
购 书 热 线：（010）68990682　68990686
网 络 订 购： http://zgfzcbs.tmall.com
网 购 电 话：（010）88333349　68990639
本 社 网 址： http://www.develpress.com
电 子 邮 件： 174912863@qq.com

“现代化新征程丛书”编委会

联合编制单位

国研智库
中国社会科学院工业经济研究所
中共浙江省委政策研究室
工业和信息化部电子第五研究所（服务型制造研究院）
清华大学技术创新研究中心
清华大学人工智能国际治理研究院
上海交通大学国际与公共事务学院
上海交通大学健康传播发展中心
浙江省发展规划研究院
苏州大学北京研究院
江苏省产业技术研究院
中国大唐集团有限公司
广东省交通集团有限公司
行云集团
上海昌进生物科技有限公司
安易持（北京）安全技术研究院
广东利通科技投资有限公司

《绿动未来：电力行业绿色低碳转型发展》编委会

主　任

邹　磊

副主任

刘明胜

成　员

余　波　王　瑛　曲　波　张传江　彭　勇

陶云鹏　张诗雨

编写组

组　长

李霄飞

副组长

夏怀祥　翟国寿　张国辉　辛克锋　陈　武

朱发根　阎　秦　王燕青

成　员

申　万　吴　健　常　啸　征少卿　刘　畅

朱晋娜　杜泽民　孙李平　雷振锋　周雪峰

陈　豪　闫睿智　陈　琼

总　序

党的二十大报告提出，从现在起，中国共产党的中心任务就是团结带领全国各族人民全面建成社会主义现代化强国、实现第二个百年奋斗目标，以中国式现代化全面推进中华民族伟大复兴。当前，世界之变、时代之变、历史之变正以前所未有的方式展开，充满新机遇和新挑战，全球发展的不确定性不稳定性更加突出，全方位的国际竞争更加激烈。面对百年未有之大变局，我们坚持把发展作为党执政兴国的第一要务，把高质量发展作为全面建设社会主义现代化国家的首要任务，完整、准确、全面贯彻新发展理念，坚持社会主义市场经济改革方向，坚持高水平对外开放，加快构建以国内大循环为主体、国内国际双循环相互促进的新发展格局，不断以中国的新发展为世界提供新机遇。

习近平总书记指出，今天，我们比历史上任何时期都更接近、更有信心和能力实现中华民族伟大复兴的目标。中华民族已完成全面建成小康社会的千年夙愿，开创了中国式现代化新道路，为实现中华民族伟大复兴提供了坚实的物质基础。现代化新征程就是要实现国家富强、民族振兴、人民幸福的宏伟目标。在党的二十大号召下，全国人民坚定信心、同心同德，埋头苦干、奋勇前进，为全面建设社会主义现代化国家、全面推进中华民族伟大复兴而团结奋斗。

走好现代化新征程，要站在新的历史方位，推进实现中华民族伟大复兴。党的十八大以来，中国特色社会主义进入新时代，这是我国发展新的历史方位。从宏观层面来看，走好现代化新征程，需要站在新的历史方位，客观认识、准确把握当前党和人民事业所处的发展阶段，不断推动经济高质量发展。从中观层面来看，走好现代化新征程，需要站在新的历史方位，适应我国参与国际竞合比较优势的变化，通过深化供给侧结构性改革，对内解决好发展不平衡不充分问题，对外化解外部环境新矛盾新挑战，实现对全球要素资源的强大吸引力、在激烈国际竞争中的强大竞争力、在全球资源配置中的强大推动力，在科技高水平自立自强基础上塑造形成参与国际竞合新优势。从微观层面来看，走好现代化新征程，需要站在新的历史方位，坚持系统观念和辩证思维，坚持两点论和重点论相统一，以“把握主动权、下好先手棋”的思路，充分依托我国超大规模市场优势，培育和挖掘内需市场，推动产业结构优化和转型升级，提升产业链供应链韧性，增强国家的生存力、竞争力、发展力、持续力，确保中华民族伟大复兴进程不迟滞、不中断。

走好现代化新征程，要把各国现代化的经验和我国国情相结合。实现现代化是世界各国人民的共同追求。随着经济社会的发展，人们越来越清醒全面地认识到，现代化虽起源于西方，但各国的现代化道路不尽相同，世界上没有放之四海而皆准的现代化模式。因此，走好现代化新征程，要把各国现代化的共同特征和我国具体国情相结合。我们要坚持胸怀天下，拓展世界眼光，深刻洞察人类发展进步潮流，以海纳百川的宽阔胸襟借鉴吸收人类一切优秀文明成果。坚持从中国实际出发，不断推进和拓展中国式现代化。党的二十大报告系统阐述了中国式现代化的五大特征，即中国式现代化是人口规模巨大的现代化、是全体人民共同富裕的现代化、是物质文明和精神文明相协调的现代化、是人与自然和谐共生的现代化、是走和平发展道路的现代化。中国式现代化的五大特征，反映出我们的现代化新征程，是基于大国经济，按照中国特色社会主义制度的本质要求，实现长期全面、绿色可持续、和平共赢的现代化。此外，党的二十大报告提出了中国式现代化的本质要求，即坚持中国共产党领导，坚持中国特色社会主义，实现高质量发展，发展全过程人民民主，丰富人民精神世界，实现全体人民共同富裕，促进人与自然和谐共生，推动构建人类命运共同体，创造人类文明新形态。这既是我们走好现代化新征程的实践要求，也为我们指明了走好现代化新征程的领导力量、实践路径和目标责任，为我们准确把握中国式现代化核心要义，推动各方面工作沿着复兴目标迈进提供了根本遵循。

走好现代化新征程，要完整、准确、全面贯彻新发展理念，着力推动高质量发展，加快构建新发展格局。高质量发展是全面建设社会主义现代化国家的首要任务。推动高质量发展必须完整、准确、全面贯彻新发展理念，让创新成为第一动力、协调成为内生特点、绿色成为普遍形态、开放成为必由之路、共享成为根本目的，努力实现高质量发展。同时，还必须建立和完善促进高质量发展的一整套体制机制，才能保障发展方式的根本性转变。如果不能及时建立一整套衡量高质量发展的指标体系和政绩考核体系，就难以引导干部按照新发展理念来推进工作。如果不能在创新、知识产权保护、行业准入等方面建立战略性新兴产业需要的体制机制，新兴产业、未来产业等高质量发展的新动能也难以顺利形成。

走好现代化新征程，必须全面深化改革、扩大高水平对外开放。改革开放为我国经济社会发展注入了强劲动力，是决定当代中国命运的关键一招。改革开放以来，我国经济社会发展水平不断提升，人民群众的生活质量不断改善，经济发展深度融入全球化体系，创造了举世瞩目的伟大成就。随着党的二十大开启了中国式现代化新征程，需要不断深化重点领域改革，为现代化建设提供体制保障。2023年中央经济工作会议强调，必须坚持依靠改革开放增强发展内生动力，统筹推进深层次改革和高水平开放，不断解放和发展生产力、激发和增强社会活力。第一，要不断完善落实“两个毫不动摇”的体制机制，充分激发各类经营主体的内生动力和创新活力。公有制为主体、多种所有制经济共同发展是我国现代化建设的重要优势。推动高质量发展，需要深化改革，充分释放各类经营主体的创新活力。应对国际环境的复杂性、严峻性、不确定性，克服“卡脖子”问题，维护产业链供应链安全稳定，同样需要为各类经营主体的发展提供更加完善的市场环境和体制环境。第二，要加快全国统一大市场建设，提高资源配置效率。超大规模的国内市场，可以有效分摊企业研发、制造、服务的成本，形成规模经济，这是我国推动高质量发展的一个重要优势。第三，扩大高水平对外开放，形成开放与改革相互促进的新格局。对外开放本质上也是改革，以开放促改革、促发展，是我国发展不断取得新成就的重要法宝。对外开放是利用全球资源全球市场和在全球配置资源，是高质量发展的内在要求。

知之愈明，则行之愈笃。走在现代化新征程上，我们出版“现代化新征程丛书”，是为了让社会各界更好地把握当下发展机遇、面向未来，以奋斗姿态、实干业绩助力中国式现代化开创新篇章。具体来说，主要有三个方面的考虑。

一是学习贯彻落实好党的二十大精神，为推进中国式现代化凝聚共识。党的二十大报告阐述了开辟马克思主义中国化时代化新境界、中国式现代化的中国特色和本质要求等重大问题，擘画了全面建成社会主义现代化强国的宏伟蓝图和实践路径，就未来五年党和国家事业发展制定了大政方针、作出了全面部署，是中国共产党团结带领全国各族人民夺取新时代中国特色社会主义新胜利的政治宣言和行动纲领。此套丛书，以习近平新时代中国特色社会主义思想为指导，认真对标对表党的二十大报告，从报告原文中找指导、从会议精神中找动力，用行动践行学习宣传贯彻党的二十大精神。

二是交流高质量发展的成功实践，释放创新动能，引领新质生产力发展，为推进中国式现代化汇聚众智。来自20多家智库和机构的专家参与本套丛书的编写。丛书第二辑将以新质生产力为主线，立足中国式现代化的时代特征和发展要求，直面各个地区、各个部门面对的新情况、新问题，总结借鉴国际国内现代化建设的成功经验，为各类决策者提供咨询建议。丛书内容注重实用性、可操作性，努力打造成为地方政府和企业管理层看得懂、学得会、用得了的使用指南。

三是探索未来发展新领域新赛道，加快形成新质生产力，增强发展新动能。新时代新征程，面对百年未有之大变局，我们要深入理解和把握新质生产力的丰富内涵、基本特点、形成逻辑和深刻影响，把创新贯穿于现代化建设各方面全过程，不断开辟发展新领域新赛道，特别是以颠覆性技术和前沿技术催生的新产业、新模式、新动能，把握新一轮科技革命机遇、建设现代化产业体系，全面塑造发展新优势，为我国经济高质量发展提供持久动能。

“现代化新征程丛书”主要面向党政领导干部、企事业单位管理层、专业研究人员等读者群体，致力于为读者丰富知识素养、拓宽眼界格局，提升其决策能力、研究能力和实践能力。丛书编制过程中，重点坚持以下三个原则：一是坚持政治性，把坚持正确的政治方向摆在首位，坚持以党的二十大精神为行动指南，确保相关政策文件、编选编排、相关概念的准确性；二是坚持前沿性，丛书选题充分体现鲜明的时代特征，面向未来发展重点领域，内容充分展现现代化新征程的新机遇、新要求、新举措；三是坚持实用性，丛书编制注重理论与实践的结合，特别是用新的理论要求指导新的实践，内容突出针对性、示范性和可操作性。在上述理念与原则的指导下，“现代化新征程丛书”第一辑收获了良好的成效，入选中宣部“2023年主题出版重点出版物选题”，相关内容得到了政府、企业决策者和研究人员的极大关注，充分发挥了丛书服务决策咨询、破解现实难题、支撑高质量发展的智库作用。

“现代化新征程丛书”第二辑按照开放、创新、产业、模式“四位一体”架构进行设计，包含十多种图书。其中，“开放”主题有“‘地瓜经济’提能升级”“跨境电商”等；“创新”主题有“科技创新推动产业创新”“前沿人工智能”等；“产业”主题有“建设现代化产业体系”“储能经济”“合成生物”“绿动未来”“建设海洋强国”“产业融合”“健康产业”“安全应急产业”等；“模式”主题有“未来制造”等。此外，丛书编委会根据前期调研，撰写了“高质量发展典型案例（二）”。

相知无远近，万里尚为邻。丛书第一辑的出版，已经为我们加强智库与智库、智库与传播界之间协作，促进智库研究机构与智库传播机构的高水平联动提供了很好的实践，也取得社会效益与经济效益的双丰收，为我们构建智库型出版产业体系和生态系统，实现“智库引领、出版引路、路径引导”迈出了坚实的一步。积力之所举，则无不胜也；众智之所为，则无不成也。我们希望再次与大家携手共进，通过丛书第二辑的出版，促进新质生产力发展、有效推动高质量发展，为全面建成社会主义现代化强国、实现第二个百年奋斗目标作出积极贡献！

隆国强

国务院发展研究中心副主任、党组成员

2024年3月

前　言

当今世界，百年未有之大变局加速演进，世界之变、时代之变、历史之变正在以前所未有的方式展开，中国正在以中国式现代化全面推进中华民族伟大复兴。走好中国式现代化新征程，能源电力行业绿色低碳转型发展是重要篇章，包括新能源在内的电力行业孕育着战略性新兴产业、未来产业等丰富新质生产力。从工业发展史来看，能源革命推动了工业革命，可以说能源革命是工业革命的基础和先声。从人类发展史来看，从柴薪时代到煤炭时代，再到油气时代、电力时代，经济社会的每一次重大进步，都离不开能源革命的支撑。推进中国式现代化和中华民族伟大复兴，离不开能源变革和转型的支撑，离不开电力行业的绿色低碳转型引领。能源电力行业正在迎来清洁可再生能源对传统化石能源大规模替代的新时期，一幅崭新的以安全可靠、绿色低碳、经济高效、数字智慧、可及可负担、供应可持续为主要特征的能源变革新时代画卷正在中国大地徐徐展开。

一、共襄新时代能源革命盛举

推进中国能源绿色低碳转型，能源安全新战略为我们指明前进方向。中国作为负责任的大国，在全球能源变革转型的大潮中主动担当作为，积极做世界能源变革的参与者、支持者、贡献者、引领者，为世界树立中国榜样，为全球作出中国贡献，为各国贡献中国智慧，为人类践行中国责任。习近平总书记 2014 年 6 月创造性提出“四个革命、一个合作”能源安全新战略[①]，为中国能源电力行业绿色低碳转型发展提供了根本遵循，为新时代中国能源高质量发展指明了方向。过去十年，在以习近平同志为核心的党中央坚强领导下，中国坚定不移推进能源革命，以更大力度深入推进能源电力绿色低碳转型，能源生产和利用方式发生了重大变革，中国能源电力事业在高质量发展道路上迈出了坚定的新步伐，也推动全球能源可持续发展迈向了新阶段。十年来，中国以年均不到 3% 的能源消费增速支撑了年均超过 6% 的经济增长，煤炭消费比重由 2013 年的 67.4% 下降到了 2022 年的 56.2%，天然气、水电、核电、风电、太阳能发电等清洁能源消费比重由 2013 年的 15.5% 大幅提升到 2022 年的 25.9%。

推进中国能源绿色低碳转型，“双碳”目标为我们明确奋斗方向。我国不仅高度重视国家能源安全，更时刻谨记全球可持续发展责任，致力于推动强化人类命运共同体意识，建设人类美好家园。2020 年 9 月，习近平主席在第七十五届联合国大会一般性辩论上提出，中国二氧化碳排放力争于 2030 年前达到峰值，努力争取 2060 年前实现碳中和[②]。自此，中国贯彻落实“四个革命、一个合作”能源安全新战略，开启了一个以实现“双碳”目标为引领的新阶段，一系列政策设计逐步成形。2021 年 10 月，中共中央、国务院正式印发《关于完整准确全

---

① 2014 年 6 月 13 日，习近平总书记在原中央财经领导小组第六次会议上明确提出“四个革命，一个合作”能源安全新战略，即：推动能源消费革命，抑制不合理能源消费；推动能源供给革命，建立多元供应体系；推动能源技术革命，带动产业升级；推动能源体制革命，打通能源发展快车道；全方位加强国际合作，实现开放条件下能源安全。参见《习近平：积极推动我国能源生产和消费革命》，《人民日报》2014 年 6 月 14 日。

② 习近平：《在第七十五届联合国大会一般性辩论上的讲话》，新华社，2020 年 9 月 22 日。

面贯彻新发展理念做好碳达峰碳中和工作的意见》；同年 10 月，国务院发布《2030 年前碳达峰行动方案》。这两份文件对我国碳达峰碳中和工作和相关制度建设作出顶层设计，是碳达峰碳中和“1+N”政策体系中的统领性文件“1”，为推进碳达峰碳中和工作进行了系统谋划、总体部署。随后，国家相关部委、地方政府相继印发政策文件，逐步健全完善了中国碳达峰碳中和“1+N”政策体系。目前，以能源电力行业为先锋，能源等重点领域落实国家“双碳”政策的步伐正在加快，取得的成效也逐步显现。冶金、炼化等其他领域和一些重点地区的“双碳”工作已经取得显著成效，中国正在为应对全球气候变化、推动人类可持续发展作出与大国地位相匹配的积极贡献。

推进中国能源绿色低碳转型，能源强国战略部署为我们注入强劲动力。强大的现代能源工业，是社会主义现代化强国的重要基础和重要特征。建设能源强国是建设社会主义现代化强国、推进中国式现代化的重要组成部分，能源绿色低碳转型发展是主要方向。建设能源强国必须以能源自立为基础和前提，习近平总书记提出“能源的饭碗必须端在自己手里”①。面对世界百年未有之大变局的加速演进，全球能源供需格局发生深刻变化，世界各国能源结构加快向绿色低碳转型，迫切需要我们做强现代能源工业，加快构建清洁低碳、安全高效的现代能源体系，培育一批具有全球竞争力的世界一流能源企业，满足社会主义现代化强国建设的能源需要。2021 年以来的能源供应紧张局面，乌克兰危机给世界能源供应格局带来的深刻影响，都进一步证明建设能源强国必须立足本国能源资源禀赋，在全球能源治理合作中寻求本国能源安全。保障本国能源安全和可持续安全稳定供应，绿色低碳能

① 《大河奔涌，奏响新时代澎湃乐章》，《人民日报》2021 年 10 月 24 日第 1 版。

源的开发是主要方向，尤其是以风光资源为代表的可持续能源资源的开发利用，是保障国家能源安全的根本之策。世界各国正在加速推进能源绿色低碳转型，中国的能源安全和可持续供应必将立足于我国丰富的风光水等可再生能源，中国也正在朝着这一方向坚定地迈出步伐，已经走出了一条独具特色的建设能源强国的中国道路。

推进中国能源绿色低碳转型，构建新型能源体系和新型电力系统为我们划定主战场。建设新型能源体系、构建新型电力系统是建设能源强国、保障国家可持续能源供应、推动能源绿色低碳转型的中心环节。基于国际能源格局演变、我国能源绿色低碳转型趋势和保障国家能源安全需要，党的二十大报告首次提出加快规划建设新型能源体系。习近平总书记 2023 年 7 月在四川考察时强调，要科学规划建设新型能源体系，促进水风光氢天然气等多能互补发展[①]。建设新型能源体系是我国保障国家能源安全、应对气候变化、节约能源资源、遏制环境污染、促进经济增长和社会进步的必然要求，它将是一个包括化石能源和非化石能源的多元化能源体系，也将是能源低碳化、清洁化发展的绿色低碳能源体系，其中构建新型电力系统是核心环节。习近平总书记高度重视新型电力系统建设，在 2021 年的中央财经委员会第九次会议上，首次提出“构建以新能源为主体的新型电力系统”[②]。2023 年 7 月，习近平总书记主持召开中央全面深化改革委员会第二次会议，审议通过了《关于深化电力体制改革加快构建新型电力系统的指导意见》，强调“加快构建清洁低碳、安全充裕、经济高效、供需协同、灵活智能的新型电力系统，更好推动能源生产和消费革命，保障国家能

① 《推动新时代治蜀兴川再上新台阶 奋力谱写中国式现代化四川新篇章》，《人民日报》2023 年 7 月 30 日第 1 版。

② 《推动平台经济规范健康持续发展 把碳达峰碳中和纳入生态文明建设整体布局》，《人民日报》2021 年 3 月 16 日第 1 版。

源安全”[①]，把我国新型电力系统建设推向一个全新的高度。新型电力系统建设将是我国能源电力行业未来绿色低碳转型发展的主旋律，也将是我国建设新型能源体系的核心组成部分，必将不断取得新成效、实现新突破。

推进中国能源绿色低碳转型，电力行业高质量发展为我们点亮主阵地。落实能源安全新战略和“双碳”目标要求，推进能源绿色低碳转型发展、建设能源强国，能源领域是主战场、电力行业是主阵地、国资央企是急先锋。电力行业作为关系国计民生的关键产业，保障国家能源安全责无旁贷。推进节能减排、着力生态环境建设、共建全球美好家园，电力行业同样责无旁贷。2022年，从我国二氧化碳排放量来看，能源行业排放占比达到88%；在能源行业二氧化碳排放中，电力行业排放占比高达41%。这些数据表明，落实国家绿色低碳转型系列战略部署，能源行业是关键，电力行业必须先行。从2022年我国电力装机来看，全国发电装机容量25.64亿千瓦，其中仅“五大六小”中央企业的电力装机容量就达到14.38亿千瓦，占全国电力装机容量的56.08%。电力装机的市场格局，决定了国资央企必然是落实“双碳”目标要求的先锋队。近年来，包括国资央企在内的全国广大电力企业，认真践行能源安全新战略，扎实推进“双碳”工作，全力保障国家能源安全，有效聚焦新能源的规模化开发利用和传统能源的低碳化清洁化发展，取得显著成效，为全国绿色低碳转型作出重要贡献。面向未来，伴随着电气化水平的不断提升、绿色清洁能源开发利用的继续加速，电力行业尤其是国资央企的绿色低碳转型引领作用将更加突出，中国能源的绿色低碳转型关键在电力行业。

---

① 《建设更高水平开放型经济新体制 推动能耗双控逐步转向碳排放双控》，《人民日报》2023年7月12日第1版。

二、共谱绿色低碳未来新华章

方向明则步履坚，行动实则成果硕。在党中央、国务院一系列重大决策部署指引下，全国上下认真贯彻落实，能源电力行业基于中国国情、聚焦绿色低碳转型，走出了一条中国特色的电力行业转型发展之路，形成了高质量发展的阶段性成果，成为中国式现代化新征程上的重要实践。为了将中国电力行业在推进中国式现代化进程中的担当作为更好地展现给世人、展现给社会，中国大唐集团有限公司（以下简称“中国大唐”）从2023年起牵头组织编写“电力行业绿色低碳发展年度报告”。本书作为首期报告，对我国电力行业2022年底以前的绿色低碳转型发展情况进行了简要梳理。2024年起，中国大唐将组织编写团队按照年度梳理上一年我国电力行业绿色低碳转型发展情况，形成电力行业年度绿色低碳转型发展系列报告。

本书从全球电力行业绿色低碳转型趋势入手，在分析研判中国绿色低碳转型发展形势的基础上，聚焦关键环节，系统梳理总结了推进绿色低碳转型发展的中国智慧、央企行动、典型示范，并对未来转型趋势进行了展望，最后从案例视角进一步展示了中国电力企业绿色低碳转型发展的典型重大支撑项目。在篇章安排上，第一章至第六章重在总结思想、梳理脉络、亮明观点、展示成果，附录重在以重大鲜活案例展现绿色低碳转型发展的实践成效。全书各部分主要内容如下：第一章为全球趋势，重点阐述面对世界百年未有之大变局，全球电力行业呈现的绿色低碳转型发展新变化、新趋势。第二章为发展形势，主要是在全球绿色低碳转型发展格局中，明确中国电力行业绿色低碳转型的发展基础，重点阐述面临的世界形势、中国形势和行业形势。第三章主要阐述绿色低碳转型发展的中国智慧，重点聚焦思想引领、中国绿色低碳转型政策体系、新型电力系统谋划实施、绿色低碳转型成效等。第四章为央企行动，主要围绕电力行业如何贯彻落实国家绿色低碳转型发展战略部署，阐述“两网”“五大”企业绿色低碳转型发展的战略部署、关键举措和主要成效。第五章在对电力行业绿色低碳转型发展实践总体阐述的基础上，重点总结中国大唐近年来的绿色低碳转型发展做法与成效。第六章主要对电力行业绿色低碳转型发展趋势进行研判和预测。附录部分重点总结梳理了近年来中国电力行业绿色低碳转型发展实践中涌现的优秀成果案例，包括电力行业央企在风电、光伏、水电、核电、气电、煤电、储能、氢能、综合智慧能源、新型输电技术等领域创造的典型项目和先进标杆。

中国绿色低碳转型发展取得举世瞩目的成效，成为引领世界绿色低碳转型发展的关键力量。中国电力行业勇担使命、勇毅前行，成为世界电力行业绿色低碳转型的引领者。相信中国电力行业必将在习近平新时代中国特色社会主义思想的指引下，一往无前、不辱使命、不负重托，为推进中国式现代化、推进中华民族伟大复兴作出新的更大的贡献；相信中国电力企业的绿色低碳转型发展必将成为中国式现代化这部波澜壮阔的史诗级画卷中的重要一卷，为支撑引领中国式现代化弹奏好电力乐章。

尺之木必有节目，寸之玉必有瑕璃。受时间、阅历、经历和能力所限，本书作为第一部公开出版发行的电力行业绿色低碳转型发展年度报告，其中的瑕疵和不足在所难免，其中的观点仅代表本书编写团队的思考和探索，各位读者如有不同见解，欢迎探讨交流，书中如有不妥不当之处，欢迎批评指正，我们力求在下一年度的报告中吸取借鉴。

目　录

第一章

全球趋势：电力行业绿色低碳转型综述

近年来，面对纷繁复杂的国际局势，世界各国努力维护能源安全，积极应对气候变化，持续推动新能源和可再生能源发展。然而，全球能源变革之路任重道远，电力行业绿色低碳转型还需稳步推进，新能源和可再生能源平准化度电成本仍有下降空间，绿色低碳转型将重塑全球能源格局。

第一节　全球能源绿色低碳转型发展趋势

受到国际局势动荡、极端天气频发的影响，全球能源价格剧烈波动。自2021年底以来，石油、煤炭、天然气等传统化石能源的价格持续上涨，乌克兰危机等一系列事件导致能源危机在欧洲发端并不断扩散至全球。高昂的能源价格严重制约了全球各国经济的健康发展，对全球经济造成了巨大的负面影响。

面对如此艰难的困境，全球能源绿色低碳转型的步伐却并未停滞不前，反而持续加速，并且有引领以绿色低碳为特征的新一轮工业革命的趋势。这主要得益于以下两方面原因：一方面，颠覆性的绿色低碳技术、产业和产品层出不穷，保障了全球能源行业绿色低碳转型的顺利推进；另一方面，随着环境、社会和公司治理（ESG）理念及可持续发展理念的快速普及，各个国家和机构开始出台相应的绿色法规政策，这成为推动全球能源行业绿色低碳转型的重要力量。如中国提出的“双碳”目标、联合国成立的负责任投资原则组织、欧盟推出的能源转型计划（REPowerEU）、美国2022年颁布的《通胀削减法案》等。结合现实情况来看，未来一段时间内，石油、煤炭、天然气等传统化石能源依然会占据能源市场主导地位，但以绿色低碳和可持续发展为特征的新能源和可再生能源将会不断拓展新的市场并快速发展。

一、全球能源发展迎来复苏新气象

自 19 世纪第二次工业革命以来，化石能源消费成为全球经济增长的主要动力。特别是进入 20 世纪以后，石油、天然气、煤炭的需求量持续上涨，其中，石油占据了第一能源的主导地位。虽然近些年受到环境恶化、资源危机的影响，新能源和可再生能源开始快速发展，形成了与化石能源并存的格局，但在未来一段时间内，化石能源依然是全球能源消耗的主要来源。

据《BP 世界能源统计年鉴》，2022 年全球一次能源消费增长速度放缓，同比仅增长 1.1%，相较 2000 年增长了 52%。如图 1-1 所示，在全球一次能源消费中，2022 年化石能源占比达到 81.8%，相较 2000 年下降 3.8 个百分点；其中，石油占比 31.6%，相较 2000 年下降了 7.4

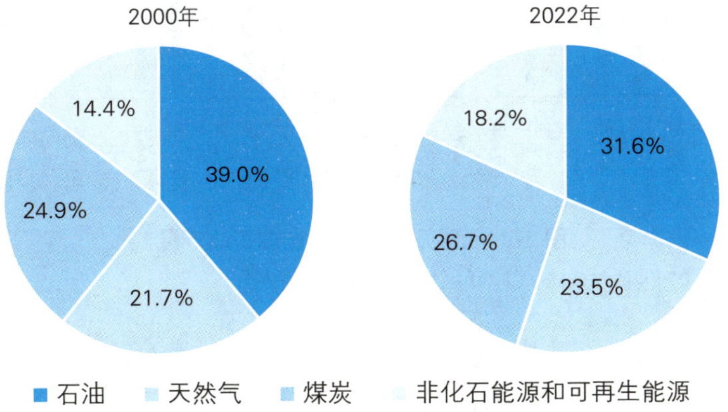

图 1-1　2000 年、2022 年全球一次能源供应结构对比

数据来源：《BP 世界能源统计年鉴》。

个百分点；煤炭占比 26.7%，相较 2000 年增加了 1.8 个百分点；天然气占比 23.5%，相较 2000 年同样增加了 1.8 个百分点。2022 年非化石能源和可再生能源仅占 18.2%，但相较 2000 年增加了 3.8 个百分点。未来可再生能源占比将会不断提高，并实现反超，最终占据能源消耗主导地位。

（一）石油

受新冠疫情影响，全球石油需求开始减少，导致 2020 年和 2021 年石油产量回到 2014 年的水平。然而在全球石油价格大幅波动以及乌克兰危机持续升级的背景下，2022 年全球石油产量显著反弹，实现大幅增长，较 2021 年产量增加了 4.3%，达到了 44.1 亿吨，但仍低于 2018 年和 2019 年的产量（见图 1–2）。

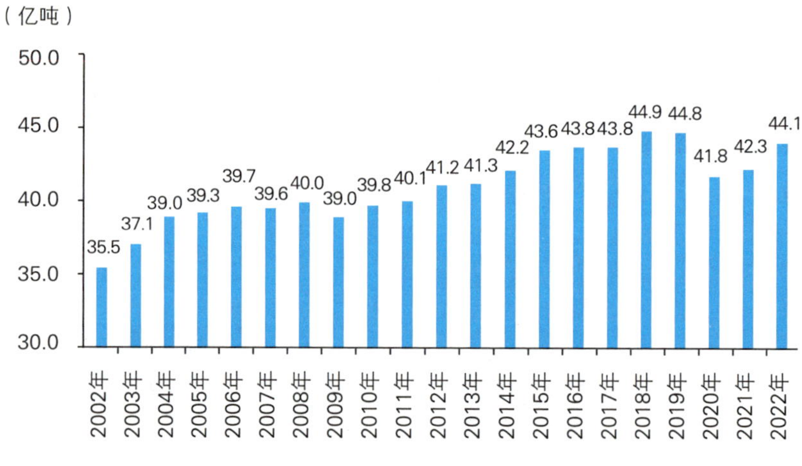

图 1-2　2002—2022 年全球石油产量

数据来源：美国《油气杂志》（OGJ）《全球油气储量报告》。

石油消费方面，如图 1–3 所示，2022 年全球石油年消费量同比增加约 3.05%，达到 43.9 亿吨。其中，美国是世界上最大的石油消费国，2022 年石油平均日消费量为 1910 万桶。

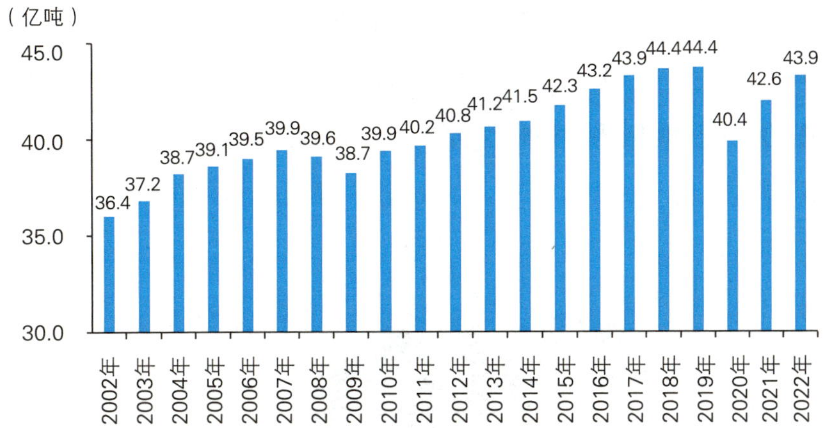

图 1-3　2002—2022 年全球石油消费量

数据来源：《BP 世界能源统计年鉴》。

其中，欧佩克国家（欧佩克国家共有 13 个成员国，分别为伊朗、伊拉克、科威特、沙特阿拉伯、委内瑞拉、利比亚、阿尔及利亚、尼日利亚、阿拉伯联合酋长国、安哥拉、加蓬、赤道几内亚和刚果共和国）贡献了 2022 年石油新增产量的 50% 以上，沙特阿拉伯、伊拉克、安哥拉等国的石油产量增幅均超过 5%；非欧佩克国家石油新增产量中，美国占到了 77% 以上，成为全球最大的石油生产国（见图 1–4）。

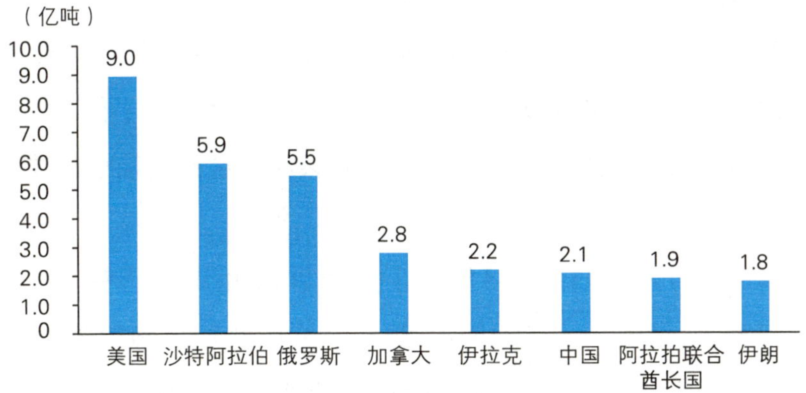

图 1-4　2022 年全球主要国家石油产量

数据来源：美国《油气杂志》（OGJ）《全球油气储量报告》。

石油储量方面，2022年全球石油探明储量增长了1.3%，达到2406.9亿吨，储采比达到了52.1。其中，全球主要石油储量仍然集中在中东地区和美洲地区，全球石油资源格局基本未变（见图1–5）。

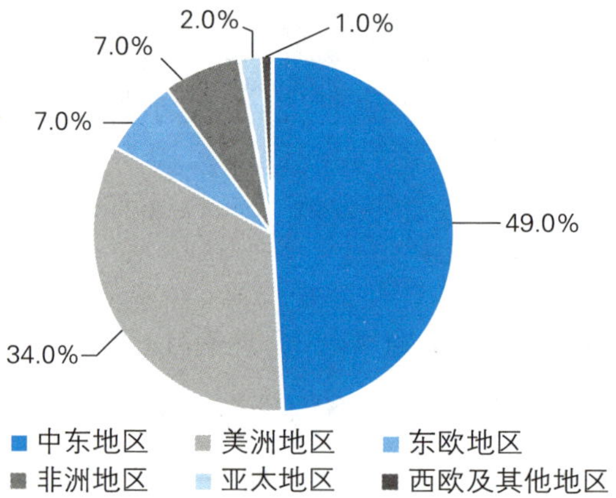

图1-5　2022年全球石油探明储量分布

数据来源：美国《油气杂志》（OGJ）《全球油气储量报告》。

（二）煤炭

全球煤炭产量在经历2020年负增长后，连续两年实现快速增长，2022年全球煤炭产量为59.6亿吨（折合标煤），较2021年增长7.4%（见图1–6），迎来历史新高，这主要源于全球对于化石燃料需求的持续增加。中国、印度、印度尼西亚为煤炭产量排名前三的国家（见图1–7）。

煤炭消费方面，如图1–8所示，全球2022年煤炭消费量（折合标煤）达到55.17亿吨，较2021年消费量增长0.7%。虽然相较2021年的增速放缓，但仍创下自2015年以来煤炭消费增量的新高，并且这一数值在2023年将会继续刷新。

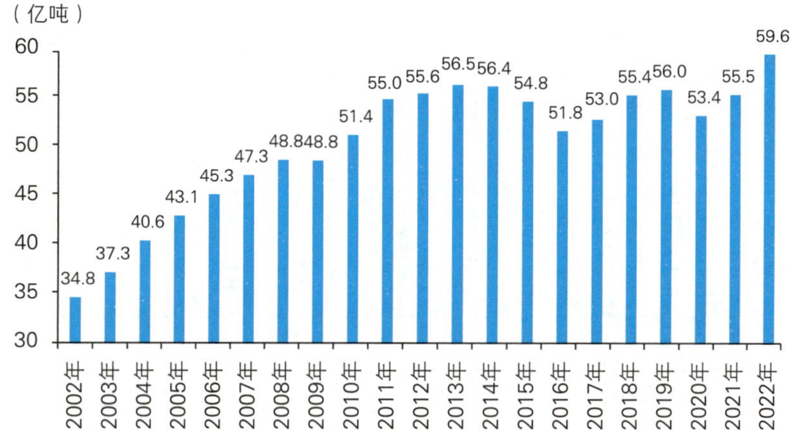

图 1-6　2002—2022 年全球煤炭产量（折合标煤）

数据来源：《BP 世界能源统计年鉴》。

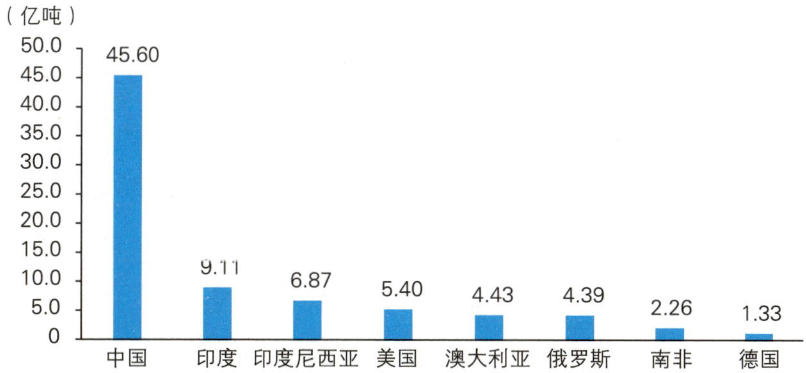

图 1-7　2022 年全球主要国家煤炭产量

数据来源：《BP 世界能源统计年鉴》。

煤炭贸易方面，2022 年全球煤炭贸易下降了近 4%，创造了 2017 年以来下降数值的新低。其中，在煤炭出口方面，俄罗斯、澳大利亚和印度尼西亚为出口大国，占到了全球煤炭出口总额的 70% 以上；在煤炭进口方面，亚太地区是全球最大的煤炭进口市场，其中中国是最大的煤炭进口国，2022 年中国进口煤炭达 2.93 亿吨。

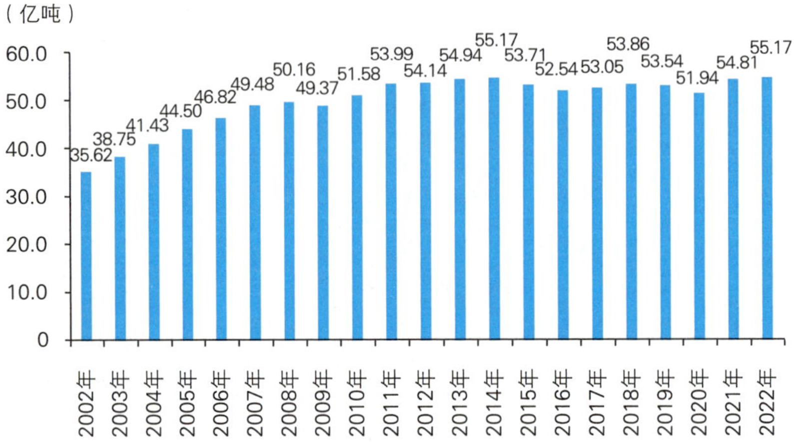

图 1-8　2002—2022 年全球煤炭消费量

数据来源：《BP 世界能源统计年鉴》。

（三）天然气

2022 年全球天然气产量为 4.04 万亿立方米，与 2021 年基本持平（见图 1–9）。其中，天然气产量增幅最高的地区为美洲地区和中东地区，增幅分别达到了 4.2% 和 2.1%，天然气产量最多的国家为美国，达到了 9786 亿立方米。天然气产量降幅最大的国家为俄罗斯，据统计，2022 年俄罗斯天然气产量减少了 837 亿立方米，较上年下降了 11.9%。造成俄罗斯天然气大量减产的主要原因是乌克兰危机及国际贸易制裁。

天然气消费方面，如图 1–10 所示，由于受到全球局势动荡、新冠疫情、能源格局深刻变革的影响，2022 年全球天然气消费量为 3.94 万亿立方米。其中，欧洲地区降幅最大，2022 年欧洲地区天然气消费量为 4988 亿立方米，同比下降超过 13%。此外，美洲地区 2022 年天然气消费量不降反增，达到 1.1 万亿立方米，同比增长 4.7%。特别是美国，2022 年美国天然气消费量同比增长 5.4%，达到了 8812 亿立方米，成为全球天然气消费量最多的国家。

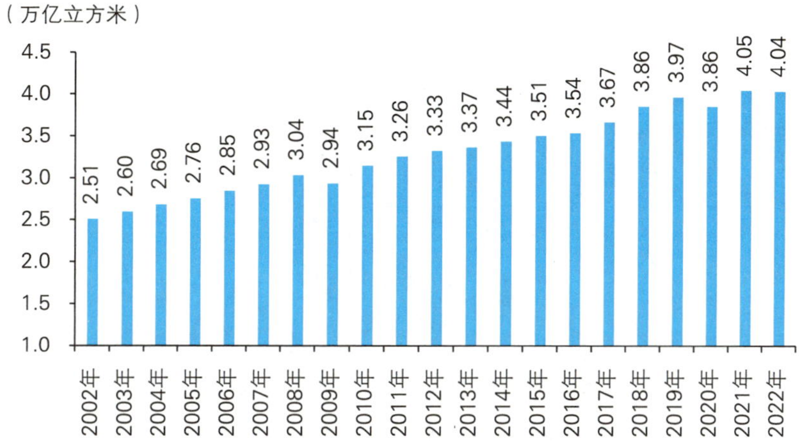

图 1-9　2002—2022 年全球天然气产量

数据来源：《中国天然气发展报告（2023）》和《BP 世界能源统计年鉴》。

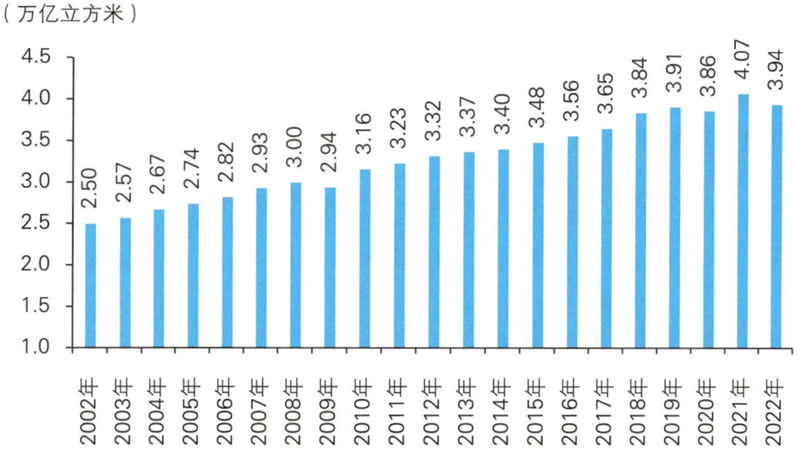

图 1-10　2002—2022 年全球天然气消费量

数据来源：《中国天然气发展报告（2023）》和《BP 世界能源统计年鉴》。

天然气储量方面，2022 年全球天然气储量为 211 万亿立方米，同比增长 2.2%。天然气储量排在前面的五个国家依次为俄罗斯、伊朗、卡塔尔、美国、土库曼斯坦。如图 1–11 所示，从地区来看，中东地区天然气储量最多，为 82 万亿立方米，占全球总量的 39.0%；其次为东欧地区，天然气储量为 65 万亿立方米，占全球总量的

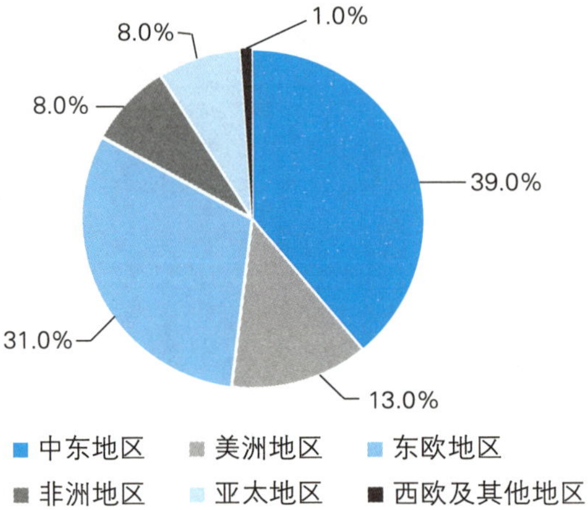

图 1-11　2022 年全球天然气储量分布

数据来源：美国《油气杂志》（OGJ）《全球油气储量报告》。

31.0%；其余天然气储量排名从高到低依次是美洲地区、亚太地区、非洲地区和西欧及其他地区。

（四）电力

2022 年，全球电力行业装机总容量随着全球经济持续复苏而增加，达到 81.6 亿千瓦，同比增加了近 6.0%（见图 1-12）。从电力结构来看，

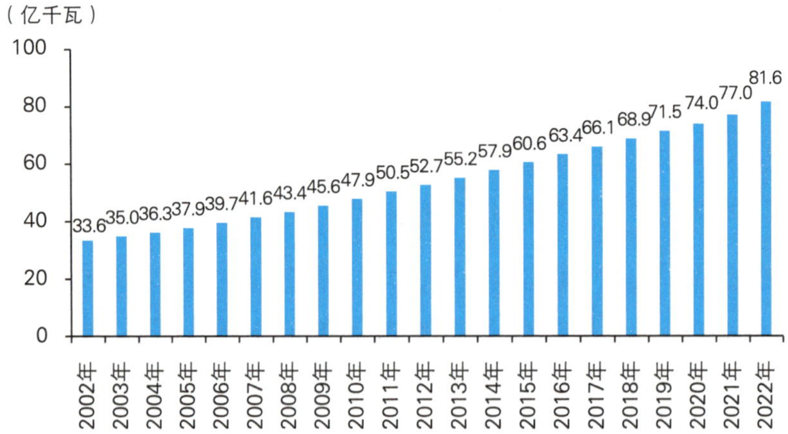

图 1-12　2002—2022 年全球电力装机总量

数据来源：英国能源智库 EMBER。

全球可再生能源装机占比逐年提升，截至 2022 年，可再生能源装机容量占全球电力装机容量的 40%。但从发电量看，相比于可再生能源，由于火力发电技术更加成熟可靠，其发电量占比优势依然存在。如图 1-13 所示，2022 年全球发电量为 28518 亿千瓦时，同比增长 3.6%，低于 2021 年 5.5% 的同比增速。

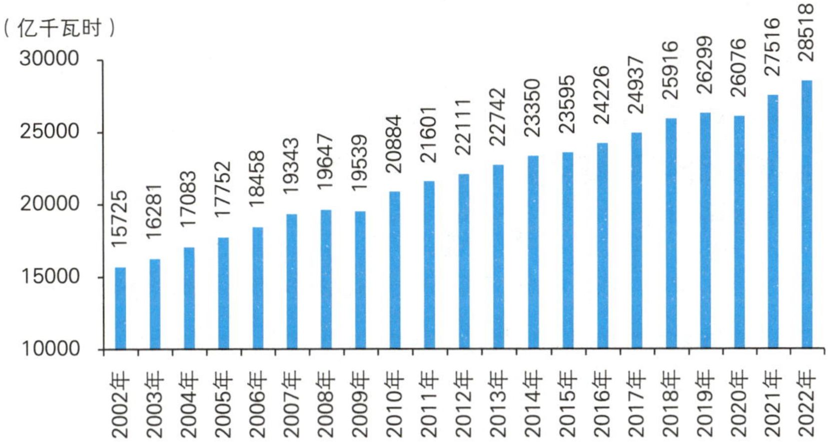

图 1-13　2002—2022 年全球发电量

数据来源：英国能源智库 EMBER。

二、绿色低碳转型成为全球能源发展新方向

随着各国相继作出碳中和的承诺，降碳、减碳和绿色可持续发展开始成为各行各业的主要任务。能源行业也不例外，全球石油、煤炭、天然气和电力行业陆续开始走上绿色低碳转型发展的道路。

（一）石油绿色低碳转型

近些年，由于全球生态环境和气候的恶化，众多石油公司开始走上环保的道路，掀起了一场“绿色”浪潮，“绿色油田”“绿色石化”

等代表可持续发展的词汇不断出现。同时，各国也开始通过行政和法律手段推动石油公司进行绿色低碳转型发展。

首先，很多国家提高了石油行业的环保标准，如美国2022年12月通过的新能源法案，该法案首次通过立法来规定汽车的油耗标准。同时，多国开始加强对石油行业的监管并督促其积极参与环境保护工作，如美国2022年已经开始控制海洋石油开发对环境带来的影响并对开发商进行监督。

其次，社会各界对石油行业提出了更高的环境保护要求。随着经济社会和文化的不断进步，人们也渐渐增强了环保维权意识，成立了诸多非政府组织对石油企业进行非正式监督，其中许多该类组织已经直接参与到石油行业的环保工作中，在全球众多开采石油与环境冲突的事件中，都能看到他们的身影。

最后，全球众多石油公司开始增加环保投入并提高自身环保标准，低碳业务的投资比重不断上涨。从2022年各公司公布的数据来看，全球五大石油公司埃克森美孚、壳牌、英国石油、雪佛龙、道达尔在低碳业务领域的投资相较2021年增加了近50%，总额达到了110亿美元。五大石油公司自2014年以来不断减少上游投资比例（见图1–14），预计到2030年其在低碳领域的投资占比将达到15%~30%。

（二）煤炭绿色低碳转型

近年来，越来越多的国家开始进行煤炭行业绿色低碳转型，加速能源供给向清洁能源转变。综合来看，全球煤炭绿色低碳转型主要有以下几项举措。

第一是加快退煤进程。据统计，当前至少有25个国家和地区作出了在2030年停止煤炭发电的承诺。其中，英国是最早宣布无煤炭的

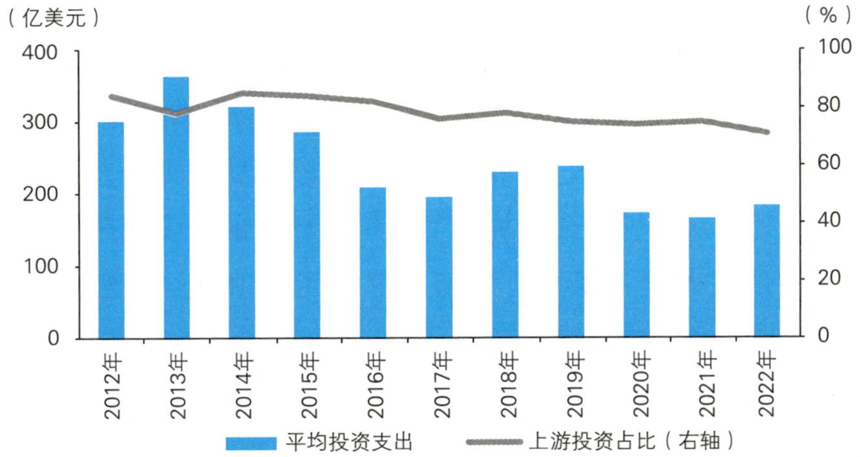

图 1-14 五大石油公司 2012 年以来投资支出及上游投资占比

数据来源：中国石油新闻中心。

国家，其承诺到2025年实现彻底退煤；比利时是第一个做到完全退煤的国家。除此以外，各国政府出台了诸多退煤政策以及对退煤企业的补贴福利，并专门成立了相应的协调机构负责相关事宜。

第二是国际金融机构开始逐步退出煤炭市场。随着ESG理念在全球范围内被广泛认可以及各国相继作出碳中和承诺，全球金融机构纷纷开始减少对煤炭领域的投资。德意志银行、欧洲复兴银行已经拒绝为煤炭项目融资和投资；欧盟金融机构在2020年出台了40项限制煤炭行业发展的政策和法规；中国宣布对外投资不再新建煤电项目，转而大力支持发展中国家的新能源可持续发展项目。

第三是各煤炭公司开始开发使用多种绿色低碳技术。如生物燃料掺煤发电技术，将生物燃料与煤炭混合燃烧进行发电，有助于推动循环经济，实现深度减排；如“混氨”燃煤电厂，日本在这一领域起步较早，很早就开始大力推进氨燃料产业的绿色发展，目标是到2030年实现火力发电可以掺混氨燃料20%以上，来减少电厂的碳排放；如碳捕集、利用与封存技术（CCUS），这是电力系统未来的重要组成部分，燃煤电厂可以通过此项技术极大地减少碳排放。此外，众多煤炭公司加大了对废弃矿井的开发利用力度，德国利用废弃矿井建设了一个创新性浮式光伏项目，将废弃矿井开发为人工湖并安装120千瓦的光伏板；美国投入大量资金从废弃矿井中提取关键矿物资源，这些资源将用于电动汽车电池制造等项目。

第四是煤炭能源公司开始将核心业务转向绿色低碳业务。波兰国有公用事业公司（PGE）在欧洲最大燃煤电厂贝尔查托燃煤电厂建造至少600兆瓦的太阳能发电板和一些风力发电项目，这将使该燃煤电厂附近区域转向低碳排放和零排放。德国的能源生产商LEAG计划将500兆瓦的燃煤机组逐步退役，其他的燃煤电厂最迟将在2038年彻底停运。

随着科学技术水平的不断提高，新能源发电成本将会越来越低，这也将导致煤电装机的容量逐渐缩小。

（三）天然气绿色低碳转型

全球天然气消费持续高速增长，预计2040年左右天然气将成为全球第一大能源。在欧洲，天然气已经成为推动绿色低碳转型的主要能源，众多石油公司开始将天然气业务作为能源业务绿色低碳转型的基点。

目前，全球已有100多个国家和地区提出了“碳中和”的气候愿景，纷纷向绿色低碳转型，而天然气具有降低污染和减少碳排放的优点，肩负着助力能源由传统化石能源向可再生能源过渡的重要历史使命。美国、英国、德国高度重视天然气和可再生能源对煤炭的替代，转型思路主要为“减煤、稳油、增气、大力发展可再生能源”，将天然气置于清洁能源低碳转型进程中的核心位置。美国自 2005 年以来加大了气电利用规模，整个电力行业减少二氧化碳排放 8.2 亿吨，其中天然气贡献率达到了 65%，由此可见，天然气在绿色低碳转型中发挥了重要的作用。

此外，国际油气公司开始采用“降油增气”的发展战略，加大对天然气业务的投资力度，多元化布置天然气项目，使天然气业务逐渐成为新的核心竞争力。英国石油公司（BP）早在 2016 年就开始将主要业务转向天然气，并且设定了在 2025 年使天然气产量占油气总产量的比重提升到 60% 以上的目标。壳牌公司斥巨资收购了英国天然气公司，成为全球最大的天然气供应商，同时天然气业务也成为壳牌的主营业务，预计到 2035 年，壳牌公司的天然气产量占油气总产量的比重将提升到 75% 以上。可以预见，在未来的几十年内，天然气将会是全球各油气公司的核心业务。

（四）电力行业绿色低碳转型

2002—2022 年，随着世界经济增长，全球电力装机容量由 33.6 亿千瓦增长到 81.6 亿千瓦，增长了约 1.4 倍（见表 1–1）。从电力装机结构来看，特别是近十年，全球可再生能源装机占比逐年提升。如图 1–15 所示，截至 2022 年，全球可再生能源装机约占全球电力装机容量的 41%。可见，世界各国正在积极控制温室气体排放和应对地表温度升高状况。但从发电量看，相比于可再生能源，由于火力发电技术更加成熟可靠，其发电量占比优势依然存在（见表 1–2）。

表 1-1　2002—2022 年全球电力装机情况

单位：亿千瓦

年份	煤电	气电	其他化石电力	水电	核电	风电	太阳能发电	生物质发电	其他可再生能源发电	总计
2002	11.2543	8.1151	2.5935	7.2010	3.6675	0.3072	0.0164	0.2860	0.1230	33.5640
2003	11.5238	8.9537	2.6366	7.4030	3.6660	0.3866	0.0235	0.3078	0.1253	35.0263
2004	11.8664	9.5097	2.6192	7.6121	3.7387	0.4767	0.0344	0.3354	0.1279	36.3205
2005	12.3626	10.0890	2.6514	7.8404	3.7804	0.5840	0.0494	0.3845	0.1342	37.8759
2006	13.2567	10.5964	2.6922	8.0545	3.7867	0.7315	0.0651	0.4208	0.1400	39.7439
2007	14.0654	11.0612	2.7483	8.3237	3.7985	0.9153	0.0899	0.4524	0.1416	41.5963
2008	14.6772	11.5609	2.8364	8.6176	3.7867	1.1555	0.1526	0.4890	0.1466	43.4225
2009	15.3227	12.1829	2.9365	8.9156	3.8002	1.5010	0.2361	0.5528	0.1538	45.6016
2010	16.0388	12.7884	3.0603	9.2558	3.8146	1.8083	0.4159	0.5865	0.1578	47.9264
2011	16.8341	13.3926	3.1008	9.5384	3.8617	2.2010	0.7391	0.6481	0.1628	50.4786
2012	17.4308	13.8682	3.1681	9.8420	3.7866	2.6684	1.0405	0.6889	0.1708	52.6643
2013	18.0104	14.4626	3.3431	10.2906	3.7668	2.9976	1.4089	0.7469	0.1789	55.2058
2014	18.5081	15.2004	3.3775	10.6621	3.8351	3.4923	1.7992	0.8087	0.1834	57.8668
2015	19.2035	15.7185	3.3663	10.9844	3.8327	4.1609	2.2772	0.8613	0.1948	60.5996
2016	19.7068	16.1462	3.5087	11.2866	3.9829	4.6678	2.9986	0.9421	0.2010	63.4407
2017	20.0907	16.6630	3.5723	11.5072	3.9872	5.1411	3.9493	0.9901	0.2080	66.1089
2018	20.2645	17.4081	3.5795	11.7295	4.0587	5.6336	4.8847	1.0501	0.2157	68.8244
2019	20.6708	17.8956	3.5744	11.9085	4.0435	6.2114	5.9069	1.0906	0.2228	71.5245
2020	20.5341	17.9208	3.5651	12.1078	4.0229	7.3163	7.1639	1.1537	0.2275	74.0121
2021	20.6667	18.1850	3.5768	12.2980	4.0420	8.2463	8.4906	1.2325	0.2449	76.9828
2022	21.3085	18.8136	3.8532	12.5399	4.0479	8.9931	10.5156	1.2571	0.2268	81.5557

资料来源：英国能源智库 EMBER。

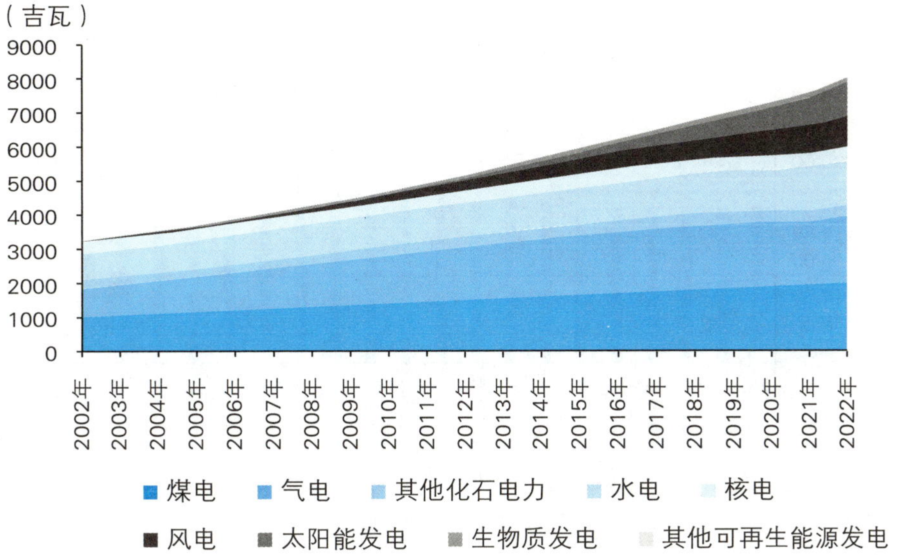

图 1-15　2002—2022 年全球电力装机（按电源品种）分布

数据来源：英国能源智库 EMBER。

表 1-2　2022 年全球不同电源发电量情况

发电种类	发电量（亿千瓦时）	发电种类	发电量（亿千瓦时）	发电种类	发电量（亿千瓦时）
煤电	101851	气电	63054	其他化石电力	8886
水电	43239	核电	26100	风电	21455
太阳能发电	12893	生物质发电	6705	其他可再生能源发电	995

数据来源：英国能源智库 EMBER。

国际可再生能源署（IRENA）相关报告中的数据显示，截至 2022 年底，全球可再生能源电力总装机容量占比已达 41.47%（见图 1-16），为 33.7 亿千瓦，新增装机量达 2.9 亿千瓦，同比涨幅达 9.4%，刷新了历史最高纪录（见图 1-17）。不仅如此，在 2022 年全球新增电力装机容量中，以光伏、风能为主的可再生能源新增电力装机占比高达 83%，占据绝对主力地位。

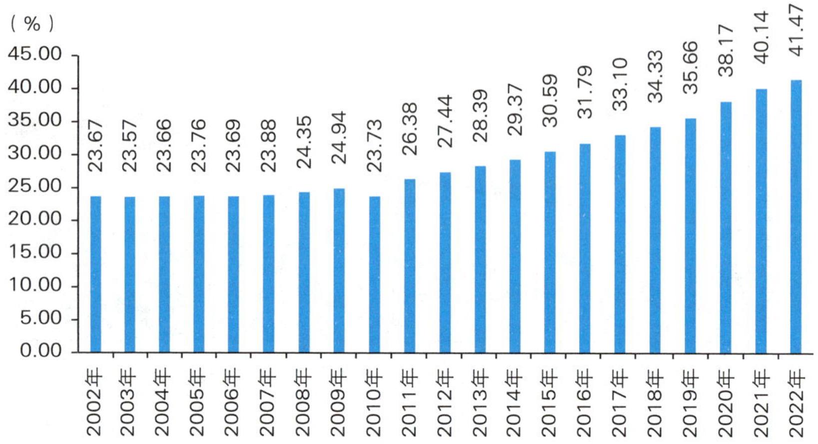

图 1-16　2002—2022 年全球可再生能源电力装机占比

数据来源：国际可再生能源署、英国能源智库 EMBER。

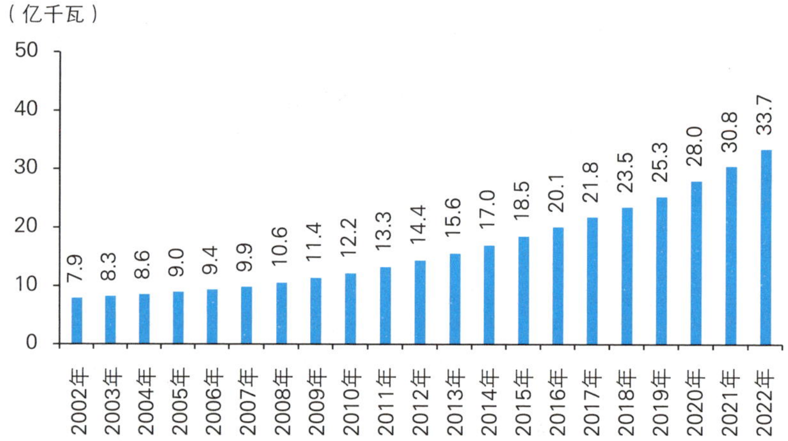

图 1-17　2002—2022 年全球可再生能源电力总装机容量

数据来源：国际可再生能源署。

据《BP 世界能源展望》报告估算，到 2050 年，风能和太阳能会得到快速发展，将占全球发电量的 75% 以上。其他低碳清洁发电能源（核能、水能、生物能源和地热能）将占全球发电量的 25% 左右。

为了实现碳中和的目标，世界各国持续推动电力行业绿色低碳转型并开始构建新型电力体系。全球电力行业近些年大力发展新能源和可再生能源发电项目，并不断减少传统化石燃料发电比例。如图 1–18 所示，2022 年在可再生能源电力装机容量中，水电装机容量占比最多，达到了 37.4%，但是相较 2021 年有所下降；太阳能发电装机容量占比达 31.4%，相较 2021 年有所提高；风电装机容量占比达 26.8%；生物能、地热能和海洋能发电合计占比约 4.4%。

在 2023 年，风能和太阳能有望将世界推向减少化石能源发电的新时代，极大地减少碳排放，成为实现全球碳中和目标的关键要素。据国际可再生能源署统计，2022 年风能和太阳能的快速发展，使全球发电的碳强度达到了创纪录的 436 克二氧化碳每千瓦时。

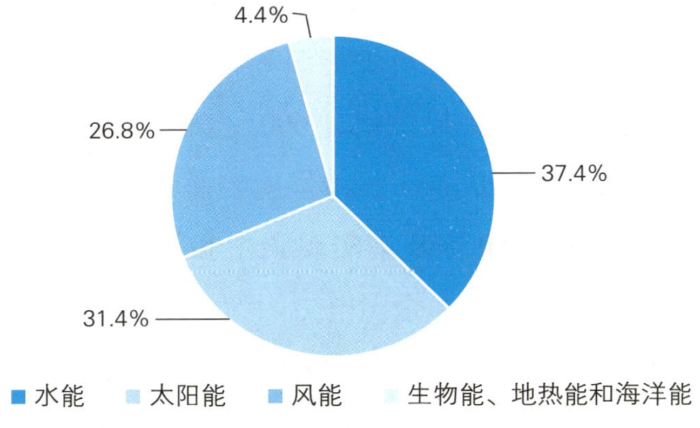

图 1-18　2022 年各类可再生能源电力装机容量占比

数据来源：国际可再生能源署。

三、全球能源绿色低碳转型发展呈现新趋势

受到 ESG 理念和可持续发展理念的影响，结合当前全球面临的气候环境问题，能源行业推动绿色低碳转型已经逐渐达成共识。而地缘

政治冲突的爆发，成为全球能源绿色低碳转型的加速器，各国开始加速构建绿色生态能源体系，提高能源安全意识和水平。在新的全球不确定性环境下，未来的能源绿色低碳转型可能会呈现以下趋势。

（一）保障国家能源安全是推进绿色低碳转型的根本要求

能源安全如今已经上升到国家安全层面，特别是2022年爆发的全球能源危机，更加表明能源安全已成为威胁国家安全的潜在重要因素。当今世界各国保障各项经济活动正常开展的主要力量依然是化石能源，一旦国家面临化石能源危机，可能会影响国民经济的健康发展。因此，大力发展新能源、开展能源绿色低碳转型势在必行。

目前，全球各个国家和机构已经开始行动。欧盟构建的碳排放交易体系（EU ETS）是目前全球最具影响力的碳排放市场之一，是欧洲地区推动企业减排的重要市场手段；美国政府2022年颁布的《通胀削减法案》（IRA）是美国历史上有关能源和碳排放的规模最大的全国性法案，该法案提出，美国将提供超过600亿美元用于陆上清洁能源制造，通过降低清洁能源的成本来缓解供应链瓶颈和未来价格冲击的风险；日本政府宣布到2050年基本实现碳中和，可再生能源规模将增加至现有规模的四倍，占日本全国电力的50%以上；俄罗斯政府发布《俄罗斯到2050年前实现温室气体低排放的社会经济发展战略》，增加了碳交易、碳抵消、碳排放情况等要素，保证俄罗斯顺利实现“脱碳”发展；澳大利亚政府发布了“清洁复苏”计划，通过在清洁能源和储能领域的投资，帮助国民经济从新冠疫情带来的萧条中复苏。

（二）全球能源绿色低碳转型步入“黄金期”

频发的极端天气事件和全球不稳定局势导致的能源危机，让各个国家意识到实现能源独立的战略意义。寻求绿色清洁能源代替传统化石能源，是实现能源独立的重要手段。由此，全球能源绿色低碳转型迎来了发展“黄金期”。

据国际能源署资料显示，受到各国政策、传统化石能源价格上涨和新能源不断快速发展的三重因素影响，预计 2023 年全球可再生能源电力装机容量将会增加 1/3，并且在未来几年保持高速增长，最终在 2030 年左右，全球将会拥有足够的太阳能光伏制造能力。同时，国际能源署的研究表明，虽然各国提出了碳中和愿景并颁布了相应的绿色减排政策，但目前全球新能源的增长速度无法保障这些目标的顺利实现。因此在不久的未来，各国还会进一步出台更多有关绿色减排的政策和文件，加速全球能源绿色低碳转型的进程。

（三）全球能源绿色低碳转型或对金融市场造成影响

能源绿色低碳转型要求逐步减少对化石能源的依赖，并增加新能源的占比。但是从现实情况来看，短时间内新能源仍难以占据主导地位并发挥主力保供作用，因此对化石能源的需求可能仍会较高。这样的矛盾很有可能引起化石能源价格的剧烈波动，导致供需失衡，并最终影响到全球金融市场。例如，欧洲地区近两年的能源危机导致能源供需失衡，化石能源价格波动巨大，并最终引起较为严重的通货膨胀，2021 年欧洲能源价格波动对欧元区消费者物价指数同比增速的贡献率均超过 50%。此外，能源有时会影响到某些行业的产业链和供应链、食品价格、居民生活成本等，如果在能源绿色低碳转型过程中没有处理好某些关键问题，会引发整个金融市场的波动及系统性风险。因此，在全球大力开展能源绿色低碳转型过程中，各国和国际机构要保持大局观，综合考虑各方因素，避免“竹篮打水一场空”。

（四）极端天气事件将加剧能源安全风险

近些年，全球都遭受了不同程度的极端天气。2021 年、2022 年全球夏季的持续高温干旱以及冬季的极寒天气，显著增加了能源的需求量和消耗量，对电力供应提出了更高的需求。2021年，受到气候异常的影响，欧洲整体风力下降明显，全年风力发电量较2020年下降了3%以上，这是自欧洲开展风力发电30年以来首次出现负增长。当前，全球的能源基础设施尚无法完全应对多变的气候环境，一旦遭遇极端天气，将会导致一系列能源危机。根据联合国政府间气候变化专门委员会（IPCC）的研究，极端天气在未来的几年内仍会频发，全球能源的供给与需求将会受到严重影响，能源安全问题将变得更加重要。

（五）新能源将成为国际博弈的新赛道

21世纪初，大国之间的博弈已经从传统的军事、经济比拼拓展到科技、文化等软实力竞争。近些年，随着ESG理念、人类命运共同体理念的传播和全球能源绿色低碳转型进程的加快，新能源已经成为大国博弈的新赛道。新能源技术已经成为新一轮科技革命的关键要素，谁能在此次科技革命中先一步实现能源绿色低碳转型并构建新型能源体系，谁就能在国际竞争中获得竞争优势，在全球能源格局中掌握主动权和先机。

随着新一轮科技革命的开始，越来越多的经济体开始关注新能源这一赛道。美国重新构建了预算框架，在未来10年内预计为清洁能源项目投资5500亿美元，并颁布了《海上风能战略》，提出美国成为全球海上风电领导者的战略目标，每年吸引超过120亿美元的投资资金，并创造更多的就业岗位；2019年欧盟推出《欧洲绿色协议》并在2021年重新制定《建筑物能源性能指令》（EPBDII），明确表明要大力发展新能源产业，强调建筑领域通过安装光伏发电组件和储能设施，加速“脱碳”进程；日本政府发布了《能源基本计划》，大力加快能源和工业部门的转型，计划可再生能源装机占比在2030年提升至36%以上；2021年和2022年，德国、法国、俄罗斯、阿拉伯联合酋长国等国相继宣布氢能发展战略规划，加快氢能产业布局，并不断开发先进的氢能技术。在核能方面，许多国家宣布了核能发展提议和目标，如俄罗斯计划在2035年前建造10座核电站，核能发电占比达到25%以上；法国将投资约500亿欧元重启核电建设；印度计划到2031年核电装机总量达到2248万千瓦。国际能源署发布的《关键矿产在清洁能源转型中的作用》报告指出，预计2040年全球新能源矿产需求（如锂、钴、镍等）将比2020年增加6倍，特别是用于绿色电池生产的金属矿产将增加至少30倍。其中，这些矿产储量和产量前三位的国家合计占比均超过了全球总量的60%，未来新能源矿产竞争将主要集中在资源大国。

（六）全球能源绿色低碳转型导致“南北”差距进一步拉大

虽然全球各国开始加速能源绿色低碳转型的进程，但能源绿色低碳转型在发达国家与发展中国家之间却存在着严重失衡的现象，尤其是一些小国、岛屿国家及非洲国家缺乏资金与关键技术，这会导致“南北”差距的进一步扩大。

实现全球碳中和的愿景，不仅需要发达国家的努力，更需要那些落后的发展中国家的全面参与。因此，发达国家应该主动对落后的国家施以援手，提供技术支持和资金支持。只有集中力量解决广大发展中国家的难题，才能最终实现全球可持续发展的美好愿景。

第二节　全球电力绿色低碳转型发展趋势

国际能源署（IEA）发布的《2022年世界能源展望》指出，虽然电力约占全球能源消费总量的20%，但由于其效率较高，因此在能源消费中所占比重更高。电力行业是全球最大的二氧化碳排放行业，也是为实现“双碳”目标而必须转型发展的行业。为了实现本世纪中叶减碳目标，世界各国将持续推动电力行业绿色低碳转型。

一、全球电力需求保持弹性增长

2022 年，新冠疫情态势趋于稳定，全球经济复苏促使能源需求增加，但乌克兰危机引发了全球能源危机，天然气和煤炭等能源产品价格飙升，电价也随之大幅上涨，这抑制了大多数地区的电力需求的增长。但是，即使在这些不利因素的影响下，2022 年全球电力需求仍增长了约 2%。

根据国际能源署的相关资料，2022 年全球电力总需求 26779 亿千瓦时，同比增长 3%。亚太地区电力需求增长了 3.3%，其中，印度增长了 8.4%，中国增长了 2.3%，中印两国总需求约占亚太地区总用电量（13479 亿千瓦时）的 70%，约占全球电力总需求的 50%。特别值得说明的是，2022 年有一半以上的增长来自可再生能源，其中近 60% 的可再生能源来自中国。亚太地区电力需求增长了 3.3%，其中，日本电力需求同比增长 1%，韩国和澳大利亚增长了约 3%，东南亚增长了约 5.5%；美洲地区电力需求增长了 2.3%，其中，美国增长了 2.6%，加拿大和智利增长了 2%，墨西哥增长了 4%，巴西增长了 0.3%；欧洲地区由于乌克兰危机，电力价格不断上涨，电力需求减少 3.7%，其中，德国电力需求下降了 4%，意大利下降了 2%，英国下降了近 5%，土耳其增长了 2%，俄罗斯增长了 1.5%；非洲地区电力需求增加了 1.5%；中东地区电力需求增加了 2.6%（见表 1–3）。

另据英国能源智库 EMBER 公司的数据，2022 年，全球电力需求

表 1-3　2022 年全球电力需求情况

	非洲地区	美洲地区	亚太地区	欧洲地区	中东地区	全球
总量（亿千瓦时）	758	6342	13479	3675	1192	26779
增速	1.5%	2.3%	3.3%	–3.7%	2.6%	3.0%

资料来源：国际能源署《2023 年全球电力市场报告》。

为 267796.8 亿千瓦时，总发电量 285178.3 亿千瓦时。全球主要经济体在全球电力需求中的占比分别为：中国 8840 亿千瓦时（31%），美国 4335 亿千瓦时（15%），欧盟 2794 亿千瓦时（10%），印度 1836 亿千瓦时（6%），俄罗斯 1102 亿千瓦时（4%），日本 968 亿千瓦时（3%）。按全球平均水平，2022 年的人均需求量为 3600 千瓦时，部分主要经济体超过全球人均需求的平均水平（美国 1.3 万千瓦时，韩国 1.2 万千瓦时，欧盟 6300 千瓦时，中国 6200 千瓦时），而有些经济体则远低于该水平（印度 1300 千瓦时，孟加拉国 600 千瓦时）。

据《BP 世界能源展望》报告，到 2050 年，终端电力需求将增加 75% 左右，其中 90% 以上新增需求来自新兴经济体（如到 2050 年印度电力需求将会增加 250%~280%）。主要原因就是新兴经济体经济的快速增长主要依赖于电力消耗。与新兴经济体形成对比的是发达国家，这些国家的电力逐渐向电气化转变，电力需求增长较为平缓（如整个欧盟地区到 2050 年电力需求仅增加 10%~30%）。

二、全球电力供应暂时紧张

2022 年，天然气价格上涨，推高了煤电需求，因此煤电供应有了小幅增长。可再生能源发电快速增长，保持着超越煤电的势头。核电出现了下降，原因是法国核电机组维护和计划外关停，总发电量急剧下降了

15%（83 亿千瓦时），而法国首次成为电力净进口国。国际能源署公布的电力供应数据见表 1–4。

表 1-4　2022 年全球电力供应情况

	核电	煤电	气电	其他非可再生能源发电	可再生能源发电
总量（亿千瓦时）	2659	10450	6522	112	8546
增速	–5.2%	1.7%	–0.1%	–1.9%	7.8%

资料来源：国际能源署《2023 年全球电力市场报告》。

另据英国能源智库 EMBER 公司的数据，2022 年，全球电力装机总量为 81.54 亿千瓦（见表 1–5），煤电仍是装机容量最高的电源类型。发电量方面，2022 年全球各类电源总发电量为 285178.3 亿千瓦时，其中煤电占比为 35.7%（101851 亿千瓦时），气电占比为 22.1%（63064 亿千瓦时）。水电仍是最大的清洁电源，占比为 15.2%（43239 亿千瓦时）；核电是第二大清洁电源，占比略超 9%（26100 亿千瓦时）；风力和太阳能发电量合计占全球发电量的 12.1%（34348 亿千瓦时），其中风电占比为 7.6%（21600 亿千瓦时），太阳能发电占比为 4.5%（12893 亿千瓦时）；生物质发电占全球发电量的 2.4%（6705 亿千瓦时），而其他可再生能源发电占比为 0.4%。

表 1-5　2022 年全球不同能源电力装机情况

发电种类	装机容量（亿千瓦）	发电种类	装机容量（亿千瓦）	发电种类	装机容量（亿千瓦）
煤电	21.31	气电	18.81	其他化石能源发电	3.85
水电	12.54	核电	4.05	风电	8.99
太阳能发电	10.52	生物质发电	1.25	其他发电	0.22

数据来源：英国能源智库 EMBER。

三、主要经济体加速推进能源绿色低碳转型

近年来全球石油和天然气价格开始迅速上涨。虽然对天然气价格和能源安全的担忧导致一些国家暂时恢复了燃煤发电，但也刺激了一些国家通过加强可再生能源、核电、碳捕集、氢和氨能源利用，以及淘汰老旧煤电机组，积极推动净零排放，加速了能源绿色低碳转型和能源独立。表 1–6 反映了主要经济体的政策变化情况。从长远来看，可再生能源将成为全球主要的电源。

表 1-6　主要经济体电力供应政策变化情况

经济体	政策变化情况	颁布者
欧盟	• 逐步淘汰捷克共和国、斯洛文尼亚和罗马尼亚的燃煤电厂（紧急法）	欧盟委员会（2022 年 1 月和 6 月）
美国	•《通胀削减法案》为能源和气候计划提供资金，包括扩大和延长税收抵免以及促进清洁能源技术的激励措施 • 五个州更新了可再生能源投资组合标准政策	联邦政府（2022 年 8 月）、各州政府
中国	• 到 2030 年，基本建立完整的能源绿色低碳发展基本制度和政策体系，形成非化石能源既基本满足能源需求增量又规模化替代化石能源存量、能源安全保障能力得到全面增强的能源生产消费格局	国家发展和改革委员会、国家能源局（2022 年 2 月）
加拿大	• 2030 年减排计划概述了各行业的路径，到 2030 年将温室气体排放量减排到 2005 年水平以下 40%，到 2050 年实现净零排放	联邦政府（2022 年 6 月）
韩国	• 根据《新能源政策方向》，到 2030 年将可再生能源发电比重提高到 20% 以上，核电比重提高到 30% 以上，并减少燃煤发电	国务院（2022 年 7 月）

续表

经济体	政策变化情况	颁布者
澳大利亚	•《2022 年气候变化法案》规定了两项国家温室气体排放目标：到 2030 年将温室气体排放量减少到 2005 年水平以下 43%，并到 2050 年实现净零排放	联邦政府（2022 年 7 月）
日本	• 根据第六个能源战略计划和绿色转型（GX）政策倡议重启核电站	经济产业省（2022 年 8 月）
科特迪瓦、以色列、瑙鲁、阿拉伯联合酋长国、越南	• 到 2050 年实现净零排放目标	各国政府
巴林、印度尼西亚、尼日利亚、沙特阿拉伯	• 到 2060 年实现净零排放目标	各国政府
印度	• 到 2070 年实现净零排放目标	总理（2021 年 11 月）
英国	• 能源安全战略设定了新的目标：海上风能、核能和氢能	首相（2022 年 4 月）

资料来源：国际能源署《世界能源展望 2022》。

从国际政治格局看，继续推动能源绿色低碳转型已成为地缘政治对抗的暗流。近年来，欧洲已经通过加大对新能源与可再生能源的开发和投入力度加速摆脱对俄罗斯的能源依赖。长期以来，欧洲一直是全球可再生能源领域的领先者，欧洲许多国家已经在风能、太阳能、水能、核能等领域取得了重要突破。通过加大对新能源与可再生能源的开发和投入力度，欧洲成功减少了对外部能源（特别是俄罗斯油气）的需求。

从提振世界经济看，继续推动能源绿色低碳转型已成为拉动经济发展的新动能。能源项目具有投资大、规模大、收益明显等特点，各国在能源领域推动绿色低碳转型，可以在短期内带动所在国几乎所有产业的迅速发展，对世界经济复苏和发展起到关键性作用。

从维系国际合作看，继续推动能源绿色低碳转型已成为增进各方对话的话题。当今国际社会的矛盾和冲突不断加剧，即便如此，气候变化仍是当前人类共同面临的严峻挑战之一，积极应对气候变化是全球共识。各国加快绿色低碳能源自给自足、推动能源绿色低碳转型是应对气候变化的主要手段，是当今国际社会的共同愿景和对话议题。

四、主要经济体电源结构持续绿色化低碳化

（一）美国

美国电力行业的二氧化碳排放量居世界第二位，2022 年共排放 15.8 亿吨二氧化碳，占全球发电排放总量的 13%。从电力装机结构看，美国绿色低碳电源约占 36%（见图 1–19）。

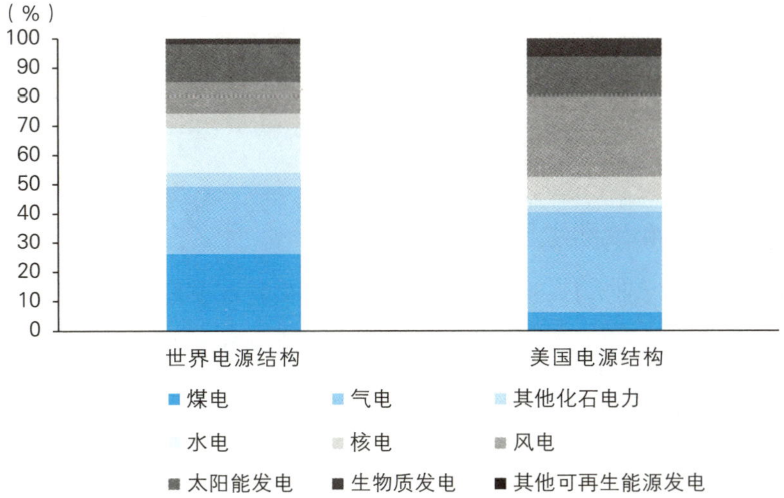

图 1-19 2022 年美国与世界电源结构对比

数据来源：英国能源智库 EMBER。

（二）中国

中国电力行业的二氧化碳排放量居世界首位，2022 年共排放 46.94 亿吨二氧化碳，占全球发电排放总量的 38%。但随着中国大力发展可再生能源，将会扭转这一趋势。从电力装机结构看，中国绿色低碳电源约占 50%（见图 1–20）。

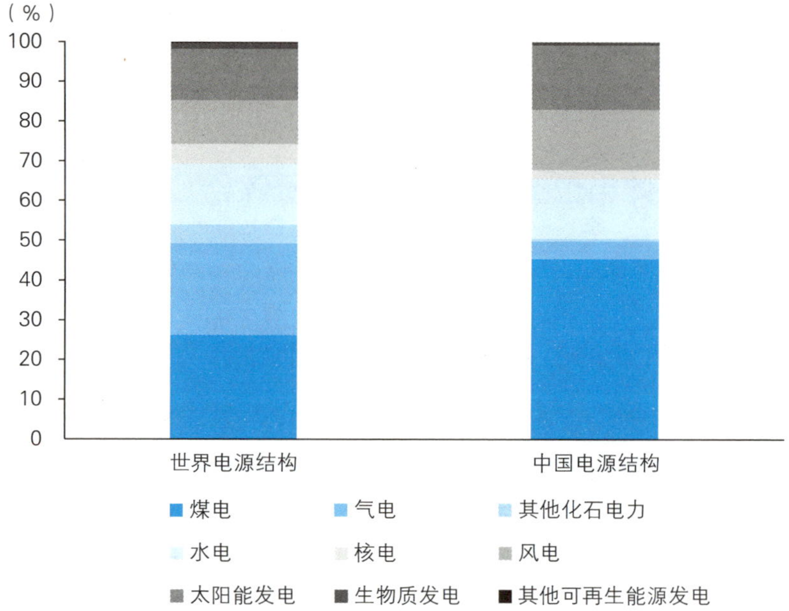

图 1-20　2022 年中国与世界电源结构对比

数据来源：英国能源智库 EMBER。

（三）欧盟和欧洲主要国家

欧盟电力行业的二氧化碳排放量居世界第四位，2022 年共排放 7.75 亿吨二氧化碳，占全球发电排放总量的 6.2%。欧盟将加大力度发展风力发电、太阳能发电等可再生能源发电，努力实现碳减排的目标。从电力装机结构看，德国绿色低碳电源约占 68%（见图 1–21），法国绿色低碳电源约占 89%（见图 1–22），意大利绿色低碳电源约占 50%（见图 1–23）；英国绿色低碳电源约占 57%（见图 1–24），根据英国国家电网电力系统运营商（ESO）发布的数据，英国 2022 年的风力发电量创下新高，占英国电源构成的 26.8%，仅次于天然气的 38.5%，英国正朝着绿色低碳转型稳步前行。

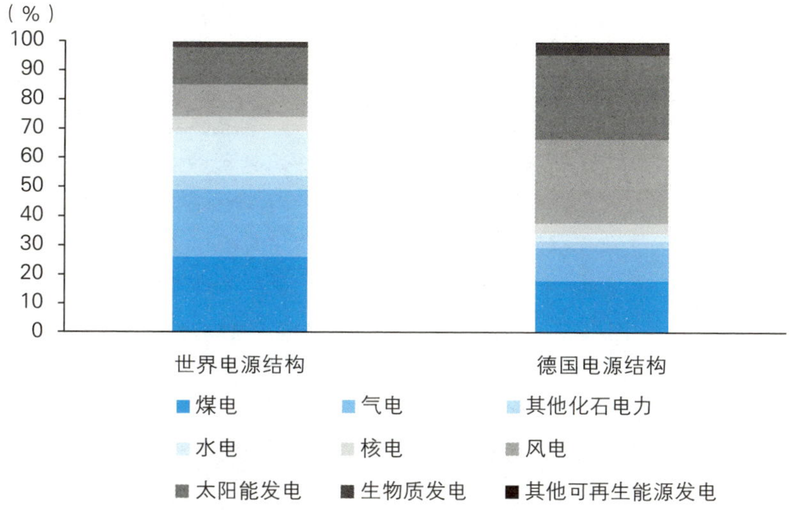

图 1-21　2022 年德国与世界电源结构对比

数据来源：英国能源智库 EMBER。

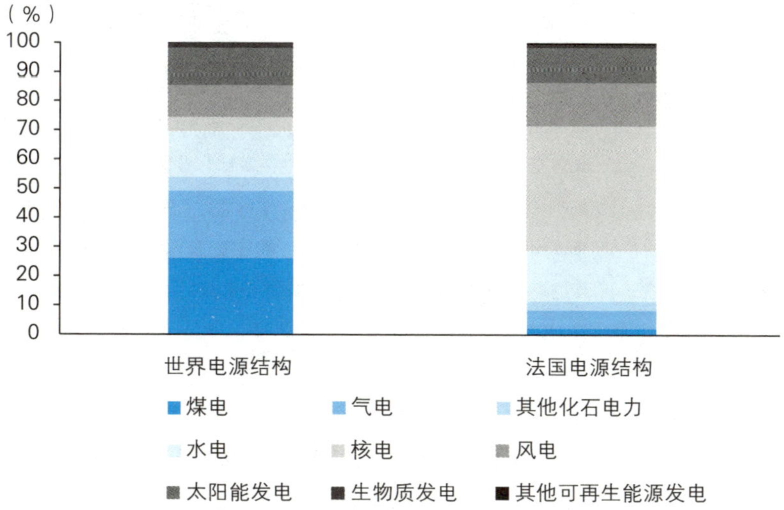

图 1-22　2022 年法国与世界电源结构对比

数据来源：英国能源智库 EMBER。

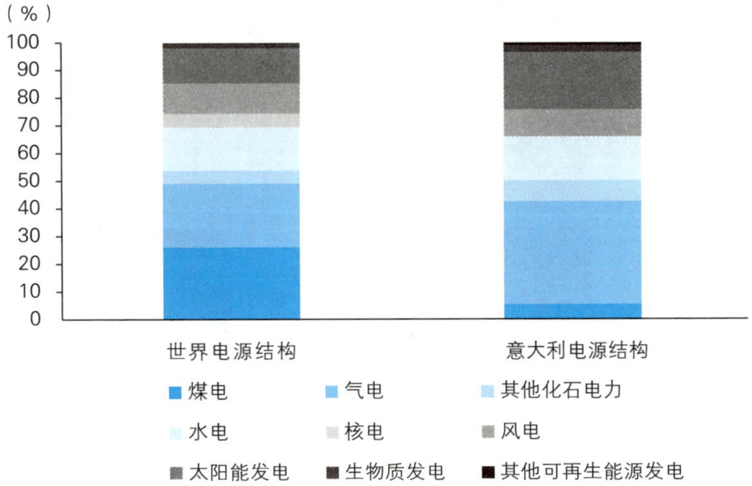

图 1-23 2022 年意大利与世界电源结构对比

数据来源：英国能源智库 EMBER。

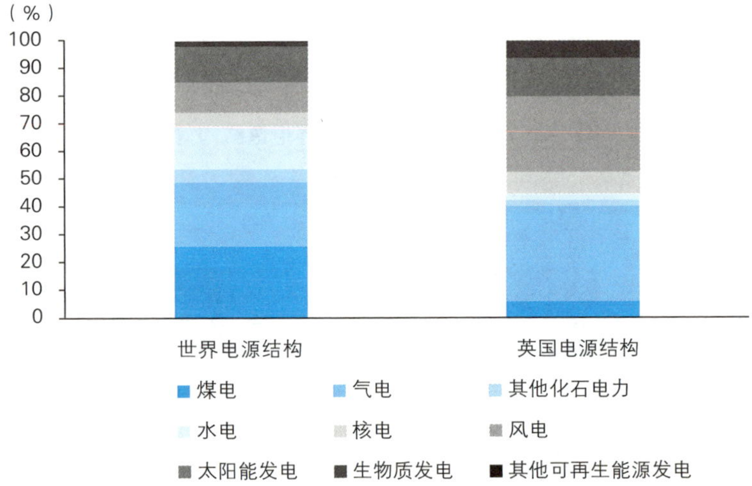

图 1-24 2022 年英国与世界电源结构对比

数据来源：英国能源智库 EMBER。

（四）日本

日本电力行业的二氧化碳排放量居世界第五位，2022 年共排放 4.68 亿吨二氧化碳，占全球发电排放总量的 3.8%。作为第五大二氧化碳排放国，日本在全球能源转型中的作用十分突出，随着重启核电项目和大力发展太阳能发电，持续发展清洁低碳电源。从电力装机结构看，绿色低碳电源占比约 46%（见图 1–25）。

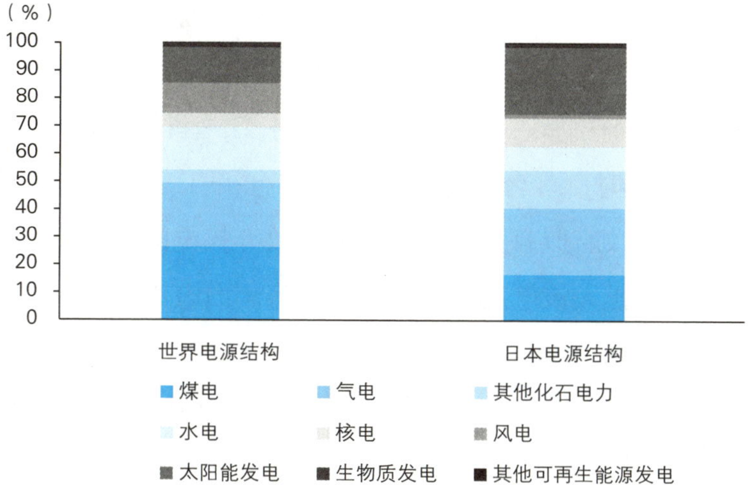

图 1-25　2022 年日本与世界电源结构对比

数据来源：英国能源智库 EMBER。

五、核能促进电力行业低碳转型的作用凸显

核能发电是稳定零碳能源的重要来源，根据国际能源署的《全球能源行业 2050 年净零排放方案路线图》，到 2030 年，核能发电在全球电力结构中将发挥有限的作用，其占比将保持在 10% 左右。2022 年，全球 8 台核电机组实现核岛浇筑第一罐混凝土，正式开工建设，全部采用第三代核电技术，总装机容量 863.7 万千瓦。2022 年新开工的 8 台机组分别是：中国田湾 8 号机组、徐大堡 4 号机组、三门 3 号机组、海阳 3 号机组和陆丰 5 号机组，土耳其阿库尤 4 号机组，埃及埃尔达巴 1 号和 2 号机组。第三代核电技术作为当前全球技术成熟度最高、可大规模商业部署的核电技术，其相关技术已经实现了批量化建设，如中国的“华龙一号”技术、韩国的 APR–1400 技术和俄罗斯的 VVER–1200 技术等。

未来一段时间内第三代核电技术将成为全球开工建设的主要技术。

英国在欣克利角C核电站正在建造2台EPR机组；法国政府宣布启动520亿欧元（约合546亿美元）一揽子计划，拟建设至少6台EPR机组；美国沃格特勒3号机组实现首次装料，2023年实现并网发电；波兰与美国签署核电合作协议，计划在波兰比亚托沃—科帕利诺地区建设3台AP1000机组，同时，首台机组预计于2026年开工建设，2033年投入运营；韩国新一届政府摒弃了上届政府逐渐放弃核电的方案，承诺加强国内核电建设，并扩大核电技术出口，计划将国内电力结构中的核电占比提高到30%，并到2030年获得10台海外核电机组的订单；日本于2021年10月批准了第六个战略能源计划，概述了2030年的电力结构计划以及到2050年实现碳中和的目标。其中的一个关键是重启核反应堆，日本计划到2030年将核电在电力结构中的比例提高到20%。2022年，更多的新兴国家开始发展核电或者推动国内核电的建设。埃及埃尔达巴核电站1–2号机组开工建设，这是非洲大陆时隔46年再次启动核电建设，具有重要意义。土耳其和俄罗斯以“建设—拥有—运营”模式（BOO模式）建造阿库尤核电站，2022年正式开工建设阿库尤4号机组。采用韩国APR–1400技术的阿联酋巴拉卡3号机组实现首次并网发电，这是海湾地区的首座商用核电站。白俄罗斯和孟加拉国也在积极推动本国核电项目建设。

第三节　全球电源投资绿色低碳转型趋势

了解全球电源投资情况是准确把握世界电力行业发展趋势的关键。全球各类电源的投资以及平准化度电成本的变化趋势表明，在能源电力布局方面，清洁能源发电已经成为主流方向并将持续引领发电领域的绿色低碳转型。

一、全球电源投资结构绿色低碳转型态势明显

过去十年，全球电源投资呈现出“可再生能源发电投资基本保持增长、化石能源发电投资稳步下降”的基本态势。国际能源署（IEA）披露的有关全球各类电源投资情况的数据表明，在全球范围内，电源投资的布局形势明朗，可再生能源发电投资额的不断上升证明了电源投资的绿色低碳转型已经成为世界趋势（见图 1–26）。

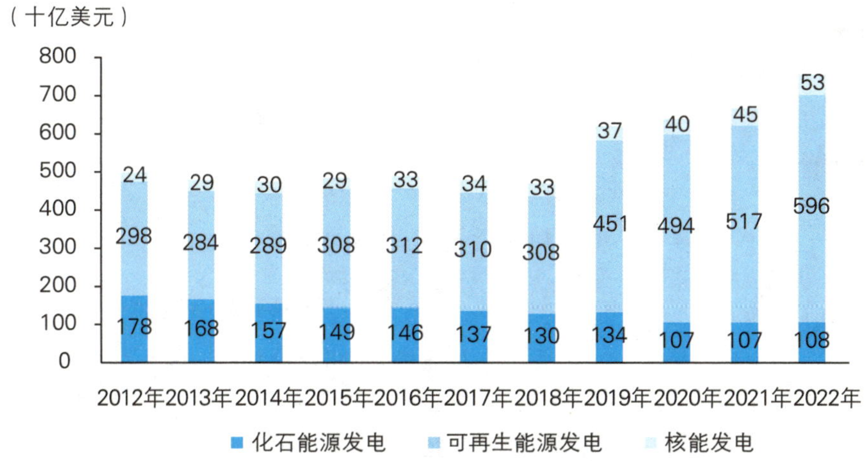

图 1-26 全球各类电源投资情况

数据来源：国际能源署。

在可再生能源发电投资领域内，光伏行业成为电源投资绿色低碳转型的领军行业。如图 1–27 所示，2012—2020 年光伏投资始终维持在较高水平，拉动可再生能源发电领域的发展。

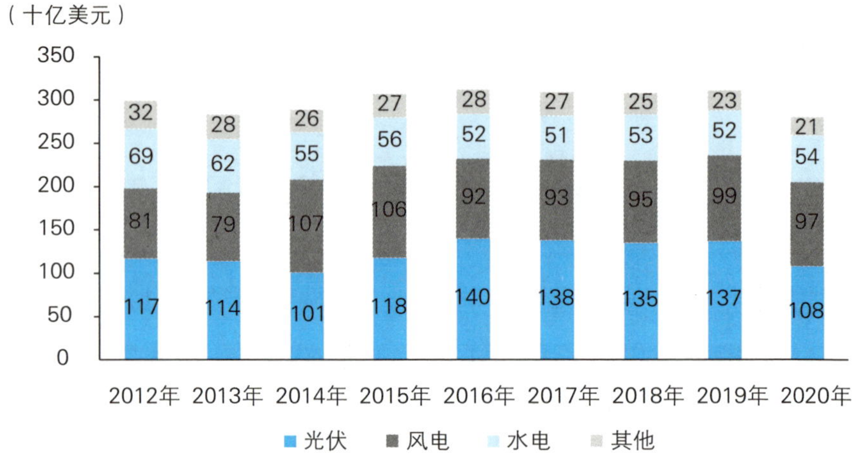

图 1-27　全球可再生能源发电投资变化趋势

数据来源：国际能源署。

目前，世界不同经济发展水平的经济体均呈现出类似趋势。如表 1–7 及图 1–28 所示，国际能源署披露的近 4 年数据表明，发达经济体、发展中经济体（除中国）以及中国对各类电源投资的总体趋势均保持一致。

表 1-7　全球不同经济发展水平经济体各类电源投资情况

经济体分类	电源分类	投资情况（十亿美元）			
		2019 年	2020 年	2021 年	2022 年
发达经济体	燃煤发电	9	7	4	2
	燃气发电	25	19	22	25
	核能发电	18	19	22	26
	可再生能源发电	189	203	222	250
发展中经济体（除中国）	燃煤发电	58	53	46	41
	燃气发电	42	28	35	40
	核能发电	12	14	14	15
	可再生能源发电	85	88	96	106

续表

经济体分类	电源分类	投资情况（十亿美元）			
		2019 年	2020 年	2021 年	2022 年
中国	燃煤发电	36	33	29	25
	燃气发电	7	7	8	8
	核能发电	7	8	9	12
	可再生能源发电	177	202	199	240

数据来源：国际能源署。

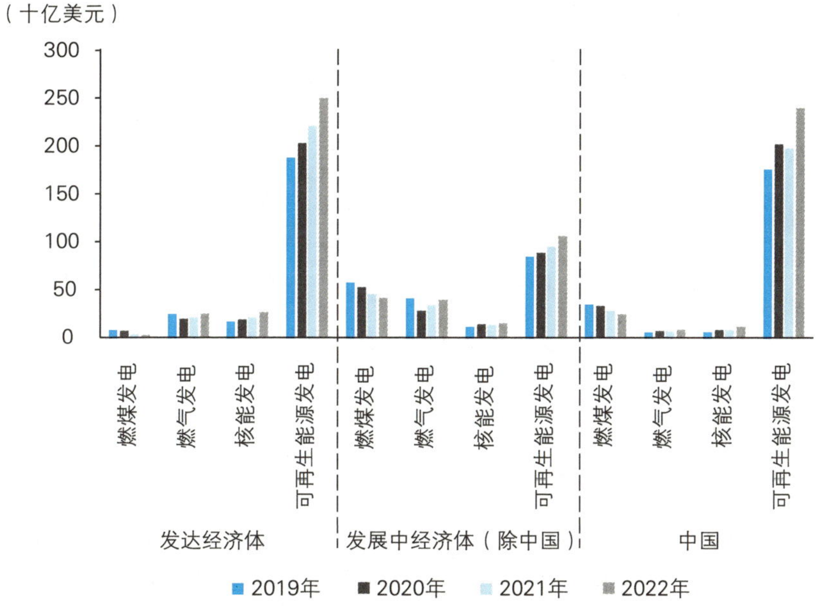

图 1-28 全球不同经济发展水平经济体各类电源投资情况

数据来源：国际能源署。

长远来看，全球电源投资将进一步偏向可再生能源。具体来说，各经济体为了实现其宣布的气候承诺，到 2030 年，全球发电、电网和存储的总体支出需要再增长 30%，太阳能光伏应当保持当前的增长态势，而风电和水电的投资则仍需加强，配套的电网和存储技术也应当进一步升级。

二、度电成本下降引领电源投资绿色低碳转型

过去十年，清洁能源发电及储能的平准化度电成本持续降低，绿色低碳转型取得初步成效。如表 1–8 及图 1–29 所示，彭博新能源财经发布的各类电源平准化度电成本历史数据显示，随着技术进步以及供应链持续优化，清洁能源发电以及储能的平准化度电成本呈现出稳定下降趋势，绿色低碳转型取得初步成效。

表 1-8 全球不同电源平准化度电成本一般情况

单位：美元 / 兆瓦时

时间	固定式光伏	跟踪式光伏	陆上风电	海上风电	储能	燃气发电	燃煤发电
2012 年 1H	225	197	100	289	—	—	—
2012 年 2H	209	170	105	279	919	—	—
2013 年 1H	171	155	100	271	887	—	—
2013 年 2H	—	—	—	—	869	—	—
2014 年 1H	184	183	101	262	751	85	105
2014 年 2H	177	176	101	251	647	60	95
2015 年 1H	159	171	106	217	656	53	95
2015 年 2H	151	164	102	215	667	59	107
2016 年 1H	121	129	99	196	612	56	86
2016 年 2H	123	101	83	154	565	63	85
2017 年 1H	102	66	81	148	458	60	85
2017 年 2H	—	—	—	—	363	63	83
2018 年 1H	81	57	65	137	336	66	70
2018 年 2H	70	54	61	134	225	68	73
2019 年 1H	67	59	58	104	219	70	80
2019 年 2H	59	54	55	92	223	70	80

续表

时间	固定式光伏	跟踪式光伏	陆上风电	海上风电	储能	燃气发电	燃煤发电
2020 年 1H	59	46	52	95	178	74	85
2020 年 2H	50	46	48	98	157	73	87
2021 年 1H	43	42	47	97	153	80	73
2021 年 2H	48	45	49	99	153	84	73
2022 年 1H	45	40	46	86	153	81	74
2022 年 2H	45	44	43	78	182	100	80

注：1H 代表上半年，2H 代表下半年。

数据来源：彭博新能源财经。

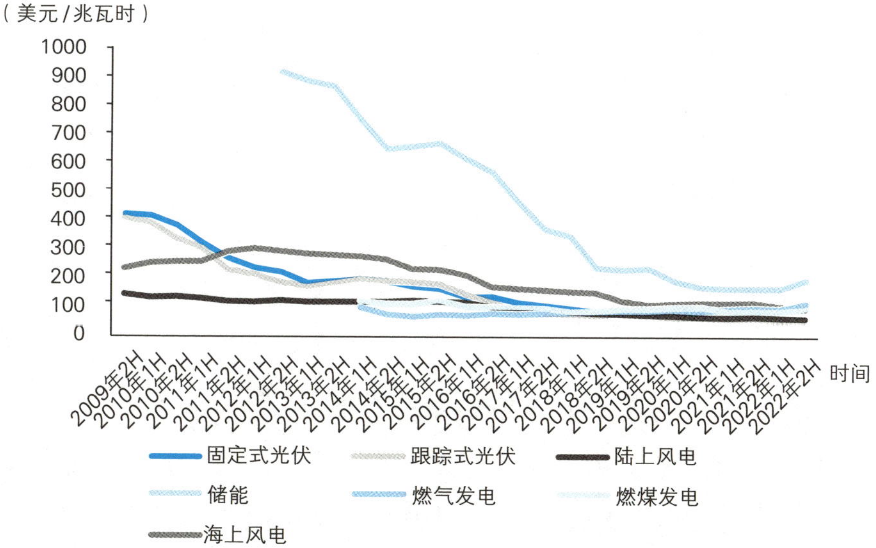

图 1-29　全球不同电源平准化度电成本变化趋势

数据来源：彭博新能源财经。

目前，陆上风电和光伏作为最便宜的发电技术，将继续引领发电领域绿色低碳转型。2022 年下半年，陆上风电和太阳能光伏的全球平均平准化度电成本维持在每兆瓦时 42 美元至 48 美元，与煤电和燃气发电的平准化度电成本相比，具有较大优势。这也意味着，未来一段时间内，清洁能源发电将继续领跑电源投资，引领发电领域绿色低碳转型。

2022 年下半年，全球各类电源间的平准化度电成本的最高值与最低值的对比情况如图 1-30 所示，呈现极差巨大的情况。其中，中国在太阳能光伏以及海上风电等领域的平准化度电成本优势明显。

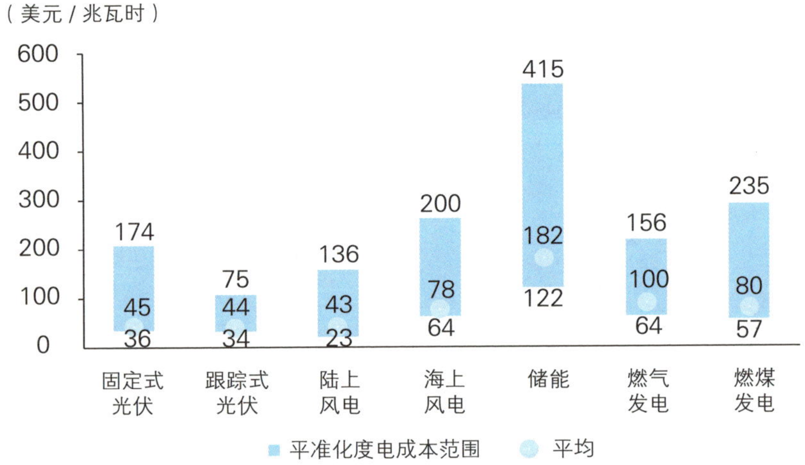

图 1-30　2022 年全球各类电源平准化度电成本情况

数据来源：彭博新能源财经。

未来，清洁能源发电领域的平准化度电成本仍存在较大下降空间，将进一步推动电力行业绿色低碳转型。基于可预见的原材料成本、产业链及技术发展规律，不同国家和地区的不同种类电源平准化度电成本发展趋势预测如表 1-9 及图 1-31 所示。由于能源成本的限制，燃煤发电及燃气发电领域将与当前保持同等水平或者上升。和燃煤发电相比，清洁能源发电的平准化度电成本仍存在一定下降空间，具备进一步取代传统化石能源发电、推动电力行业绿色低碳转型的潜力。

表 1-9　全球主要国家和地区各类电源平准化度电成本趋势

单位：美元 / 兆瓦时

国家和地区	电源种类	平准化度电成本情况				
		2023 年	2025 年	2030 年	2040 年	2050 年
欧洲	燃气发电（CCGT）	546.0	551.1	523.8	522.2	524.3
	固定式光伏	233.5	208.7	175.8	141.5	122.6
	大规模电池（4h）	364.5	271.1	196.7	147.1	141.4
	风力发电	567.2	482.6	431.0	359.5	332.0
美国	燃气发电（CCGT）	55.4	56.1	58.9	63.1	64.1
	固定式光伏	57.0	46.8	36.2	19.7	17.1
	大规模电池（4h）	164.8	121.2	84.3	65.0	62.1
	燃煤发电	102.0	102.0	108.0	115.7	115.7
	风力发电	178.0	165.6	113.4	90.2	82.8
中国	燃气发电（CCGT）	80.2	80.7	79.9	81.1	81.5
	固定式光伏	37.3	33.9	28.4	21.9	18.8
	大规模电池（4h）	111.1	84.5	65.8	54.0	51.7
	燃煤发电	72.5	73.3	73.0	70.5	70.5
	风力发电	80.3	73.0	65.2	55.4	50.9
印度	燃气发电（CCGT）	102.8	100.5	98.8	98.5	98.1
	固定式光伏	38.3	35.4	27.2	17.4	14.9
	大规模电池（4h）	183.3	139.9	100.7	71.6	69.0
	燃煤发电	49.5	50.8	52.1	54.2	54.4
	风力发电	38.6	34.8	25.5	17.3	15.2

数据来源：彭博新能源财经。

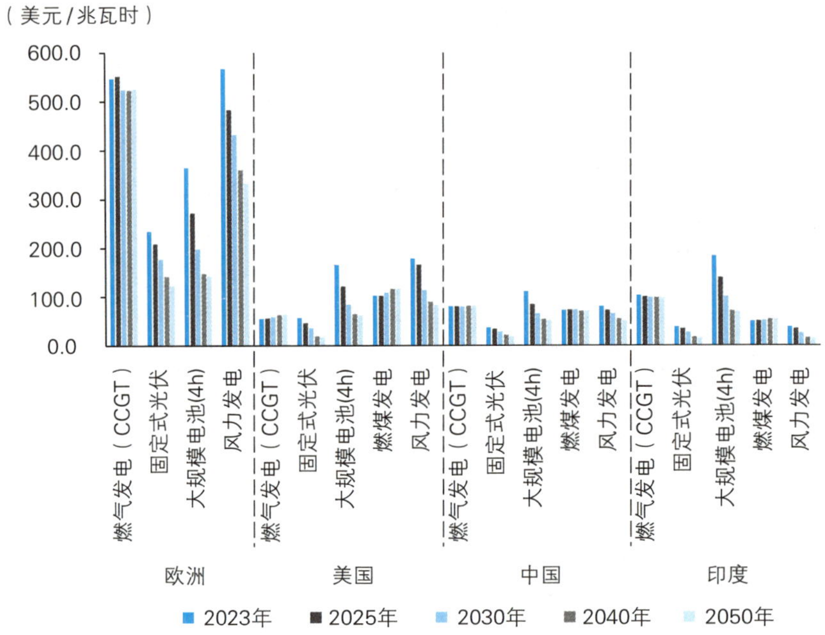

图 1-31　全球主要国家和地区各类电源平准化度电成本趋势

数据来源：彭博新能源财经。

第四节　影响全球能源绿色低碳转型发展的重要事件

近十年来，随着全球政治地缘冲突不断、疫情冲击世界经济、极端天气灾害频发，保护环境已成为世界各国人民最强烈的愿望。受“去煤”进程加速、能源市场深刻调整、用电需求增加等多重因素交织影响，近两年电力供应出现结构性失衡。加速建设绿色低碳、安全稳定的能源内供体系成为各个国家的共同选择。

一、能源价格上涨引发能源供应危机

2021年以来，随着全球经济“疫”中温和回暖，受国际市场能源需求量增加、市场供需变化、厄尔尼诺现象等多种因素的共同作用，导致能源态势紧张。

一是极端高温致使全球用电量增加。2022年，极端高温天气席卷全球，多地出现史上罕见热浪，考验着人类的生存极限。年初阿根廷部分地区气温突破45℃，一度成为世界上最热的地区；澳大利亚、巴基斯坦、印度出现近50℃高温，创百余年来有记录的最高值；6—8月，我国首次发布全国级别的高温红色预警，欧洲多国高温逼近历史极值，北美多地区创下高温历史纪录。持续的极端高温引发了干旱和山火等自然灾害，欧洲甚至还遭遇500年来最严重干旱，多条主要河流干涸断流，导致农业旱情严重。在极端高温天气下，全球用电量增加，加之水力发电出力受阻，各地电力保供受到了严峻考验。

二是煤炭价格大幅上涨。国际能源署《2021年煤炭报告》数据显示，2021年以来，全球电力需求增量远超低碳能源发电量增量，为保障电力供应、降低成本，美国和欧洲、亚洲的主要国家更加依赖化石燃料发电，全球燃煤发电量创历史新高，推动煤炭价格一路上行。如图1–32所示，涨幅最小的美国阿巴拉契亚中部地区的煤炭现货价格是89.75美元/吨，为12来年最高水平。中国煤炭能源消费指数（CECI）动力煤期货沿海指数最高至1982元/吨，环渤海港口现货报价突破2500元/吨。

2021年约80%煤炭需求的增加量来自亚洲，我国煤炭价格整体持续高位。据国家统计局统计，2021年我国发电量为81121.8亿千瓦时，

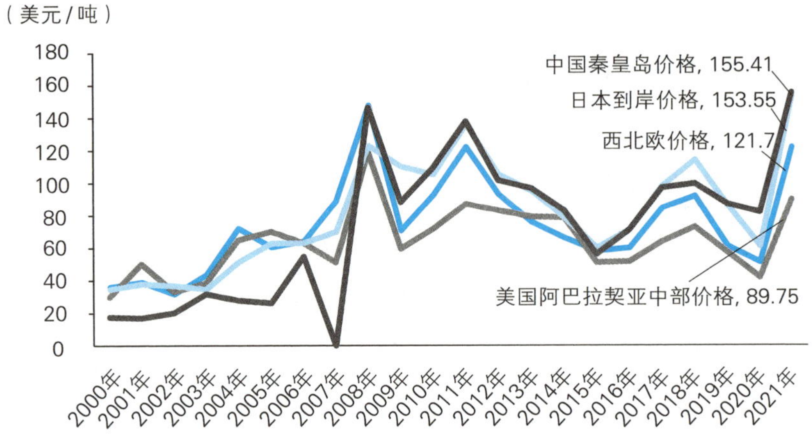

图 1-32　2000—2021 年全球煤炭价格

数据来源：《BP 世界能源统计年鉴》。

其中以煤炭为主要燃料的火力发电占比高达 71.13%。据中国电力企业联合会测算数据，2021 年因煤炭价格上涨导致全国煤电企业电煤采购成本额外增加 6000 亿元左右，国内五大发电集团煤电板块亏损额为 1427 亿元，亏损面达 80%。2021 年 9 月我国爆发了自 2000 年以来的第三次“电荒”，主要原因就是市场煤和计划电之间的博弈带来的价格剧烈波动，煤炭价格和电力价格不能响应，导致部分电厂发电积极性不高。为了解决缺电危机，国家发展和改革委员会等部门在 2021 年第四季度出台了一系列保供稳价政策，采取了加速释放煤矿优质产能、推进天然气增储上产、深化燃煤发电上网电价市场化改革等一系列举措，推动相关工作取得阶段性成效。随着保供稳价政策效果逐步显现，国内煤炭、铁矿石、钢材等价格明显回落。

三是石油天然气价格大幅上涨。由于全球经济的逐步复苏以及石油和天然气行业的低投资推动了更高的需求，2021 年以来，原油价格开始不断上涨。2022 年，乌克兰危机进一步加剧了这个局势，每桶石油价格一度攀升至 139 美元，达 14 年来的最高水平。此外，在俄罗斯和乌克兰发生武装冲突后，第二天交付的批发天然气价格翻了一番多。俄罗斯作为世界第三大石油生产国和第二大天然气生产国，是欧洲能源的主要供应国家。乌克兰危机爆发后，随着一些西方国家推出了旨在削弱俄罗斯经济的一系列经济制裁措施，俄罗斯对西方主要国家输出的石油、天然气量大幅削减，带动了石油天然气价格的快速上涨。

二、乌克兰危机加速欧盟能源绿色低碳转型步伐

作为全球第二大油气生产国，俄罗斯是欧盟化石能源的重要进口来源国家之一。乌克兰危机爆发后，欧美国家对俄罗斯展开一系列经济制裁手段，导致俄油气出口严重受阻，进而影响国际能源市场供需平衡，最终引起欧洲能源危机。一方面，巨大的能源供应缺口推高欧洲能源价格，倒逼更具成本优势的煤电重启，使得 2022 年欧洲碳中和进程受挫；另一方面，乌克兰危机导致的能源危机也迫使欧洲更加坚定了摆脱单一能源供给和加速能源转型的决心，在一定程度上加快了欧盟能源绿色低碳转型的步伐，欧盟各国陆续推出了多项绿色能源转型法案和政策，并制定了能源绿色低碳转型目标级远景规划。

三、欧盟碳关税加速落地加快减碳环保步伐

2022 年 12 月 17 日，欧盟理事会和欧洲议会就欧盟碳排放交易体系（EU ETS）改革方案达成了协议，同时确定了碳边境调节机制（CBAM，又称“碳关税”）实施细节。明确到 2030 年，欧盟碳排放交易体系涵盖部门的排放量必须减少 62%，从 2026 年开始削减现有的免

费配额，直到 2034 年所有免费配额退出。与此削减速度相匹配，碳边境调节机制设置 2023 年 10 月 1 日至 2025 年 12 月 31 日为过渡期，在此期间受影响的企业只需要履行报告义务。该机制从 2026 年开始正式实施，涵盖产业范围包括钢铁、水泥、化肥、铝、电力和氢气、间接排放（即在生产过程中使用外购电力产生的碳排放）及少量下游产业。

欧盟碳排放交易体系和碳边境调节机制方案的通过，明确了欧洲工业界的“投资绿色技术是有回报的”，同时对特定进口产品征收碳关税，保护了欧盟境内的气候行动，但也在无形中增加了其他出口国和地区的准入门槛，将对国际贸易产生深远影响。国际社会迫切需要建立有效的碳排放市场规则对话机制，通过国际合作实现全球范围的减排目标。

四、美国《通胀削减法案》带来新能源产业新变局

2022 年 8 月 16 日，美国总统拜登签署《通胀削减法案》，该法案于当年 9 月正式出台。该法案旨在通过“升税、降成本、增补贴”的方式来解决美国高通货膨胀问题，引导美国未来十年内向能源安全和气候变化领域投资，发展在岸绿色工业生产和刺激绿色消费，支持和保护本土制造业，并扶持新能源汽车等新兴产业。该法案被称为美国史上最大规模的气候投资法案，其中 3690 亿美元将会投资在气候变化和清洁能源领域，有望助推美国在 2030 年较 2005 年减排 40% 的温室气体。该法案的出台将加快推动全球能源绿色转型。

《通胀削减法案》的核心内容是补贴，在各个领域提出了产业链本土化比例（在美国本土或贸易协定国生产）的门槛要求。该法案被认

为是具有保护主义色彩的经济政策，将会导致新能源产业的不公平竞争和市场封闭，并分裂全球供应链。

五、中美贸易摩擦增加能源市场不确定性

2022 年底，美国自中国的进口商品份额已降到近 20 年来的最低点，中美贸易摩擦未出现实质性缓和。自 2010 年开始，美国不断对我国实施征收关税和限制技术转让政策。2018 年，特朗普政府对中国的贸易政策发起系列调查，挑起了中美贸易摩擦，并且对中国商品进行了三轮加征关税的措施。此外，美国不仅针对华为、中兴、大疆等中国高新技术企业发起制裁，还对中国人民大学、西安交通大学、北京航空航天大学、同济大学、国防科技大学、哈尔滨工业大学等高校发起了制裁。2019 年 9 月，美国对华 3000 亿美元输美产品中第一批加征 15% 关税措施正式实施，中国对此表示坚决反对，并根据世贸组织相关规则，坚定维护自身合法权益，坚决捍卫多边贸易体系和国际贸易秩序。2020 年 2 月 18 日，国务院关税税则委员会发布公告开展对美加征关税商品市场化采购排除工作。2020 年 2 月 21 日，国务院关税税则委员会首次排除其中部分商品，自 2020 年 2 月 28 日起实施。中美贸易摩擦对中美经济产生了影响，也给全球能源市场带来了冲击，中美的能源合作前景充满了不确定性。

参考文献

[1] 中国 ESG 研究院 . 中国 ESG 发展报告 2021 [R] . 2022.

[2] 中能传媒 . 中国能源大数据报告（2023）[EB/OL] . 2023-06-19.

[3] Energy Institute. 世界能源统计年鉴 2023［ R ］. 2023.

[4] EMBER. 2023 全球电力评论［ R ］. 2023.

[5] BP. BP 世界能源统计年鉴》[R ］. 2023.

[6] BP. BP 世界能源统计年鉴》[R ］. 2022.

[7] BP. BP 世界能源统计年鉴》[R ］. 2021.

[8] 国际能源署 . 全球能源统计年鉴［ R ］. 2023.

[9] 美国《油气杂志》(OGJ). 全球油气储量报告［ R ］. 2023.

[10] 国家能源局 . 中国天然气发展报告 2023［ R ］. 2023.

[11] 国际能源署（ IEA). 世界能源投资报告 2023(World Energy Investment 2023)［ R ］. 2023.

[12] 彭博新能源财经（ BloombergNE ）. 各类电源 LCOE 更新［ EB/OL ］. 2023.

[13] 李昕蕾，郝俊逸 . 碳中和态势下中欧清洁能源绿色竞合与中国应对［ J ］. 国际展望，2023，15（ 02)：116–136+161–162.

第二章

发展形势：挑战及机遇下的应对与破局

当今世界新一轮科技革命和产业变革深入发展，助力可再生能源得到大规模开发利用，绿色低碳新产业、新业态、新模式不断涌现，形成了能源产业竞争的新态势、新格局。在此背景下，中国主动承担应对全球气候变化责任，以习近平同志为核心的党中央提出以“双碳”目标和新发展理念为引领，在推动高质量发展中促进经济社会发展的全面绿色转型。当前，我国正处于工业化后期，经济发展对能源的依赖程度高，碳排放量将在一段时间内维持高位。如何降低能源消费强度，应对和破解低碳转型过程中的难题，抓住低碳发展的机遇，成为我国当前亟待解决的问题。以清洁能源为供电主体，推动终端消费电能替代不断提速扩围，成为立足国情、稳步实现“双碳”目标的有效举措。

第一节 主要发达经济体能源转型发展形势及启示

随着气候变化的日益加剧以及资源环境约束的持续趋紧，绿色低碳转型已成为当今全球可持续发展的重要议题。各个国家和地区都在积极调整能源结构、创新升级产业模式、转变能源消费和生活方式，推动经济社会从高碳排放的工业文明向低碳、可持续的生态文明转变。目前，中国仍是世界碳排放量最大的经济体，美国、欧盟分居第二位、第三位（见图 2-1）。主要发达经济体的能源绿色低碳行动受到全世界的关注，也对世界碳减排进程产生着重要的影响。

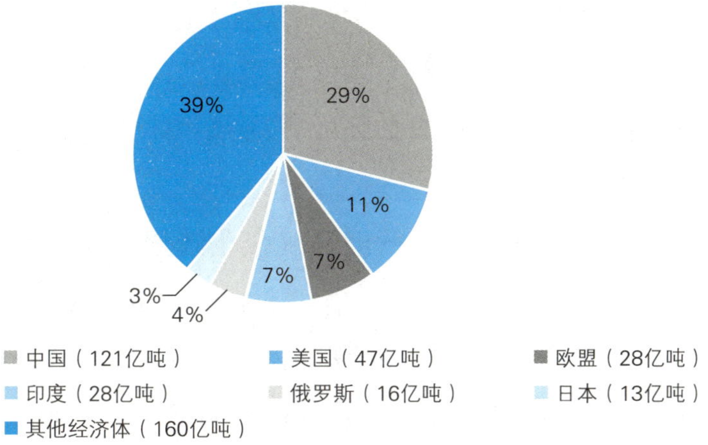

图 2-1　2022 年世界主要经济体碳排放量及占比情况

数据来源：《自然综述：地球与环境》及 our world in Data 网站。

一、主要发达经济体将绿色低碳转型纳入国家战略

发达经济体由于工业化、城镇化起步较早，已经实现碳达峰，因此更早开始了能源电力转型和控制碳排放的工作，并建立起了包括一系列政策措施在内的发展战略。2022 年，在新冠疫情和席卷全球的高温天气影响下，世界多个国家和地区出现了能源电力短缺的局面。发达经济体由此重新审视能源发展战略，积极促进能源供给来源的多样化，提高能源战略储备能力，推动能源独立安全发展。

（一）欧盟

欧盟是全球气候治理的积极推进者，其已于 1990 年实现碳达峰，2022 年欧盟碳排放量约为 28 亿吨，并提出在 2050 年实现碳中和的目标。除了应对愈发严峻的全球气候变化形势，欧盟还意在通过低碳转型解决能源依赖问题，将自己的碳标准推向国际，通过领先

的碳交易市场把控碳价格，从而影响各国的生产成本，再通过新能源及碳减排技术输出，控制新兴国家的产业链，主导低碳化的国际贸易新秩序，并基于此进一步加强欧盟内部一体化、获取国际政治利益。

2000 年，欧盟启动第一个欧洲气候变化计划，以确保成员国制定有效措施，落实《京都议定书》框架下的 2012 年相对 1990 年基准减排 8% 的目标。2007 年 3 月，欧盟在能源气候一揽子计划中提出了 2020 年温室气体排放减少 20%、能源效率提高 20%、新能源占能源生产总量的 20% 的“20–20–20”目标，第一次将气候与能源在同一个战略计划里形成战略关联。随后，2008 年 12 月发布的《气候行动和可再生能源一揽子计划》扩展了欧盟排放交易机制，在欧盟各成员国间推行责任分担协议机制，制定了约束性可再生能源目标，强调推行生物质燃料，并制定了关于碳捕集和封存以及环境补贴的新规则。2021 年 6 月，在《欧洲绿色协议》《欧洲气候法（草案）》的基础上，欧洲议会正式批准通过了《欧洲气候法》，将《巴黎协定》中承诺的到 2030 年相较 1990 年减排 40% 的目标提高至 55%，同时明确了 2050 年前欧盟各成员国将实现气候中和即温室气体零排放，并围绕减排、绿色技术投资和自然环境保护等对欧盟各成员国作了进一步约束。2022 年 5 月 18 日，欧盟委员会正式公布了《欧洲经济、安全、可持续能源联合行动方案》（*REPowerEU: Joint European action for more affordable, secure and sustainable energy*），该方案计划在 2030 年前投资 3000 亿欧元，通过加快可再生能源产能部署、能源供应多样化、提高能效等三大支柱措施，实现欧洲能源独立和绿色转型。

从政策和立法层面看，过去几十年中，欧盟能源转型的力度在不断提升。不论是 2007 年提出的目标还是 2021 年通过的《欧洲气候法》，能源、工业、交通、林业等关键行业的碳减排目标都在提高，同时部分政策还升级为法律。这些转型“加法”都是欧盟成员国在过去几十年中实现能源转型目标的有力保障。

（二）美国

2000 年以后，美国二氧化碳排放量大体稳定，并在 2007 年实现了阶段性碳达峰。在新冠疫情冲击下，受天然气消费量上升的影响，2022 年美国的二氧化碳排放量增长了 0.8%，达到 47 亿吨，约占全球二氧化碳总排放量的 11.38%。

美国应对气候变化政策很大程度上受政治集团的影响。1993 年发布的《美国气候变化行动计划》首次提出了 2000 年碳排放量减少 1.09 亿吨的目标。共和党布什政府虽出台了《2005 国家能源政策法案》《美国能源独立及安全法》等鼓励发展清洁能源的政策，但在气候治理方面坚持保守立场，拒绝签署《京都议定书》。随后民主党奥巴马政府推出了一系列减排重大举措，对内出台了旨在减少温室气体排放的《美国清洁能源与安全法案 2009》和《气候行动计划》；对外推动双边和多边气候谈判，重视大国间气候合作，并加入《巴黎协定》。然而，共和党特朗普政府彻底否定了奥巴马政府的能源政策方向，鼓励开发利用化石能源资源、页岩油气，支持振兴清洁煤炭工业，实现能源独立，增加社会就业，并于 2017 年 6 月退出《巴黎协定》。民主党拜登政府则在政治上把应对气候变化纳入美国外交政策和国家安全战略，技术上加速清洁能源技术创新，在重返《巴黎协定》的同时颁布了《通胀削减法案》，该法案大量条款均与能源转型和应对气候变化相关，精准支持“降碳”和“减污”与降低通胀的经济目标相结合，同时掺杂了推动“美国制造业回流”的政治意图，包括计划未来 10 年在相关领域投资约 3700 亿美元和全面降低能源转型的各类成本，其中可再生能源生产和制造业是重中之重。这项法案不仅首次为许多能源税收激励措施创造了一个未来10年的跑道，而且还从根本上修订了税法，通过创造一个技术中立的方法来激励低碳技术的部署，此外，还包括一些支持美国常规能源发展的条款。

目前，美国建立了以“3550”为主要目标的应对气候变化行动框架，即以2035年和2050年为重要时间节点，承诺到2035年实现无碳发电，2050年前全面实现净零排放。

（三）日本

日本的碳排放量在世界经济体中位居第六，其一次能源结构和中国类似，化石能源占80%以上，是主要发达经济体中煤炭占能源比重最高（27%）的国家。同时日本又是一个资源相对匮乏的国家，几乎没有石油、天然气和煤炭等化石能源资源。因此，为了减少对进口能源的依赖和提高能源安全性，日本需要大力发展可再生能源和提高能源效率。

日本为快速发展经济，在二战后采取了以重工业为主的产业发展方式，但是经济增长的同时也带来了环境污染，例如工业废水的排放引发了日后轰动世界的“水俣病”。此后，为了应对气候环境变化，日本政府出台了一系列节能减排、保护环境的法律法规，促进新能源的开发利用、提高能源的使用效率、调整产业结构，以保障日本的能源供给安全。2010年颁布的《气候变暖对策基本法案》规定日本2020年碳排放要比1990年减少25%，2050年要比1990年减少80%，该法案指出要在核电、可再生能源、交通运输、技术开发、国际合作等方面实施措施推动碳减排。此后，日本又推出了《低碳城市法》《能源基本计划》《全球变暖对策计划》等多项政策法规，制定了2050年实现碳中和的目标，提出使用脱碳电源，创新火力发电等技术，最大限度地开发海上风能、太阳能、地热等可再生能源，推进可再生能源制氢技术的规模化应用，大力发展零排放技术，通过储能、虚拟电厂等手段提升系统灵活性，力求通过能源技术优势弥补资源禀赋的劣势。2022 年 6 月，日本政府通过 2022 年版《环境·循环型社会·生物多样性白皮书（环境白皮书）》。白皮书指出 2030 年日本温室气体排放量要比 2013 年削减 46%，大大增加了削减幅度。2022 年 12 月，日本内阁通过了“有关实现绿色转型（Green Transformation，GX）的基本方针”，推翻了日本自东日本大地震以来的“不考虑”新建和改建核电站政策，明确表示“将在未来持续使用核电”。

二、主要发达经济体能源绿色低碳转型特征明显

（一）欧盟

1. 低碳转型以保障能源安全为基础

欧盟在向可再生能源转型过程中，允许成员国适度开发和保留煤炭、天然气等化石能源以更好地保障能源安全。例如，德国宣布建立煤炭战略储备和煤电备用机制；意大利推迟了 6 座燃煤电厂的关闭时间，并决定恢复先前终止建设的部分燃煤发电设施。

2. 建设内部一体化能源市场

推进内部能源市场一体化，是欧盟的长期目标。建立一个统一的能源市场，可以为欧盟内部能源市场带来公平的竞争，有利于稳定内部能源市场价格，提高能源供应安全水平和能源效率，增强国际市场竞争力。目前，欧盟已经初步建成了基于统一管网的天然气市场和协同出清的统一电力市场。未来，欧盟将致力于制定更加透明、

公开、公平和公正的市场规则和监管体系，从总体上提高市场运行效率。

3. 建立绿色财税和金融政策体系

财税和金融政策可以通过对资源税的调整、对环保行为的补贴以及对能源结构调整的引导等措施，促进资源的节约和高效利用，为欧盟增加绿色预算资金来源，引导成员国调整能源和环境政策，增加绿色转型财政预算。通过对绿色产品的税收优惠、对非绿色产品的限制等方式，引导消费者转向绿色消费，从而促进绿色市场的形成，提高应对气候变化的韧性，加快绿色低碳转型步伐。

4. 建立碳排放交易体系和碳减排责任分摊机制

欧盟碳排放交易体系（European Union Emission Trading System，简称 EU ETS）是世界上最大的碳排放交易市场，在世界碳排放交易市场中具有示范作用。根据欧盟气候法案，EU ETS 覆盖了多个行业，包括能源、制造业、航空等，其中发电行业是最大的碳排放源。在 EU ETS 中，每个企业都有碳排放配额，这些配额可以在市场上进行买卖。如果企业的实际排放量超过其拥有的配额，就需要在市场上购买额外的配额；如果企业的实际排放量低于其配额，则可以将配额出售给其他企业。同时，为解决碳配额盈余、碳价低迷的问题，欧盟配套建立了市场稳定储备机制（MSR），在供应过剩时将配额纳入 MSR，在供应不足时从 MSR 中释放配额，有效增强了 EU ETS 应对市场冲击的韧性。碳排放交易市场和碳减排责任分摊机制将在欧盟未来实现碳中和目标和经济社会转型中扮演重要角色。

5. 建立“绿氢”市场交易机制

欧盟建立了一套系统性的政策工具，以规范同域外国家的氢能贸易，为自身氢能产业转型发展寻找更多的外部支持，包括将环境、社会和公司治理（ESG）纳入欧盟进口“绿氢”的政策框架之中。通过欧盟发展援助资金，为域外国家进口欧盟的“绿氢”提供补贴，建立“绿氢”国际贸易的中介机构，以便更好地对接域内外“绿氢”买卖双方。此外，欧盟将在“绿氢”拍卖机制基础上，建立泛欧“绿氢”项目拍卖平台，成员国均可在这一平台上发布本国资源支持的“绿氢”项目，欧盟委员会也将核实相关项目信息，以保证公平竞争，推动整合欧盟氢能市场。

总体来看，欧盟减碳政策呈现出以能源政策、创新减排技术为主线，以财政政策、碳交易为手段推动各部门节能减排的发展趋势，其中碳排放权交易体系与体现“污染者付费”原则的财政手段体系是较为重要的举措，其充分利用市场机制与财政手段推进碳减排，已经取得了比较好的成效。欧盟利用其在绿色技术产业积累的领先优势，积极推动可再生能源发展，从多个层面实现可再生能源替代转型。得益于充裕的发电容量、灵活的发电调节能力、紧凑的电网结构、完善的市场机制，以及可再生能源与其他电源、电网统筹协调规划等多方面因素，欧盟主要国家实现可再生能源快速发展和高比例消纳。

（二）美国

1. 在内部争议中稳步推进能源转型

虽然美国的减碳政策经历了多次反复，但是政府在产业转型和发展中的作用仍十分突出。美国通过政策引导和市场自发调节相结合的总体减排模式，以税收、财政补贴、碳交易等手段，有效推动了新能源项目投资、技术创新、绿色金融市场建设和绿色清洁能源解决方案的落地，将清洁能源发展与美国经济发展相结合，加速推动各部门的低碳发展。

2. 加快发展氢能

美国政府长期关注氢能发展，各届总统任期内均有氢能相关战略和政策出台，并逐渐呈现出快速发展的态势。例如2020年10月，美国能源部发布了《氢能项目计划》，提出未来10年及更长时期氢能研究、开发和示范的总体战略框架，明确了氢能发展的核心技术领域、需求和挑战以及研发重点，并提出了氢能计划的主要技术经济目标。同时政府为“绿氢”项目提供了税收抵免政策，这些税收抵免政策使美国的清洁氢能成为世界上最便宜的氢能之一。美国清洁氢能生产目标是：到2030年，清洁氢能产量增加到每年1000万吨；到2050年，清洁氢能产量增加到每年5000万吨。如果上述目标得以实现，那么美国温室气体排放量有望在2005年的排放水平上降低10%左右，为实现碳中和作出极大贡献。

3. 扩大本土油气资源勘探开发

本土油气资源关系到国家能源安全，美国扩大本土油气资源勘探开发主要是扩大开发阿拉斯加油气资源。在油气勘探开发领域，美国高度重视技术创新，并且不断取得进步，尤其是在页岩油气技术方面，实现了重大突破，被业内称为“页岩革命”。从技术层面来看，美国“页岩革命”的核心是水平钻井技术和分段压裂技术实现了革命性的提升，核心技术的突破推动油气成本大幅度下降，页岩油气产量得到快速提高，美国基本实现了能源独立的战略目标，并且逐渐成为全球液化天然气出口大国之一。

4. 强化技术创新

能源技术已经成为全球新一轮科技革命的制高点之一。对于一个国家来说，如果能率先形成以能源技术为核心的完整供应链体系，那么就可以拥有全球能源供应链的竞争优势，在全球能源治理体系中占据主导地位。美国对于碳捕集、利用与封存（CCUS）、直接空气捕获（DAC）等碳移除技术给予了极大的政策支持，并提出在未来五年内向人工智能、通信与网络安全、先进能源和材料等十大关键领域投资1100多亿美元。先进能源技术的开发和利用对于保证美国的国家能源安全、维护和扩大经济繁荣并保持强大的竞争力具有重要意义。

（三）日本

在严格的法规政策作用下，日本建立环境评估制度，引导环保产业发展，教育企业与居民形成环保理念，以解决环境污染与能源依赖问题。从具体措施来看，日本应对气候变化主要有以下六个重点方向。

1. 高度重视氢能发展

日本电力供应受到传统资源匮乏的制约。氢能源可通过从天然气中提取获得，且日本与其天然气的主要供应国澳大利亚有着较为稳定的外交关系，所以日本选择了氢能作为未来汽车动力发展方向。日本对氢燃料技术的研究起步很早，可以追溯至30年前，目前掌握了世界70%的氢燃料汽车技术专利。虽然日本错过了此轮电动汽车发展红利，但是氢燃料汽车仍被行业视为远期发展趋势。

2. 重点支持可再生能源发展

在太阳能发电领域，日本政府制定了扶持技术开发政策，吸引非能源产业参与，通过竞争降低零部件、材料的成本，促进太阳能发电产业群的建设。在燃料电池领域，日本将蓄电池确立为战略性产业，大力开拓和发展横向产业群，推进成本持续降低，不断提高产业经济性。由于风力和生物质能等能源发电受到很高的地域性限制，因此日本政府支持以当地“自产自消”为基础的地区经济发展，推动与地域特点密切结合的新能源经济发展。

3. 高度重视核能安全

2013 年 1 月，日本核能监管机构（NRA）发布了旨在保护核电设施、抵御自然灾害和恐怖袭击的安全法规草案。2022 年 8 月，日本经济产业省设立了 1281 亿日元的核能创新补助，用于修复退役核电站周边环境和开发性能优良的新型核反应堆，确保安全有序地发展核电。另外，日本政府积极推进核能技术出口，帮助新兴国家核能发展，利用自身核技术能力的出口优势，确保与中东国家核合作和技术转让，以换取长期油气稳定供应。

4. 重视能源数字化转型

全球数字经济浪潮下，为促进日本产业发展、提升产业链整体的数字化水平，日本政府于 2022 年 7 月发布了“数字化转型报告 2.2”，明确提出要进行产业整体的数字化变革。日本能源领域的数字化转型措施重点包括：进一步加强对智能电网、虚拟电厂、储能技术、高效电机、能源管理软件等先进领域的建设投资；对于低能耗的绿色数据中心提供高达投资额 50% 的财政补贴；将数字货币、人工智能、区块链应用于电力交易；将能源服务沿着分布式能源系统拆分，进而促进清洁能源的消纳。

5. 重视交通领域节能减排

在交通运输领域，日本政府不断调整和更新能耗标准，提高汽油辛烷值，降低交通工具燃料消耗率，减少温室气体排放。日本政府制定政策，对土壤污染、加油站地下储罐、管线等进行改造，降低环境污染，提高安全水平；推广使用混合动力汽车、电动汽车和氢燃料电池汽车等，大幅度降低混合动力汽车的燃料消耗率，不断提升电动汽车、氢燃料电池汽车发动机的技术水平；鼓励政府、企业和高校联合技术创新，不断提高电池性能，降低电池成本，提高电池效率和耐久性。

6. 加强国际能源合作

油气合作是日本对外能源合作中的重中之重。日本政府制定多项方针，加强与油气资源国建立全方位战略合作，重点建立和维护与中东油气资源国和中亚油气资源国的油气合作关系，利用单边对话或多边协议方式，建立能源信息共享机制。日本政府注重培育具有国际竞争力的核心企业，支持企业走出国门，参与油气资源国的油气开发，并获得相应权益。在节能技术单边合作方面，开展与能源消费大国之间的对话，制定旨在推进节能合作的具体行动计划，重点将煤炭清洁利用技术和安全生产技术推广到煤炭消费大国。在节能技术多边合作方面，充分利用政府间国际能源合作机制，灵活运用先进技术，提高能源利用效率，推动成员国之间的节能技术转让，促进太阳能发电、风力发电、生物质发电等技术合作。

三、国际经验对中国能源绿色低碳转型的启示

（一）保障能源安全成为能源绿色低碳转型发展重要前提

长期来看，全球能源绿色低碳转型趋势要求逐步减少化石能源产能，由高速发展的可再生能源替代，但短期内可再生能源的增长速度尚无法完全满足中国新增的能源需求，对化石能源仍有一定程度的依赖。另外，能源安全还与粮食安全、产业链供应链稳定等问题联系紧密并交织在一起，若处理不当，易引发多领域、多方面的系统性问题。因此，实现安全、韧性、包容和可持续的能源转型，将改变经济发展的动力供应方式和产业布局，创新材料生产方式，塑造可持

续的消费方式，但也给能源管理体制机制、多元治理结构带来重大考验。

（二）能源转型具有长期性、复杂性和不确定性的特征

目前的能源转型局势与世界局势息息相关，欧美的动向会不断影响能源转型局势，中国正在利用中美、中欧经贸高层对话、高级别战略对话等双边机制强化对话合作。虽然许多国家都提出了达成碳达峰及碳中和目标的时间点，但大部分国家均处于启动阶段，世界各国的能源转型仍然具备长期性。中国正在持续开展对国外主要经济体碳达峰及碳中和政策动向的跟踪分析，科学研判欧美绿色技术和贸易壁垒形势，系统评估其对全球气候治理以及对中国产业绿色低碳转型升级的潜在影响。

（三）实现碳中和需要充分发挥科技创新的支撑作用

如果没有科技创新，没有关键技术的突破，实现碳中和目标就是一句空话。绿色能源技术的突破和推广是成功迈向碳中和的决定性因素。新能源、新材料、智能电网、输配电和储能技术，以及碳捕集、利用与封存技术（CCUS）等，都是亟须突破的关键技术领域。必须充分调研摸底当前国内绿色低碳技术现状，密切追踪国际前沿领先技术发展动向，瞄准适合于中国的关键“卡脖子”技术，尽快提升国家碳中和目标的科技支撑能力。

（四）完善碳市场和碳排放配额机制，助力低碳转型

目前中国已初步建立了碳市场和碳排放配额机制，市场规模持续扩大，交易制度不断完善。一方面，应继续完善碳市场设计和监管机制，构建透明、有效、公平的碳市场交易体系。另一方面，EU ETS 也为中国的碳市场提供了一个参照标杆，可以通过与欧盟碳市场的联通性合作，进一步推动中国的碳交易与国际市场对接，提高碳市场的效率和流动性。

在“双碳”目标导向下，中国应充分考虑传统能源退出时序、新能源发展布局、低碳前沿技术创新与新能源规模化推广等多种可变因素的组合，防范转型过程中的系统性风险，持续优化调整能源绿色低碳转型的时间表和路线图，优先推进电力系统的改革、新型电力系统的构建，保证能源可持续供应及相关材料安全供应，加强能源转型国际合作，实现降碳、安全与可持续增长的协同治理。

第二节　中国能源绿色低碳转型发展形势

中国作为世界上最大的能源消费国，正在积极推进能源绿色低碳转型发展。通过政策引导、科技创新、产业升级和全民参与，中国在降低碳排放、发展可再生能源、推动绿色城市建设等方面取得了重要进展。

一、中国能源绿色低碳转型的四大突出挑战

（一）庞大的能源消耗体量带来转型惯性压力

改革开放以来，中国经济高速发展，国内生产总值稳步增长，而经济增长势必以能源消耗为基础，中国已经成为世界碳排放量最多的国家，占世界碳排放总量的30%以上（见图2-2）。中国的能源供需和电力的发、变、输、配、储都是巨型系统，庞大的能源资产规模意味着惯性大、转弯难、纠偏困难，一旦转型方向出现差错，将导致严重

后果。中国大部分燃煤电厂、特高压输电线路等基础设施都是近 15 年投资建设的，对其利用率的大幅降低将导致很大的资源浪费和投资搁浅风险。

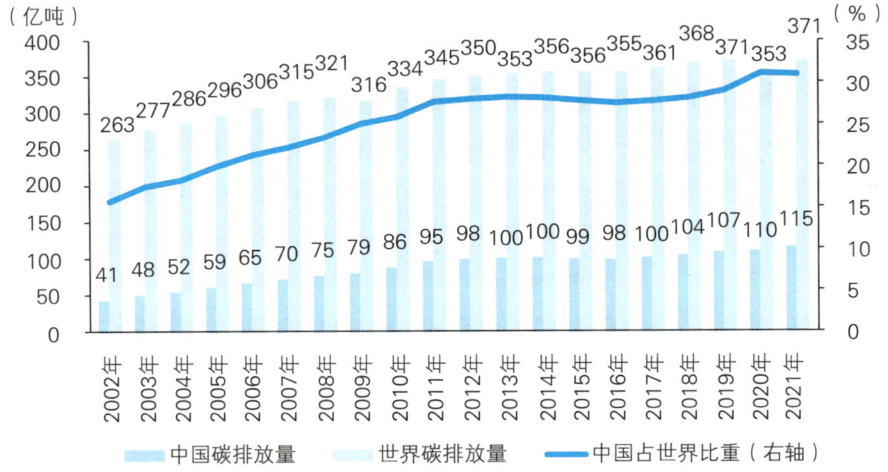

图 2-2　中国碳排放量占世界比重情况

数据来源：国际能源署。

中国目前的碳排放总量占全球总量的 30% 以上，对比发达国家碳中和的目标，中国将完成全球最高碳排放降幅，用全球历史上最短的时间实现从碳达峰到碳中和的目标。这既体现了我国绿色低碳转型的决心，也体现了我国绿色低碳转型面临时间短、任务重的巨大压力。

（二）“富煤、缺油、少气”的化石能源资源禀赋

中国化石能源的一大特点是“富煤、缺油、少气”，从化石能源资源总量来看，煤炭占 94%，油气只占 6%。“富煤、缺油、少气”决定了煤炭在能源消费结构中的主体地位（见图 2-3）。在历史上，“煤为主体”的消费结构长期没有变，但是所谓“富煤”只是一个就国内油气资源而言的相对概念，从全球来看并非如此，我国人均煤炭资源占有量仅为世界平均水平的一半。我国当前阶段的能源供应形势仍然总体偏紧。

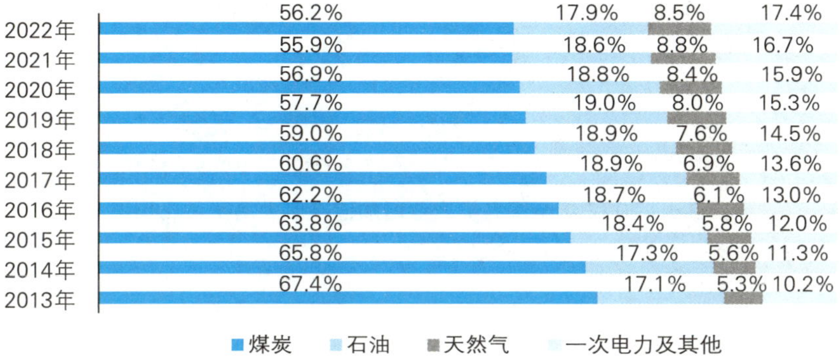

图 2-3 中国能源消费结构

数据来源：国家统计局。

（三）以第二产业为主导的产业结构对化石能源有很强依赖性

中国是世界上最大的煤炭消费国和生产国、第二大石油消费国。化石能源的使用涉及发电、供暖、化工原料、交通运输等各个工业领域（工业即第二产业用电量情况见图 2–4）。结合 2022 年全社会用电量数据来看，第二产业用电量比重超过六成，且电力消费弹性系数最小（见图 2–5），第二产业对化石能源的依赖性给能源体系转型带来较大困难。首先，第二产业能源消耗量巨大且对能源的稳定供应有着很高的要求，而新能源固有的波动性和随机性使其与第二产业的协调发展存在障碍；其次，中国第二产业的产业链较长，从原材料到成品需要经过多个环节，每个环节都可能产生碳排放，而许多产业上下游企业的减碳措施仍然停留在传统技术上，如果低碳转型不能从产业链的源头开始，就难以实现整体低碳化；最后，我国以第二产业为主的产业结构难以在短时间内发生根本性调整，第二产业对保持经济稳定增速的支撑作用还十分明显，因此需要结合国情和国际形势对中国低碳转型和产业结构升级计划进行动态调整，做到稳妥有序推进。

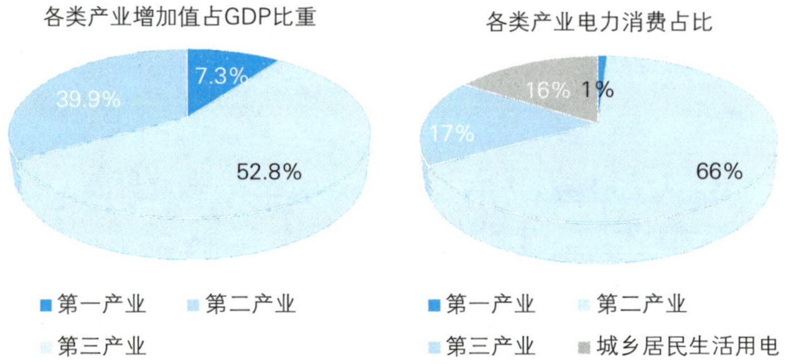

图 2-4　2022 年全国各类产业增加值及电力消费占比情况

数据来源：国家统计局，中国电力企业联合会。

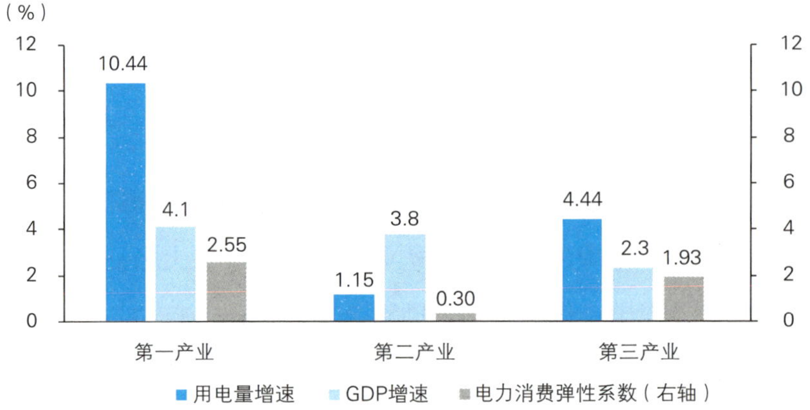

图 2-5　2022 年全国各产业用电量增速情况

数据来源：国家统计局，中国电力企业联合会。

（四）能源生产和消费在地域上的不平衡性

中国能源资源主要集中在西部和北部地区，而能源消费则主要集中在东部和南部地区。这种能源生产和消费中心的逆向分布导致了能源供应和需求的地理错配问题。

具体来说，风电装机集中的“三北”地区（华北地区、东北地区和西北地区）远离负荷中心，能源难以就地消纳。同时，这些地区的电网发展相对滞后，进一步限制了新能源的消纳能力。此外，其他新能源富集的大型能源基地也存在与开发配套的电网送出项目的规划、核准相对滞后，以及跨区域通道能力不足等问题，这些问题成为制约新能源消纳的刚性约束。我国化石能源的地理分布也不均衡，消费中心和生产中心存在错位。其中，煤炭分布呈现“西部多、中部富、东部少”特征，支撑中国经济社会发展的煤炭资源保障，主要靠晋陕蒙区域带。

因此，中国需要加强能源基础设施建设和能源转型，平衡能源的生产和消费，以更高效、更可持续地利用有限的能源资源。同时，中国需要大力发展可再生能源，推动能源结构调整，降低对化石燃料的依赖。

二、中国能源绿色低碳转型的五大优势

（一）“新型举国体制”构筑转型强大保障

“新型举国体制”是在社会主义市场经济条件下，充分发挥国家集中力量办大事的显著优势，以国家发展和国家安全为根本目标，以国家战略需求为导向，以重大科研任务为牵引，通过政府、市场、社会等多种力量协同发力，优化资源配置，集中各方优势力量，推动科技创新和重大工程实施的一种体制机制。

在能源领域，新型举国体制将在以下方面发挥重要的引领保障作用：一是通过制定国家能源战略和规划，明确能源绿色低碳转型的目标和方向，引导各方资源向能源转型领域倾斜；二是通过加大科研投入和人才培养，推动能源技术创新和进步，提高能源利用效率和清洁能源转化效率；三是通过政策引导和市场机制，优化能源结构和布局，减少化石能源消费，增加清洁能源供应；四是通过加强国际合作和竞争力，提高我国在全球能源领域的话语权和影响力，推动全球能源绿色低碳转型。

（二）经济发展形势稳中向好助力能源绿色转型

中国经济发展形势长期向好，经济的持续增长为能源绿色低碳转

型提供了巨大的资金来源和市场需求，政府和企业能够投入更多资源用于绿色技术的研发和应用。同时，经济增长也带来了更广阔的市场，推动了可再生能源、清洁技术和环保产品的发展和应用。

中国经济的结构调整和产业升级为绿色低碳转型提供了契机。中国政府积极推动经济的转型升级，加大对高新技术、清洁能源和环保产业的支持力度。这些措施推动了绿色低碳产业的发展，促进了传统产业向清洁和高效的产业方向转型。

（三）风光资源替代化石能源消费空间巨大

目前中国的能源生产结构中，化石能源占比约八成（见图 2–6），可再生能源的发展潜力巨大。太阳能和风能是目前最具经济性的可再生能源，同时，持续下降的成本以及不断提升的设备效率，也会继续推动太阳能和风能发电量呈指数级增长。

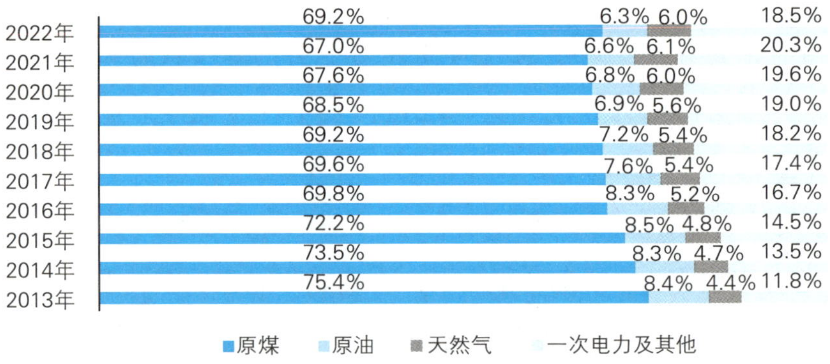

图 2-6　中国能源生产结构

数据来源：国家统计局。

（四）发展新能源、降低能源对外依存度符合建设能源强国要求

石油是中国第二大能源消费品类，中国又是世界上最大的石油进口国，石油进口依存度常年居高不下并呈现上升趋势，直到 2021 年该趋势才开始下降（见图 2–7）。2022 年，中国原油对外依存度约为 71.2%，

进口量约为5.083亿吨（见表2-1）。具体看来，中国原油进口主要来源于沙特阿拉伯、俄罗斯、中南美洲地区、西非地区、伊拉克、阿拉伯联合酋长国、科威特以及一些其他中东国家等，其中从沙特阿拉伯进口原油量占比最高，为17.1%，其次是从俄罗斯进口原油量，占比达16.9%。另外，中国石油运输主要依靠地缘政治环境复杂的马六甲海峡，一旦石油运输的航运安全受到威胁，将面临能源断供的局面。因此，实现碳中和对中国来说不只是经济问题，更是能源安全和国家安全问题。

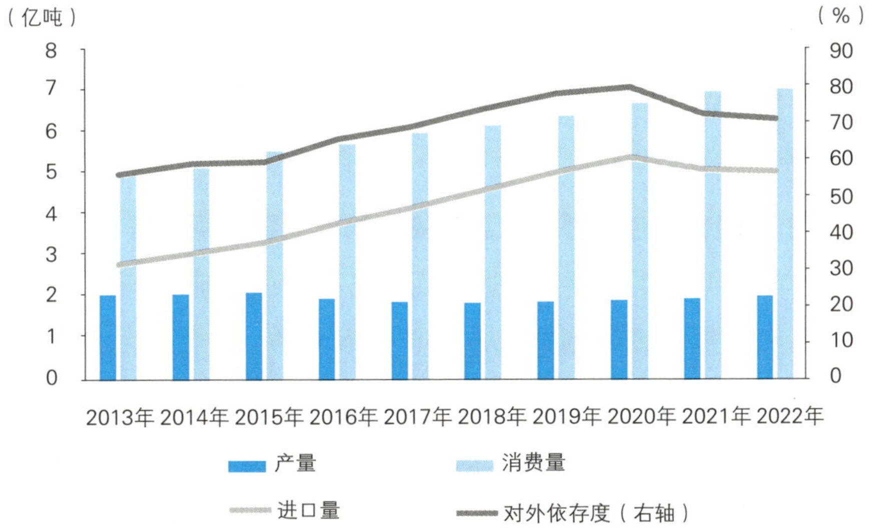

图2-7　中国石油产量、消费量及对外依存度情况

数据来源：国家统计局。

表2-1　中国能源进口情况

年份	煤及褐煤（万吨）	原油（万吨）	天然气（亿立方米）	电力（亿千瓦时）
2013	32702	28174	525	75
2014	29122	30837	591	68
2015	20406	33548	611	62

续表

年份	煤及褐煤（万吨）	原油（万吨）	天然气（亿立方米）	电力（亿千瓦时）
2016	25555	38101	746	62
2017	27092	41946	946	64
2018	28210	46189	1246	37
2019	29977	50568	1332	49
2020	30361	54201	1397	48
2021	32294	51292	1675	—
2022	29320	50828	1508	—

数据来源：海关总署。

（五）中国在绿色能源行业具备完整的产业链、供应链

中国在可再生能源设备制造方面具备强大的产业基础，拥有大量电力设备和新能源设备制造企业，具有强大的生产能力和技术实力。以新能源为代表的产业链不断完善，从风力发电机组、太阳能光伏组件到储能设备，中国已能够自主研发、生产和供应各种绿色能源设备。

中国在可再生能源建设和运营方面具备丰富的经验。中国在太阳能和风能发电项目建设方面积累了大量经验，拥有成熟的工程管理能力和运维能力，这使得中国能够提供项目设计、设备供应、工程施工和后续运维等全方位的解决方案，形成了完整的供应链。

中国政府通过积极的政策措施和财政支持为绿色能源产业链供应链发展创造了良好环境，包括推进碳达峰试点城市建设、建立可再生能源补贴电价政策、设立可再生能源电力消纳责任权重制度、推动绿色金融市场发展等。这些政策极大助力锻造产业竞争新优势、培育新质生产力，推动高标准实现碳达峰碳中和目标。

第三节 电力行业绿色低碳转型发展形势

电力行业是碳排放大户，从宏观层面看，行业的绿色低碳转型将深刻影响到国家的转型进度，从微观层面看，行业的绿色低碳转型则直接关系到各电力企业的经营发展方向。为推动能源体系转型、解决可再生能源更大规模并网和消纳的问题，党中央基于保障国家能源安全、实现可持续发展、推动实现“双碳”目标的要求，作出了深化电力体制改革等一系列重大决策部署。

一、电力行业是绿色低碳转型的主战场

（一）二氧化碳排放情况

从世界范围来看，电力行业的碳排放量占比很高（见图 2–8）；从中国范围来看，根据国际能源署数据，中国电力行业碳排放占中国碳排放总量的 40% 以上，因此电力行业成为降低碳排放的主战场。2022 年，电力行业的碳排放量增长虽然有所放缓，但仍同比上升 2.6%。面对气候变化的严峻形势，电力行业面临的低碳转型任务繁重而紧迫。

此外，电力行业不仅自身要实现碳减排，还要支撑全社会尽早实现碳达峰，助力全社会低碳转型。因此，电力行业需要采取一系列措施减少碳排放，包括加快清洁能源开发利用，推动行业自身碳减排，助力全社会能源消费方式升级，支撑钢铁、化工、建材等重点行业提高能源利用效率等。

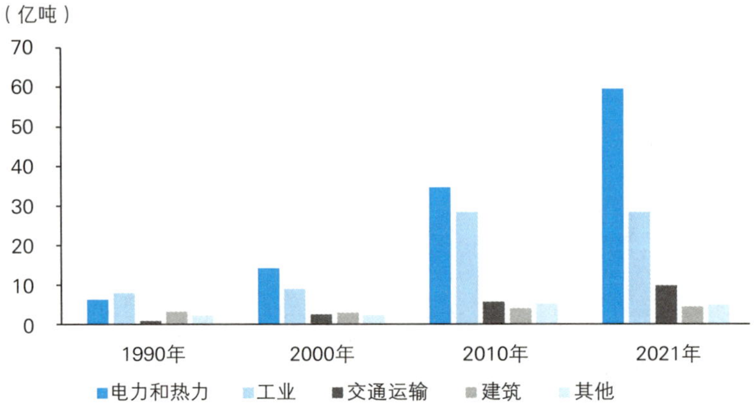

图 2-8　世界分行业碳排放量情况

数据来源：国际能源署（IEA）。

（二）其他大气污染物排放情况

电力行业的大气污染物排放主要包括烟尘、二氧化硫和氮氧化物等。“十二五”初期，电力行业排放的二氧化硫和氮氧化物一度占据了全国总排放量的四成。得益于环保政策和燃煤电厂超低排放改造的逐步推进，我国电力行业的大气污染物防治在 2015 年取得了突破性进展，并通过长效机制的深入落实，确保了污染物排放情况的持续改善（见表 2–2）。根据中华人民共和国生态环境部和中国电力企业联合会数据，2022 年，全国电力行业的烟尘、二氧化硫、氮氧化物排放量分别约为 9.9 万吨、47.6 万吨、76.2 万吨，分别比上年降低 19.5%、13.5%、11.4%。可以说，我国环保工作取得的瞩目成绩离不开电力行业的贡献。

表 2-2　近 10 年全国及电力行业大气污染物排放情况

单位：万吨

年份	全国			电力行业		
	烟尘	二氧化硫	氮氧化物	烟尘	二氧化硫	氮氧化物
2012	1236	2118	2338	151	883	948
2013	1277	2044	2227	142	780	834

续表

年份	全国			电力行业		
	烟尘	二氧化硫	氮氧化物	烟尘	二氧化硫	氮氧化物
2014	1741	1974	2078	98	620	620
2015	1538	1859	1852	40	176	159
2016	1608	855	1503	31	152	140
2017	1285	611	1348	26	120	114
2018	1132	516	1288	21	99	96
2019	1089	457	1234	18	89	93
2020	611	318	1020	15.5	78	87
2021	537	275	988	12.3	55	86
2022	510	261	920	9.9	47.6	76.2

数据来源：中华人民共和国生态环境部，中国电力企业联合会。

二、中国电力行业具备绿色低碳转型的良好基础

（一）多元绿色发电供应体系基本形成

中国新型电力系统建设取得显著成就，电源结构优化调整步伐加快。政府出台了一系列政策和规划，明确了新型电力系统建设的目标和时间表。2022 年，中国风电并网装机容量连续 13 年、光伏发电并网装机容量连续 8 年稳居世界第一，海上风电和抽水蓄能装机容量跃居世界首位，以沙漠、戈壁、荒漠地区为重点的大型风电光伏基地和一大批抽水蓄能电站加快推进建设，新型储能累计装机超过 400 万千瓦并持续高速增长。根据中国电力企业联合会数据，截至 2022 年底，全国全口径非化石能源发电装机容量为 127548 万千瓦，比上年增长 14.0%，增速比上年提升 0.6 个百分点，非化石能源发电占发电总装机容量

的49.7%，比上年提高2.6个百分点。全国非化石能源发电量为31443亿千瓦时，比上年增长8.6%，占总发电量比重为36.2%，比上年提高1.7个百分点[①]。

（二）节能增效与减污降碳成效显著

《电力发展"十四五"规划》提出了"加快煤电机组灵活性改造，'十四五'期间完成存量煤电机组灵活性改造2亿千瓦，增加系统调节能力3000万~4000万千瓦，促进清洁能源消纳"的目标。根据国家能源局数据，2022年，全国6000千瓦及以上火电厂供电标准煤耗为300.7克/千瓦时，比上年降低1.0克/千瓦时；全国6000千瓦及以上电厂的厂用电率为4.49%，比上年增加0.13个百分点；全国线损率为4.82%，比上年降低0.43个百分点，电力能效指标持续向好。截至2022年底，全国达到超低排放限值的煤电机组装机容量约为10.5亿千瓦，占煤电总装机容量比重约为94%。全国火电单位发电量的二氧化碳排放量约为824克/千瓦时，比2005年降低21.4%；全国单位发电量的二氧化碳排放量约为541克/千瓦时，比2005年降低36.9%。

（三）电力消费方式发生深刻变革

技术进步和产业变革带动能源领域发展，涌现出以电动汽车、分布式发电、新型储能为代表的一大批新兴市场主体。这些新兴主体在为居民生活带来极大便利的同时，也在一定程度上改变了用户的用能习惯，使发电用电两侧实现了活跃互动。例如在新能源汽车方面，根据公安部数据，截至2022年底，全国新能源汽车保有量达1310万辆，同比增长67.13%；全国充电桩达到521万台，同比增长率为99.08%，创历史新高。另外，车网互动（Vehicle-to-Grid，V2G）技术的应用使

① 数据来源：中国电力企业联合会《中国电力行业年度发展报告2023》

电动汽车可以作为移动的储能装置帮助电网削峰填谷，实现了电网侧与“聚合体”之间的互联互通。

专栏2-1 电气化为绿色低碳转型创造广阔空间[①]

电气化在推动绿色低碳转型方面扮演了重要的角色，它通过提升能源利用效率、拓宽终端用能电气化市场、促进新能源消纳、推动电力与现代数字信息技术深度融合，为绿色低碳转型创造了广阔的空间。国家能源局《2022年能源工作指导意见》提出因地制宜推进实施电能替代，大力推进以电代煤和以电代油，有序推进以电代气，提升终端用能电气化水平。

（一）电气化主要指标总体向好

2022年，全国电能占终端能源消费比重约28%，较上年提高1.1个百分点。全社会用电量快速增长，达到86372亿千瓦时，是2012年的1.74倍。工业、建筑、交通部门和农村地区持续推动实施电能替代，2021年完成替代电量约1900亿千瓦时，带动电能占终端能源消费比重达到约26.8%，较2012年提高4.2个百分点。城乡用电普遍服务均等化取得积极进展，农村用电条件明显改善，有效助力乡村振兴。2021年，农村人均生活用电量1031千瓦时，是2012年的2.5倍。新一代数字信息技术逐步实现在各类综合能源应用场景中的广泛应用，“互联网+”智慧能源、多能互补集成优化、新能源微电网、源网荷储一体化、综合能源服务等能源电力发展新技术、新模式、新业态应用范围逐步扩大，促进电力与多能源品种之间更加有效地互联、互通、互济。

① 参考中国电力企业联合会电力发展研究院《中国电气化年度发展报告2022》（摘要版）。

（二）重点部门和农村电气化水平稳步增长

工业部门电气化水平保持稳定。2022年，工业部门电气化率26.2%，与上年持平。其中，四大高载能行业电气化率18.1%，实现止跌回弹，较上年提高0.3个百分点，有色金属行业电气化率68.0%，3年累计提高2.4个百分点，增幅位居四大高载能行业之首。建筑部门电气化率44.9%，较上年提高0.8个百分点，同比增幅在主要部门中最大。交通部门电气化率3.9%，较上年提高0.2个百分点。新能源汽车保有量高速增长，充电基础设施建设加快推进带动充换电服务业用电量达到117.5亿千瓦时，比上年增长72.0%，是交通部门电气化率提高的主要驱动因素。农业与乡村居民生活电气化率35.2%，较上年提高2.4个百分点。城乡用电普遍服务均等化持续推进，农村用电条件加速改善，第一产业和乡村居民生活用电量分别比上年增长10.2%、8.6%，高增速带动农村电气化进程加快推进。

（三）提升电气化水平的主要措施

2022年中国终端用能电气化水平不断提升，全国电能占终端能源消费比重约为26.9%，较上年提高1.4个百分点，同比增幅为近5年最大，总体位居全球前列。中国大力推广电采暖、电炊具、电动汽车以及分布式新能源，以电能替代煤炭等化石能源，科学制定电能替代实施规划，完善电能替代产业政策，通过示范引领、复制推广、创新电力消费模式等举措，为用户参与电力系统灵活互动提供条件；推动煤电与新能源优化组合，加快释放电力投资效能，促进重大项目建成投运，推动能源生产和消费方式深刻变革；通过大幅减少化石能源的使用，提升可再生能源的比例，实现清洁替代，从而减少碳排放，推动能源结构的转型和产业结构的调整。特别是利用可再生能源发电，以及应用大型高效超低排放煤电机组，能够有效地减少碳排放，提升终端用能的清洁化、低碳化水平。

三、资源禀赋显示中国绿色低碳转型潜力巨大

（一）化石能源的局限性和不可持续性

中国的煤炭资源虽然丰富，但优质煤炭资源有限，中国的能源替代需求十分急迫（见表 2-3）。另外，由于化石燃料市场受供需关系变动、地缘政治因素和金融市场因素等影响，价格波动给能源企业和能源消费者带来较大不确定性。化石能源的局限性和不可持续性促使电力行业有意愿加快清洁能源转型的步伐，寻求可再生能源的替代方案，进一步推动电力行业的低碳转型。

表 2-3　中国主要矿产资源探明储量及可开采年限

矿产	单位	储量（截至 2022 年）	剩余开采年限
煤炭	亿吨	2070.12	46
石油	亿吨	38.06	20
天然气	亿立方米	65690.12	33
煤层气	亿立方米	3659.69	
页岩气	亿立方米	5605.59	

注：油气（石油、天然气、煤层气、页岩气）储量参照国家标准《油气矿产资源储量分类》（GB/T 19492-2020），为剩余探明技术可采储量；其他矿产资源储量参照国家标准《固体矿产资源储量分类》（GB/T 17766-2020），为证实储量与可信储量之和。

数据来源：中华人民共和国自然资源部《中国矿产资源报告 2023》。

（二）新能源成为绿色低碳转型突破口

中国拥有丰富的可再生能源发电资源储备，随着技术的进步和可再生能源产业的发展，可再生能源已具备成为中国电量供应主体电源的基础条件。根据中国政府网数据，水能资源蕴藏量约 6.94 亿千瓦，风能（70 米高度）资源的理论蕴藏量约为 6.37×10^2 亿千瓦，太阳能资源理论蕴藏量约为 1.86×10^4 亿千瓦，合计约 1.92×10^4 亿千瓦。此外，中国还拥有大量的生物质能资源，包括农作物秸秆、薪柴、有机废弃物等等，足以满足中国未来的电力需求。

在政策推动和技术进步的共同作用下，中国可再生能源发电装机容量和发电量持续增长。据国家能源局统计，截至 2022 年底，全国可再生能源装机突破 12 亿千瓦，达到 12.1 亿千瓦，占全国发电总装机的 47.3%，比 2021 年提高了 2.5 个百分点。其中，风电、光伏发电新增装机突破 1.2 亿千瓦，达到 1.25 亿千瓦，连续三年突破 1 亿千瓦，再创历史新高。在丰富的可再生能源发电资源储备和有力的政策支持、技术发展加持下，新能源将成为中国绿色低碳转型的重要抓手。

四、煤炭清洁高效利用保障绿色低碳转型平稳过渡

（一）燃煤发电是相对更高效、清洁的能源利用方式

煤炭既可以用作传统家用固体燃料，也可用于现代燃煤电厂发电。但是在这两种燃烧方式中，煤炭处理及燃烧条件完全不同。作为传统家用固体燃料的煤炭，多为大块的低品质煤炭，采用直接燃烧方式，燃烧条件不易控制，燃烧效率较低且燃烧不充分。而现代燃煤电厂通常会使用高品质的粉煤，在可控条件下鼓入空气，能够实现煤炭的充分高效燃烧，并且污染物会通过高烟囱排放，不会直接排放到人们的生活

区域。总体而言，与传统家用固体燃料燃烧这种低效、高排放的燃料利用方式相比，现代燃煤电厂代表了一种更高效、先进、清洁的燃料利用方式。

除了燃煤发电之外，煤炭还有其他高效的利用方式，如煤制油、煤制气等能源转化技术，以及煤基新材料（如碳纤维、石墨烯等）的研发和应用等。这些利用方式能够将煤炭中的有机质转化为高附加值的产品，提高煤炭资源的综合利用率和经济效益（见图 2–9）。

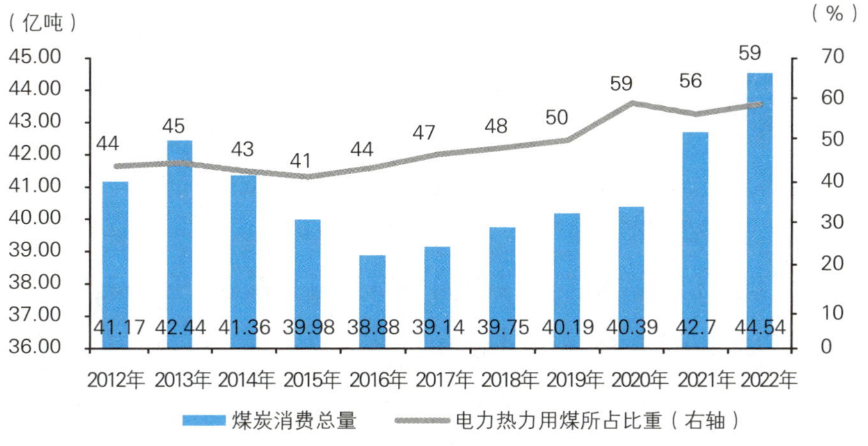

图 2-9　中国煤炭消费总量及电力热力行业用煤占比情况

数据来源：国家发展改革委，国家统计局及公开数据搜集。

（二）煤电机组效率世界领先

近十几年来，中国燃煤发电技术迅猛发展，单位煤耗持续下降（见图 2–10），2022 年中国成功投运了世界单机容量最大的新型清洁高效、低碳燃煤机组，该燃煤机组在额定工况下供电煤耗仅为 251 克 / 千瓦时。《全国煤电机组改造升级实施方案》提出，到 2025 年全国火电平均供电煤耗降至 300 克标准煤 / 千瓦时以下。中国目前已建成全球最大的清洁煤电供应体系，在超超临界发电技术上达到了世界先进水平。通过超超临界发电技术可以充分利用燃料的热能，从而大幅度提高燃料利用效率，同时烟气经过锅炉尾部安装的脱硫、脱硝和高效除尘装置净化，减少了有害物质的排放。

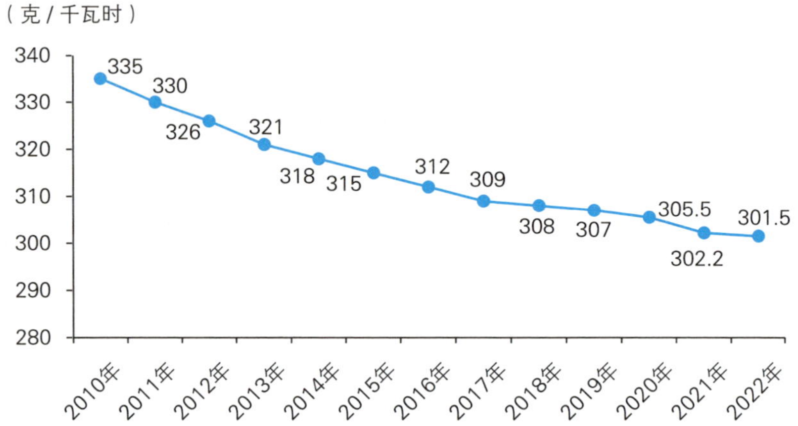

图 2-10　中国煤电机组平均单位煤耗变化情况

数据来源：国家能源局及公开资料搜集。

（三）煤电仍将在未来一段时间内作为电力系统“压舱石”

一直以来，煤电都是我国电力工业运行的坚实基础。虽然在电源结构多元化发展的背景下，煤电装机占比逐年降低（见图 2–11），但

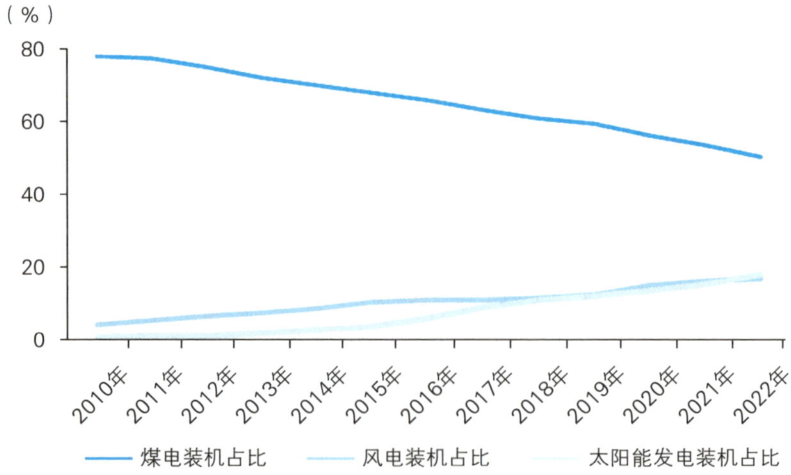

图 2-11　新能源发电与煤电装机占总装机比重变化情况

数据来源：国家能源局、中国电力企业联合会。

其在未来一段时间内仍将作为最安全可靠的电源，在顶峰保供、促进新能源消纳、提供调频备用等方面发挥无可替代的作用。2022 年，煤电以 43.8% 的装机占比，生产了全国 58.4% 的电量（见图 2–12），承担了 70% 的顶峰任务。

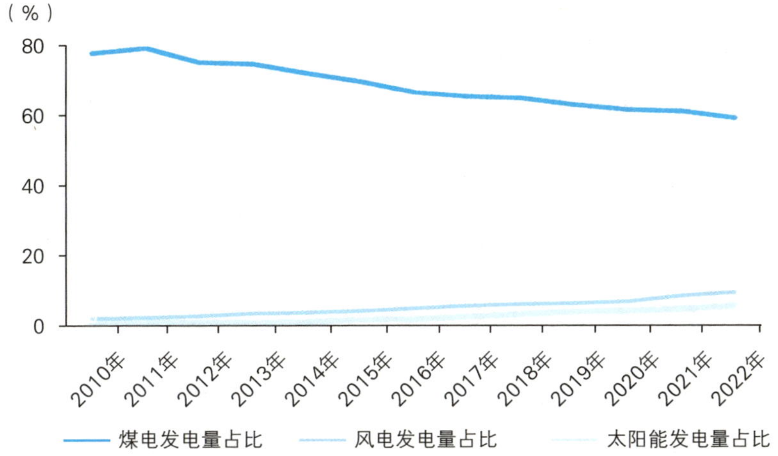

图 2-12　新能源发电与煤电发电量占总发电量比重变化情况

数据来源：国家能源局、中国电力企业联合会。

五、储能、氢能技术增加绿色低碳转型市场空间

当前，能源科技创新进入持续高度活跃期，可再生能源、储能、氢能、智慧能源等技术不断涌现。其中，近些年来，储能、氢能等新兴能源技术加快迭代，成为全球能源向绿色低碳转型的核心驱动力，推动能源产业从资源、资本主导向技术主导转变。

（一）储能技术

1. 储能的分类和应用

储能的主要目的是解决能源供应和需求之间的不匹配问题。通过

将能源在供应充裕时段存储起来，在需要时释放，从而提供连续、可靠的能源供应。具体应用场景主要包括以下 4 种。

（1）应用于电网的削峰填谷、平滑负荷、快速调整电网频率等领域，提高电网运行的稳定性和可靠性。

（2）应用于新能源发电领域降低光伏和风力等发电系统瞬时变化大对电网的冲击，减少“弃光、弃风”的现象。

（3）应用于新能源汽车充电站，降低新能源汽车大规模瞬时充电对电网的冲击，还可以享受波峰波谷的电价差。

（4）应用于微电网和分布式能源系统，微电网和分布式能源系统可以在主电网出现问题时独立运行，提高能源供应的可靠性和稳定性。

2. 各类储能技术对比分析

按照实现形式，储能技术路径可以分为物理储能、电磁储能、电化学储能以及蓄热蓄冷等。按照储能技术特性，可以分为容量型储能和功率型储能。容量型储能如蓄电池、压缩空气储能、抽水蓄能等释能时间长、容量密度大、成本相对较低，但功率响应速度相对较慢且不适合频繁、快速的充放电。功率型储能如超级电容器、飞轮储能、超导电磁储能等具有响应速度快、功率密度大、循环寿命长等优势，但充放电时间短、容量密度小、成本相对较高。各类储能的特点及应用场景如表 2–4 所示。

表 2-4　各类储能适用场景对比

储能类型		功率等级	放电时长	特点	应用场合
物理储能	抽水蓄能	100~5000 兆瓦	4~10 小时	规模大，技术成熟，成本低，响应慢，需要地理资源，建设周期长	负荷调节，频率控制和系统备用，电网稳定控制
	压缩空气	5~300 兆瓦	1~20 小时	规模大，成本低，寿命长，响应慢，需要地理资源	调峰，系统备用，电网稳定控制

续表

储能类型		功率等级	放电时长	特点	应用场合
物理储能	飞轮储能	1 千瓦 ~ 30 兆瓦	15 秒 ~ 30 分钟	比功率较高，成本高，噪声大	暂态 / 动态控制，频率控制，电压控制，UPS 和电能质量
电磁储能	超导储能	1 千瓦 ~ 10 兆瓦	2 秒 ~ 5 分钟	响应快，效率高，比功率高，能量密度低，成本高，维护困难	暂态 / 动态控制，电能质量控制，UPS 和电能质量
	超级电容器储能	1 千瓦 ~ 1 兆瓦	1~30 秒	响应快，比功率高，成本高，储能低	电能质量控制，UPS 和电能质量
电化学储能	铅酸电池	1 千瓦 ~ 50 兆瓦	1 分钟 ~ 3 小时	技术成熟，成本较小，寿命短，建设周期短，环保问题	电站备用，黑启动，UPS，能量平衡，可再生能源
	锂电池	1 千瓦 ~ 100 兆瓦	数小时	比能量高，成本较高，高效率，安全问题有待改进	暂态 / 动态控制，频率控制，电压控制，UPS，可再生能源
	液流电池	1 千瓦 ~ 100 兆瓦	1~20 小时	电池循环次数多，可深充深放，适于组合，储能密度低	电能质量控制，备用电源，调峰填谷，能量管理，可再生能源
	钠硫电池	1 千瓦 ~ 100 兆瓦	数小时	比能量较高，成本高，运行安全问题有待改进	电能质量控制，备用电源，调峰填谷，能量管理，可再生能源

专栏2-2 我国储能装机及技术发展情况[①]

近年来我国的储能装机规模持续扩大（见图 2-13），从分类来看仍以抽水蓄能为主，但是以电化学储能为代表的新型储能发展趋势迅猛。

① 本专栏内容参考国家能源局 2023 年一季度新闻发布会文字实录。

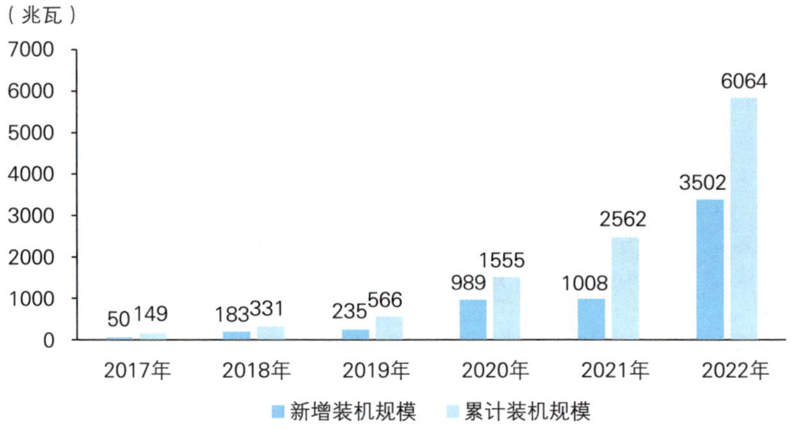

图 2-13　中国发电侧储能装机情况

数据来源：中关村储能产业技术联盟（CNESA）全球储能数据库。

根据各省级能源主管部门上报的数据，截至2022年底，全国已投运新型储能项目装机规模达870万千瓦（见图2-14），平均储能时长约2.1小时，比2021年底增长110%以上。分省域来看，截至2022年底，累计装机规模排名前5的省份分别为：山东155万千瓦、宁夏90万千瓦、广东71万千瓦、湖南63万千瓦、内蒙古59万千瓦。2022年新增装机规模排名前5的省份分别为：宁夏89万千瓦、山东89万千瓦、湖北53万千瓦、湖南50万千瓦、内蒙古33万千瓦。

截至2022年底，全国新型储能装机中，占比分别为：锂离子电池储能94.5%、压缩空气储能2.0%、液流电池储能1.6%、铅酸（炭）电池储能1.7%、其他技术路线0.2%。从2022年新增装机技术占比来看，锂离子电池储能技术占比达94.2%，仍处于绝对主导地位，新增压缩空气储能、液流电池储能技术占比分别达 3.4%、2.3%，占比增速明显加快。此外，飞轮、重力、钠离子等多种储能技术也已进入工程化示范阶段。

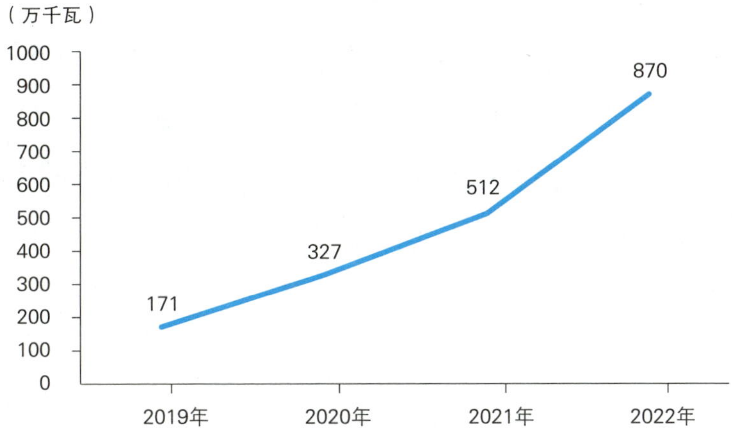

图 2-14 中国新型储能装机增长情况

数据来源：国家能源局。

（二）氢能技术

氢气的热值约为甲烷（天然气主要成分）的 2.4 倍、汽油的 3 倍、酒精的 3.9 倍、焦炭的 4.5 倍，是除核能以外热值最高的燃料。国际可再生能源机构预计，2050 年全球氢能产量将达到 6.14 亿吨 / 年，与锂电产业链等其他技术路线形成“双雄”的市场格局。氢能可以应用于多个领域，如交通运输、工业生产和能源储存等，氢能技术的突破和氢能的大规模经济应用将减小中国对传统化石能源的依赖、为推动能源的绿色低碳转型提供机遇。

1. 氢气的制备

目前氢气的生产方式主要有五种，分别为化石燃料制氢、电解水制氢、生物制氢、工业副产制氢和可再生能源制氢。其中，化石燃料制氢中的煤气化技术由于其技术成熟高效、成本较低，是目前中国最主要的制氢方法之一。根据不同的温室气体及污染物排放情况生产工艺，可以把氢气分为“灰氢”“蓝氢”“绿氢”。灰氢指的是以化石能源为原料，通过燃烧或重整等方式制取的氢气，灰氢制取成本相对较低，但在整个工艺流程中碳排放量较高，对环境产生的不良影响较大；蓝氢是指在生产过程中使用了碳捕集、利用与封存等先进技术制成的氢气，减少了生产过程中的碳排放量；绿氢则是通过清洁能源发电，电解水制成的氢气，基本不产生温室气体，是一种清洁环保的能源。

中国制氢量已连续 10 年位居世界第一，2022 年制氢产量约为 3533 万吨，增速为 7.06%（见图 2–15），其中达到工业氢气质量标准的约为 1200 万吨。鉴于中国在可再生能源装机方面的规模优势，因此在绿氢制备上具有巨大潜力。

图 2-15　中国氢能产量及增速

数据来源：中国煤炭工业协会、中国氢能联盟。

2. 氢能的应用

交通运输领域。氢能燃料电池汽车是氢能应用的主要方向之一，其具有零排放、高反应效率、加注时间短、续航里程高、低温适应能力强等优点。相较于锂电池和传统发动机，氢燃料电池技术能够同时解决燃油车碳排放及污染高、纯电动车续航短及充电时间长的痛点。氢燃料电池的成本是市场化应用的重要影响因素，未来20～30年，随着质子交换膜燃料电池的技术突破与规模效应带来的成本下降，氢能源在交通领域有望迎来广泛应用，尤其是在长途货车、公交车、中型大型车、轮船、飞机等方面，成为氢能在中国交通运输领域应用的重要组成部分。在非道路运输领域，中国正在氢燃料电池重型工程机械、轨道交通、船舶、无人机等领域积极探索，逐步拓展氢能的商业化应用范围。

储能领域。氢能在储能领域的应用包含以下四种优势。一是氢能可以通过电解水的方式从可再生能源中制取，例如太阳能、风能等。这意味着氢能可以作为一种可再生能源储存技术，将可再生能源转化为氢能存储起来，以备不时之需。二是氢能可以在液态或气态下长时间储存，储存时间可以长达数月或数年，这对于季节性或间歇性的可再生能源来说非常重要。三是氢能可以通过燃料电池等技术转化为电能，也可以直接用于燃料电池汽车、船舶等交通工具，因此具有很高的灵活性。四是氢能可以通过管道、液态氢运输等方式进行大规模运输和储存，因此可以在大规模能源储存和传输方面发挥重要作用。

工业领域。氢能源在工业方面的应用场景非常广泛，可以为工业生产提供更加清洁、高效、可持续的能源供应。例如将氢气作为还原剂用于化工原料。此外，氢内燃机技术，具有更高的能效和更低的排放，可以用于工业生产中的发电机、水泵、压缩机等设备。未来氢能的应用场景将更加丰富，是工业领域深度脱碳的重要实现路径。

参考文献

[1] 中华人民共和国生态环境部. 生态环境统计年报 [EB/OL].2023-01-18, https://www.mee.gov.cn/hjzl/sthjzk/sthjtjnb/.

[2] 史丹. 全球能源转型的特征与中国的选择 [N]. 经济日报，2016-08-18.

[3] 杜祥琬等. 低碳发展总论 [M]. 北京：中国环境出版社，2016.

[4] 知道 News 微信公众号. 国务院发展研究中心郭焦锋：传统能源转型必须做好统筹规划 [EB/OL].2023-09-18，https://mp.weixin.qq.com/s/oWgiCs6J4p0YK6yWRaDLjQ.

[5] 中大商业洞察微信公众号. 全球主要经济体减少碳排放的政策与启示——欧盟篇 [EB/OL].2021-11-04，https://mp.weixin.qq.com/s/07RQjArYd9zFDQLpclozuQ.

[6] 中大商业洞察微信公众号. 我们能从美国减碳政策的制定与实施中总结出什么经验？ [EB/OL].2021-11-16，https://mp.weixin.qq.com/s/hjg33LHn7RmhWbR9bxK12A.

[7] 中大商业洞察微信公众号. "低碳" 政策发展与 "双碳" 政策趋势 | 中国减少碳排放政策的演变脉络梳理（下）[EB/OL].2021-12-23，https://mp.weixin.qq.com/s/Fd5a1Dddm4eLS2m7G9Te_Q.

[8] 周玮生，李勇. 日本零碳目标和绿色发展战略及对中国的启示 [J]. 世界环境，2023（01）:87-89.

[9] 欧阳洁. 绿色金融助力绿色低碳转型 [N]. 人民日报，2023-08-18（012）.

[10] 吴吟. 中矿（北京）煤炭产业景气指数研究课题组.2022-2023 年中国煤炭产业经济形势研究报告 [J]. 中国煤炭，2023，49（03）：2-10.

[11] 王安建，王春辉. 国际动荡局势对我国能源资源安全的挑战与应对策略 [J]. 中国科学院院刊.2023，38（1）：72-80.

[12] 博众智合能源转型论坛微信公众号. 图解能源 | 中国能源对外依存度 [EB/OL].2023-01-04，https://mp.weixin.qq.com/s/QmdWrf6AlG1pOf0PqASZVA.

[13] 中国宏观经济研究院. 夯实基础，巩固提升我国新能源产业竞争优势 [EB/OL].2021-04-02，https://www.ndrc.gov.cn/xxgk/jd/wsdwhfz/202104/t20210402_1271693_ext.html.

[14] 中电联电力发展研究院微信公众号. 中国电气化年度发展报告 2022（摘要版）

[EB/OL].2023-03-01，https://mp.weixin.qq.com/s/NFfQcQF5gZoQXlcj24ojFQ.

[15] 中能传媒.中国能源大数据报告（2023）：第一章 能源发展综述[EB/OL].2023-06-19，https://mp.weixin.qq.com/s/nRjJBY9A5jSdQ05ACI2NSA.

[16] IEA.World Energy Outlook 2022[EB/OL].2022-11，https://www.iea.org/reports/world-energy-outlook-2022.

[17] IEA.CO2 Emissions in 2022[EB/OL].2023-03，https://www.iea.org/reports/co2-emissions-in-2022.

[18] 中欧碳中和微信公众号.2023中国新型储能行业发展白皮书：机遇与挑战[EB/OL].2023-11-04，https://mp.weixin.qq.com/s/jN-1up_M-pHuBEhhSOdxHw.

[19] 毕马威.一文读懂氢能产业[R].2022-09-15，https://kpmg.com/cn/zh/home/insights/2022/09/understand-the-hydrogen-energy-industry-in-one-article.html.

第三章

科学部署：中国电力行业绿色低碳转型体系

中国作为世界最大的发展中国家，制定了全球历史上最宏大的碳减排计划。中国能源电力行业不断落实党中央、国务院一系列指示要求，为实现碳达峰碳中和目标，推动现代能源体系建设，进行了一系列的实践，并取得了显著成效。

第一节　战略引领新时代能源绿色低碳转型

党的十八大以来，在推进中国式现代化和顺应全球能源低碳转型大趋势下，在习近平新时代中国特色社会主义思想引领下，中国能源战略得到极大丰富与发展，中国特色能源革命不断向纵深推进，为全面建设社会主义现代化国家提供了坚强支撑和可靠动能。

一、“四个革命、一个合作”能源安全新战略

习近平总书记高度重视能源工作，2014 年 6 月 13 日在原中央财经领导小组第六次会议上发表重要讲话，创造性提出“四个革命、一个合作”能源安全新战略[①]。“四个革命”是指推动能源消费革命，抑制不合理能源消费；推动能源供给革命，建立多元供应体系；推动能源技术革命，带动产业升级；推动能源体制革命，打通能源发展快车道。“一个合作”是指全方位加强国际合作，实现开放条件下能源安全。习近平总书记提出的“四个革命、一个合作”能源安全新战略系统阐述了推动能源革命的战略路径和基本要求，指明了中国能源发展的前进方向。

① 《习近平：积极推动我国能源生产和消费革命》，新华社，2014 年 6 月 13 日。

二、碳达峰碳中和目标

2020 年 9 月，习近平主席在第七十五届联合国大会一般性辩论上发表重要讲话提出，中国将提高国家自主贡献力度，采取更加有力的政策和措施，二氧化碳排放力争于 2030 年前达到峰值，努力争取 2060 年前实现碳中和①。

中国的这一庄严承诺，赢得了国际社会的广泛积极评价。在此后的多个重大国际场合，习近平主席反复重申了中国的“双碳”目标，并强调要坚决落实。特别是在 2020 年 12 月举行的气候雄心峰会上，习近平主席进一步宣布，到 2030 年，中国单位国内生产总值二氧化碳排放将比 2005 年下降 65% 以上，非化石能源占一次能源消费比重将达到 25% 左右，森林蓄积量将比 2005 年增加 60 亿立方米，风电、太阳能发电总装机容量将达到 12 亿千瓦以上②（见图 3–1）。

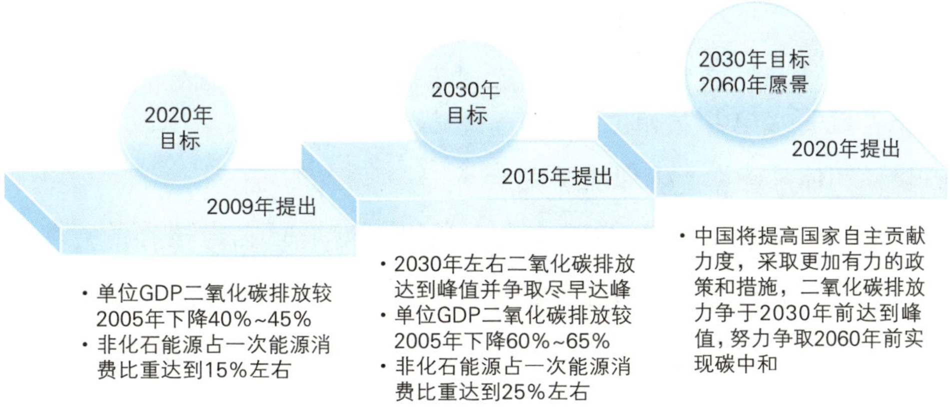

图 3-1　碳达峰碳中和愿景演进图

资料来源：课题组根据公开资料绘制。

① 《习近平在第七十五届联合国大会一般性辩论上发表重要讲话》，《人民日报》2020 年 9 月 23 日。

② 《习近平在气候雄心峰会上发表重要讲话》，《人民日报》2020 年 12 月 13 日。

实现碳达峰碳中和，是以习近平同志为核心的党中央经过深思熟虑，基于中国推动构建人类命运共同体的责任担当和实现可持续发展的内在要求而作出的重大战略决策。其展示了中国为应对全球气候变化作出的新努力和新贡献，体现了对多边主义的坚定支持，为国际社会全面有效落实《巴黎协定》注入了强大动力，重振了全球气候行动的信心与希望，彰显了中国积极应对气候变化、走绿色低碳发展道路、推动全人类共同发展的坚定决心。实现碳达峰碳中和是着力解决资源环境约束突出问题、实现中华民族永续发展的必然选择，也是构建人类命运共同体的庄严承诺。这一重大战略决策向全世界展示了中国应对气候变化的雄心和大国担当，使中国从应对气候变化的积极参与者、努力贡献者，逐步成为关键引领者。

三、新型能源体系筑牢国家能源安全底线

党的二十大报告指出，深入推进能源革命，加强煤炭清洁高效利用，加大油气资源勘探开发和增储上产力度，加快规划建设新型能源体系，统筹水电开发和生态保护，积极安全有序发展核电，加强能源产供储销体系建设，确保能源安全。

加快规划建设新型能源体系，是以习近平同志为核心的党中央从“两个大局”出发，在新的历史起点上，对能源高质量发展作出的战略部署。习近平总书记强调，能源的饭碗必须端在自己手里[①]。当前全球能源格局面临深刻变革，国际能源市场不稳定、不确定因素明显增多，国内区域性、时段性能源供需矛盾仍然突出，中国能

① 《大河奔涌，奏响新时代澎湃乐章——习近平总书记考察黄河入海口并主持召开深入推动黄河流域生态保护和高质量发展座谈会纪实》，《人民日报》2021 年 10 月 24 日。

源安全面临多重挑战。要通过建设新型能源体系，立足中国资源禀赋，健全能源产供储销体系，增强化石能源兜底保障能力和非化石能源安全可靠替代能力，全方位提升能源安全保障水平和能源供给质量。

四、“一带一路”能源合作

能源领域是共建“一带一路”的重要合作领域。这些年来，能源行业各个主体齐心协力，与共建国家共聚能源发展共识，在能源基础设施互联互通、能源科技创新、能源领域投融资、能源贸易等方面展开通力合作，推动了一系列能源合作成果不断落实，一大批能源合作项目顺利落地，为高质量共建“一带一路”作出了重要贡献，为世界经济发展和全球能源转型注入强劲动力。

这些年来，中国已与全世界150多个国家、30多个国际组织签署了200多份共建“一带一路”合作文件，能源领域始终是其中重要的合作内容；中国与100多个国家和地区开展绿色能源项目合作，在共建“一带一路”国家的绿色低碳能源投资已经超过传统能源。此外，中国还发起成立了“一带一路”能源合作伙伴关系，成员数量达到33个，先后举办两届“一带一路”能源部长会议和三届“一带一路”能源合作伙伴关系论坛。“一带一路”能源合作伙伴关系已经成为共建“一带一路”框架下成员数量最多、活动最丰富、成果最务实的高质量合作新平台之一；中国还推动中国—阿盟、中国—东盟、中国—中亚、中国—中东欧、中国—非盟、亚太经合组织可持续能源中心6个区域能源合作平台落地见效，在政策沟通、规划对接、能力建设、技术交流和联合研究等方面开展合作。

第二节 政策保障

目前，从国家能源委员会到各部委、各地方都出台了一系列政策，形成了从纲领到细则的政策体系，保障了中国电力行业绿色低碳转型的进展。

一、国家纲领性文件日益健全

中国高度重视能源行业绿色低碳转型，2019—2022年，国家能源委员会两次召开会议，审议通过了《关于促进新时代新能源高质量发展的实施方案》《关于完善能源绿色低碳转型体制机制和政策措施的意见》《“十四五”能源领域科技创新规划》《“十四五”现代能源体系规划》等文件，部署了当年的保热保供工作，出台了多个纲领性文件，为电力绿色低碳转型铺好了道路。

2019年10月，国家能源委员会举行会议，研究进一步落实能源安全新战略。会议指出，根据我国以煤为主的能源资源禀赋，科学规划煤炭开发布局，加快输煤输电大通道建设，推动煤炭安全绿色开采和煤电清洁高效发展，有效开发利用煤层气。

2021年10月，国家能源委员会再次举行会议，部署能源改革发展工作，审议《“十四五”现代能源体系规划》《能源碳达峰实施方案》《完善能源绿色低碳转型体制机制和政策措施的意见》等。会议指出，能源是关系经济社会发展全局的大事。我国仍是发展中国家，发展是解决一切问题的基础和关键。现阶段工业化城镇化深入推进，能源需求不可避免继续增长，供给短缺是最大的能源不安全，必须以保障安全为前提构建现代能源体系，着力提高能源自主供给能力。要针对以煤为主的能源资源禀赋，优化煤炭产能布局，根据发展需要合理建设先进煤电，继续有序淘汰落后煤电。加大国内油气勘探开发力度，积极发展页岩气、煤层气，多元开展国际油气合作。加强煤气油储备能力建设，推进先进储能技术规模化应用，不断丰富能源安全供应的保险工具。

二、“双碳”政策体系全面建立

我国实现碳达峰碳中和，将是全世界碳达峰碳中和过程中举足轻重乃至最为重要的一件事。我国不断完善碳达峰、碳中和相关政策，各部委主要机构、地方不断出台有关碳达峰碳中和的政策，目前已经形成碳达峰碳中和“1+N”政策体系（见表 3–1）。

表 3-1　碳达峰碳中和“1+N”政策体系

政策类型	日期	发布机构	名称
“1”			
顶层设计	2021 年 10 月 24 日	中共中央、国务院	《关于完整准确全面贯彻新发展理念做好碳达峰碳中和工作的意见》
	2021 年 10 月 26 日	国务院	《2030 年前碳达峰行动方案》
“N”			
能源绿色低碳转型行动	2022 年 3 月 22 日	国家发展改革委、国家能源局	《“十四五”现代能源体系规划》
	2022 年 3 月 23 日	国家发展改革委、国家能源局	《氢能产业发展中长期规划（2021—2035 年）》

续表

政策类型	日期	发布机构	名称
节能降碳增效行动	2022 年 1 月 24 日	国务院	《“十四五”节能减排综合工作方案》
	2022 年 2 月 3 日	国家发展改革委、工业和信息化部、生态环境部、国家能源局	《高耗能行业重点领域节能降碳改造升级实施指南（2022 年版）》
工业领域碳达峰行动	2022 年 1 月 20 日	工业和信息化部、国家发展改革委、生态环境部	《关于促进钢铁工业高质量发展的指导意见》
	2022 年 2 月 11 日	国家发展改革委	《水泥行业节能降碳改造升级实施指南》
	2022 年 3 月 28 日	工业和信息化部、国家发展改革委、科学技术部、生态环境部、应急管理部、国家能源局	《关于“十四五”推动石化化工行业高质量发展的指导意见》
	2022 年 4 月 12 日	工业和信息化部、国家发展改革委	《关于化纤工业高质量发展的指导意见》
	2022 年 4 月 12 日	工业和信息化部、国家发展改革委	《关于产业用纺织品行业高质量发展的指导意见》
城乡建设碳达峰行动	2021 年 11 月 17 日	农业农村部	《关于拓展农业多种功能 促进乡村产业高质量发展的指导意见》
	2022 年 1 月 6 日	住房和城乡建设部	《“十四五”推动长江经济带发展城乡建设行动方案》
	2022 年 1 月 6 日	住房和城乡建设部	《“十四五”黄河流域生态保护和高质量发展城乡建设行动方案》
	2022 年 3 月 1 日	住房和城乡建设部	《“十四五”住房和城乡建设科技发展规划》

续表

政策类型	日期	发布机构	名称
交通运输绿色低碳行动	2022 年 3 月 1 日	交通运输部、国家铁路局、中国民用航空局、国家邮政局	《新时代推动中部地区交通运输高质量发展的实施意见》
循环经济助力降碳行动	2021 年 7 月 1 日	国家发展改革委	《“十四五”循环经济发展规划》
碳汇能力巩固提升行动	2021 年 12 月 31 日	国家林业和草原局	《林业碳汇项目审定和核证指南》
	2022 年 2 月 21 日	自然资源部	《海洋碳汇经济价值核算方法》
绿色低碳教育行动	2022 年 5 月 7 日	教育部	《加强碳达峰碳中和高等教育人才培养体系建设工作方案》
保障政策	2022 年 3 月 15 日	生态环境部办公厅	《企业温室气体排放核算方法与报告指南 发电设施》
	2022 年 4 月 30 日	国家发展改革委	《关于明确煤炭领域经营者哄抬价格行为的公告》
各地区梯次有序碳达峰行动	各省份具体实施政策，以战略性指导文件、保障支撑文件、地方法规等形式出台		

资料来源：北京大学能源研究院。

其中，《关于完整准确全面贯彻新发展理念做好碳达峰碳中和工作的意见》《2030 年前碳达峰行动方案》指出，实现碳达峰碳中和，是党中央统筹国内国际两个大局作出的重大战略决策。

2022 年，“1+N”政策体系陆续完善，能源、工业、交通运输、城乡建设等分领域分行业碳达峰实施方案，科技支撑、能源保障、碳汇能力、财政金融价格政策、标准计量体系等保障方案，以及各地区碳达峰行动方案等政策密集出台，构建起了目标明确、分工合理、措施有力、衔接有序的“双碳”政策体系。

三、电力、碳市场建设驶入快车道

2022年，为推动能源市场机制完善，国家不断出台碳市场、电力市场政策。2022年，国家从框架角度，对电力市场的建设方向提出了明确的意见，各项具体的支持政策也在不断出台；目前，全国统一碳市场已经建设完成，并于2022年2月进行了第一个履约周期，各项具体政策也在不断出台中。随着这些框架的搭建，标志着我国电力市场、碳市场建设驶入快车道。

电力市场方面，2022年，国家层面从大的框架角度对电力市场化交易进行规范。《关于加快建设全国统一电力市场体系的指导意见》作为纲领性文件确定了2025年全国统一电力市场体系初步建成的目标。其余国家层面电力市场政策涉及抽水蓄能参与辅助服务的定价问题、跨区域输电的规则问题、煤电价格传导问题、电力市场信息披露规范问题、电力调峰定价问题等多个方面（见表3–2）。总体看，全国电力市场相关的政策偏重于从宏观角度指引全国电力市场如何逐步走向统一。

表3-2 2022年电力市场政策

时间	发布部门	政策名称	政策内容
2022年1月	国家发展改革委、国家能源局	《关于加快建设全国统一电力市场体系的指导意见》	到2025年，全国统一电力市场体系初步建成
2022年2月	南方能源监管局	《南方区域电力备用辅助服务市场交易规则（征求意见稿）》	市场主体包括备用服务提供者和备用服务补偿费用缴纳者，抽水蓄能电站按照现行调度管理规程提供备用服务
2022年2月	国家发展改革委	《关于进一步完善煤炭市场价格形成机制的通知》	完善煤、电价格传导机制，引导煤、电价格主要通过中长期交易形成

续表

时间	发布部门	政策名称	政策内容
2022 年 2 月	华中能源监管局	《华中区域电力市场信息披露办法（征求意见稿）》	电力现货市场信息披露应当遵循真实、准确、完整、及时、易于使用的原则
2022 年 4 月	华中能源监管局	《华中省间电力调峰及备用辅助服务市场运营规则（征求意见稿）》	在省间调峰辅助服务交易中，限制市场主体行使市场力，对省间调峰辅助服务交易申报价格实行限价
2022 年 4 月	华东能源监管局	《华东区域跨省电力中长期交易规则》	在跨省电力中长期交易中以绿色电力产品为标的物，用以满足电力用户购买、消费绿色电力需求，并提供相应的绿色电力消费认证

资料来源：课题组根据公开资料整理。

碳市场方面，国家相关部门陆续出台了一系列推进并完善碳市场建设的政策。2022 年 2 月，《关于做好全国碳市场第一个履约周期后续相关工作的通知》规定对未按时足额清缴碳排放配额的重点排放单位作出处罚；4 月，《中共中央 国务院关于加快建设全国统一大市场的意见》提出建设全国统一的能源市场以及培育发展全国统一的生态环境市场；5 月，教育部印发《加强碳达峰碳中和高等教育人才培养体系建设工作方案》；6 月，《国家适应气候变化战略 2035》和《减污降碳协同增效实施方案》先后印发；7 月，《贯彻实施〈国家标准化发展纲要〉行动计划》提出实施碳达峰碳中和标准化提升工程；8 月，《科技支撑碳达峰碳中和实施方案（2022—2023 年）》以及《关于加快建立统一规范的碳排放统计核算体系实施方案》印发；10 月，《能源碳达峰碳中和标准化提升行动计划》以及《建立健全碳达峰碳中和标准计量体系实施方案》印发，党的二十大报告提出“完善碳排放统计核算制度，健全碳排放权市场交易制度”；12 月，《企业温室气体排放核算方法

与报告指南 发电设施》《企业温室气体排放核查技术指南 发电设施》印发。

四、各地碳达峰行动加速推进

2022 年，各省份根据《中共中央 国务院关于完整准确全面贯彻新发展理念做好碳达峰碳中和工作的意见》和国务院《2030 年前碳达峰行动方案》的部署要求，纷纷制定立足省内实际情况的碳达峰实施方案，提出 2025 年和 2030 年的主要目标，确保如期实现 2030 年前碳达峰目标。同时各省份也纷纷结合省内工业、能源、科技等特点制定具有自身特色的碳达峰任务措施、碳达峰十大行动等重点任务，助力实现碳达峰目标。目前各省份的碳达峰实施方案仍在持续印发中，各省份均对非化石能源消费比重、单位地区生产总值二氧化碳排放等目标提出了具体要求，此外，云南省、安徽省等就风电、太阳能装机容量等也提出了目标要求。

截至 2022 年底，已有约 15 个省份正式印发碳达峰实施方案，包括北京、上海、天津、江苏、湖南等。其他省份也均开始征求意见（见表 3–3）。

表 3-3 2022 年部分代表性省份印发的碳达峰实施方案

文件名	主要内容
《北京市碳达峰实施方案》	聚焦“十四五”和“十五五”两个经济社会全面绿色转型的关键期，提出了提高非化石能源消费比重、提升能源利用效率、降低二氧化碳排放水平等方面主要目标
《宁夏回族自治区碳达峰实施方案》	聚焦“十四五”“十五五”和“十六五”三个重大转型时期，明确碳达峰目标将于“十五五”时期顺利实现，重点实施十大行动，将碳达峰贯穿于经济社会发展全过程和各方面

续表

文件名	主要内容
《内蒙古自治区碳达峰实施方案》	聚焦“十四五”和“十五五”两大关键时期，注重能源低碳绿色转型，明确提出到 2030 年，新能源发电总量超过火电发电总量，风电、太阳能等新能源发电总装机容量超过 2 亿千瓦
《贵州省碳达峰实施方案》	为推动全省域全方位稳妥有序做好碳达峰工作，制定了“十四五”和“十五五”两大目标，同时制定了“碳达峰十大行动”，多处明确支持贵州绿色发展
《云南省碳达峰实施方案》	利用绿色能源资源富集优势，布局绿色能源产业发展
《安徽省碳达峰实施方案》	明确省内碳达峰碳中和目标任务，提出符合实际、切实可行的碳达峰时间表、路线图、施工图，并聚焦能源、工业、交通运输、城乡建设、农业农村、居民生活和科技创新等“6+1”重点领域，提出推进碳达峰碳中和的路径举措
《黑龙江省碳达峰实施方案》	注重处理好发展和减排、整体和局部、长远目标和短期目标、政府和市场 4 对关系，扎实推进“碳达峰十大行动”，着力建设“绿色龙江”，大力推进“生态振兴”，确保 2030 年前如期实现全省碳达峰目标
《天津市碳达峰实施方案》	提高非化石能源消费比重、提升能源利用效率、降低二氧化碳排放水平等方面的主要指标
《江苏省碳达峰实施方案》	到 2030 年，单位地区生产总值能耗持续大幅下降，单位地区生产总值二氧化碳排放比 2005 年下降 65% 以上，风电、太阳能等可再生能源发电总装机容量达到 9000 万千瓦以上，非化石能源消费比重、林木覆盖率持续提升。2030 年前二氧化碳排放量达到峰值，为实现碳中和提供强有力支撑

数据来源：课题组根据公开资料整理。

第三节　新型电力系统构建转型发展之道

2021 年 3 月 15 日，中央财经委员会第九次会议指出，“十四五”是碳达峰的关键期、窗口期，要构建清洁、低碳、安全、高效的能源体系，深化电力体制改革，构建以新能源为主体的新型电力系统。2023 年 7 月，习近平总书记主持召开中央全面深化改革委员会第二次会议。会议强调，要科学合理设计新型电力系统建设路径，在新能源安全可靠替代的基础上，有计划分步骤逐步降低传统能源比重[①]。这为我国新型电力系统的建设指明了方向。能源电力行业不断推动新型电力系统建设，在多个方面均取得了一定的进展，不断助推我国绿色低碳转型。

一、新型电力系统是新型能源体系重要组成部分

党的二十大报告强调，要积极稳妥推进碳达峰碳中和，深入推进能源革命，加快规划建设新型能源体系，这对新时代我国能源电力行业的发展提出了更高要求。目前，在我国碳排放中，能源消费碳排放约占 90%，减排任务艰巨。在能源行业中，发电行业碳排放占能源行业碳排放的 40% 以上。高比例的电气化和高比例的新能源占比，是我国建设新型能源体系的主要特征。新型能源体系将大幅度改变电力系统。建设新型电力系统成为我国实现碳达峰碳中和的重要途径，以及我国建设新型能源体系的主要工作和重要内容。

关于新型电力系统的定义，国家能源局在《新型电力系统发展蓝皮书》一书中明确，新型电力系统是以确保能源电力安全为基本前提，以满足经济社会高质量发展的电力需求为首要目标，以高比例新能源供给消纳体系建设为主线任务，以源网荷储多向协同、灵活互动为有力支撑，以坚强、智能、柔性电网为枢纽平台，以技术创新和体制机

① 《习近平主持召开中央全面深化改革委员会第二次会议强调　建设更高水平开放型经济新体制 推动能耗双控逐步转向碳排放双控》，《人民日报》2023 年 7 月 12 日。

制创新为基础保障的新时代电力系统，是新型能源体系的重要组成部分和实现“双碳”目标的关键载体。

1. 新型能源体系将向化石能源消耗降低方向发展

随着石油和煤炭在全球能源消费中份额的持续下降，从趋势上来看，全球的能源消费结构已经开始从以石油为主向多种能源共同发挥作用的结构转换。据国际能源署（IEA）报告，在2050年实现全球零净排放的条件情况下，全球石油需求将在2025年前后达到历史峰值，并将在2050年下降至77万桶/天左右，其主要用途是用于生产石化产品。同时，煤炭需求也将面临结构性下降，假设全球维持现有政策不变的情况下，全球煤炭需求将于2030年开始缓慢下降。

2. 新能源占比提高推动电力系统转变

随着我国用电量的逐步提升和新能源比例的增加，我国的电力系统面临尖峰负荷特征明显、部分支撑性电源建设滞后、部分跨省区输电通道能力没有充分发挥、大容量特高压直流密集馈入与送出稳定问题未完全解决、部分跨区电网存在薄弱环节、负荷中心地区短路电流超标、区域网架结构有待优化完善、电力就近平衡与外来电关系需进一步理顺等问题。新型电力系统的建设不仅要解决以上电力系统存在的问题，更要适应未来新能源将逐步占据电量主体、出力主体和责任主体的地位。

3. 电力系统转变将推动电力系统多个子系统变化

实现绿色低碳是电力系统转型发展和新型电力系统建设的基础目标。新型电力系统的建设和发展是能源系统的历史性变革，随着新能源占比越来越高，风电、光伏等随机性、波动性电源替代火电等确定性可控电源，给电网调节调度、灵活运行带来挑战。而新能源为主、高比例电力电子设备的大面积应用将带来电力系统运行特性、安全控制和生产模式的根本性改变。“两化”（电气化和清洁能源化）成为新型电力系统的典型特征和长期主题。这些均能够加快电力行业向清洁低碳转型，能够充分发挥负荷端电气化进程中的减排成果的作用，助力全社会整体实现碳中和。

二、新型电力系统的内涵与特征逐步清晰

与传统的电力系统相比，新型电力系统具备清洁低碳、安全充裕、经济高效、供需协同、灵活智能五大重要特征。其中，清洁低碳是核心目标，安全充裕是基本前提，经济高效是关键原则，供需协同是重要方向，灵活智能是必然要求。五大特征共同构成了新型电力系统“五位一体”的框架体系（见图 3–2）。

图 3-2　新型电力系统五大基本特征

清洁低碳是构建新型电力系统的核心目标。在新型电力系统中，非化石能源发电将逐步转变为装机主体和电量主体，核、水、风、光、储等多种清洁能源协同互补发展。在新型低碳零碳负碳技术的引领下，化石能源发电装机及发电量占比下降，电力系统碳排放总量逐步达到“双碳”目标要求。各行业先进电气化技术及装备发展水平取得突破，电能替代在工业、交通、建筑等领域得到较为充分的发展。电能逐步

成为终端能源消费的主体，助力终端能源消费的低碳化转型。绿电消费激励约束机制逐步完善，绿电、绿证交易规模持续扩大，以市场化方式发现绿色电力的环境价值。

安全充裕是构建新型电力系统的基本前提。保障国家能源安全、电力安全是首要任务，必须坚持先立后破原则，在保障电力供应的同时保持发电装机有合理裕度。在新型电力系统中，新能源通过提升可靠支撑能力逐步向系统主体电源转变。煤电仍是电力安全保障的“压舱石”，发挥基础保障作用。多时间尺度储能协同运行，支撑电力系统实现动态平衡。“大电源、大电网”与分布式兼容并举，多种电网形态并存，共同支撑系统安全稳定和高效运行。

经济高效是构建新型电力系统的关键原则。新型电力系统建设必须遵循市场规则，效益上要追求经济，运行上要追求高效。要完善市场机制，建立体现新型价值体系的新型电力市场，发挥市场对资源配置的决定性作用。健全监管治理能力，消除市场障碍。适应高比例新能源的电力市场与碳市场、能源市场，高度耦合共同促进能源电力体系的高效运转。

供需协同是构建新型电力系统的重要方向。新型电力系统必须统筹考虑供需双方，实现供需协同互动，从电力单向流动向双向互动转变。随着分布式电源、多元负荷、用户侧综合智慧能源和储能等的广泛应用，大量用户侧主体兼具发电和用电双重属性，终端负荷特性由传统的刚性、纯消费型，向柔性、生产与消费兼具型转变，源网荷储灵活互动和需求侧响应能力不断提升，支撑新型电力系统安全稳定运行。辅助服务市场、现货市场、容量市场等多类型市场持续完善和有效衔接融合。

灵活智能是构建新型电力系统的必然要求。新型电力系统以数字信息技术为重要驱动，呈现数字、物理和社会系统深度融合的特点。为适应新型电力系统海量异构资源的广泛接入、密集交互和统筹调度，“云大物移智链边”等先进数字信息技术在电力系统各环节广泛应用，助力电力系统实现高度数字化、智慧化和网络化，支撑源网荷储海量分散对象协同运行，以及多种市场机制下系统复杂运行状态的精准感知和调节，推动以电力为核心的能源体系实现多种能源的高效转化和利用。在空间上，新型电力系统既要适应千万千瓦级“沙戈荒”基地式新能源发电发展需要，也要适应城市乡村的小容量分布式发电和电动汽车等新型用电需求。

三、七大关键举措推动新型电力系统建设

新型电力系统建设的基本目标是助力新型能源体系建设。按照国家要求，新型电力系统建设可以分为四大体系和三个基础支撑，即加强电力供应保障性支撑体系、新能源高效开发利用体系、储能规模化布局应用体系、电力系统智慧化运行体系建设，以及强化适应新型电力系统的标准规范、核心技术与重大装备、相关政策与体制机制创新的基础支撑作用。

1. 电力供应保障性支撑体系

主要任务是推动保障性支撑电源的建设，不断提升新能源的替代能力，构建多元电源体系。关键是做到以下几点。

一是充分利用各类电源互补互济特性，构建多元绿色低碳电源供应结构。科学有序安排新增电源装机规模、结构和布局，充分发挥水、核、风、光、煤、气等多能互补优势。

二是稳住煤电电力供应基本盘，推动煤电灵活低碳发展。统筹资

源、严格管理、科学确定并优化调整煤电项目布局，推动煤电灵活性改造和抽汽蓄热改造，加大煤电超低排放改造、节能改造和供热改造力度，推广机组新型节能降碳技术。

三是打造“新能源+”模式，加快提升新能源安全可靠替代能力。推进新能源与调节性电源的多能互补，提升高精度功率预测等技术，加大储能建设力度，提升新能源协调能力。

四是统筹不同电力供应方式，实现远距离输电与就地平衡兼容并蓄。坚持“就地平衡、就近平衡，跨区平衡互济”，不断优化跨省跨区输电通道送端配套电源结构，保障输电通道合理利用率。

2. 新能源高效开发利用体系

规划建设以大型风电光伏基地为基础、以其周边清洁高效先进节能的煤电为支撑、以稳定安全可靠的特高压输变电线路为载体的新能源供给消纳体系。并在此基础上，协调好新能源集中与分布、陆上与海上、就地利用与远距离外送的关系，构建新能源多元化开发利用新格局。

一是推动新能源集约化开发。重点围绕沙漠、戈壁、荒漠、采矿沦陷区等地区，推动大型风电、光伏基地建设，稳妥推动西南地区主要流域可再生能源一体化基地建设，不断推进海上风电向深远海拓展。

二是推动电网支撑高比例新能源高效开发利用。加强跨省跨区输电通道建设，提升电力资源优化配置能力，原则上以输送清洁能源电量为主。

三是推动分布式新能源就地开发利用。推动中东部和南方地区分散式风电、分布式光伏发电开发，探索建设各地各种源网荷储一体化的电力项目。

四是推动分布式智能电网示范应用。围绕分布式新能源的并网消纳、边远地区的供电保障、工商业园区个性化定制用电需求等典型场景，积极推动分布式智能电网示范建设。

五是推动多领域清洁能源电能替代。在各领域推动先进电气化技术及装备发展进步，并推动相应技术在各行业实现高比例渗透率。交通领域大力推动新能源、氢燃料电池汽车全面替代传统能源汽车，建筑领域积极推广建筑光伏一体化清洁替代，工业领域加快电炉钢、电锅炉、电窑炉、电加热等技术应用，扩大电气化终端用能设备使用比例。

3. 储能规模化布局应用体系

积极推动多时间尺度储能规模化应用、多种类型储能协同运行，缓解新能源发电特性与负荷特性不匹配导致的短时、长时平衡调节压力，提升系统调节能力，支撑电力系统实现动态平衡。

一是推动抽水蓄能多元化发展和应用。创新抽水蓄能发展模式与场景应用，因地制宜开展中小型抽水蓄能电站建设，在部分条件合适的区域探索水电梯级改造。

二是统筹推进源网荷各侧新型储能快速发展。积极拓展新型储能的应用场景，推动新型储能朝规模化发展。重点依托“新能源＋储能”电站、基地化新能源等模式大规模布局电源侧新型储能。

三是推动新型储能与电力系统协同运行。建立健全电网调度运行机制，充分发挥接入电网的新型储能电力、电量双调节功能。加大可再生能源制氢技术投入，研发先进固态储氢材料，着力突破大容量、低成本、高效率电氢转换技术装备，开展大规模氢能制备和综合示范利用。同步推动电化学储能、压缩空气储能、飞轮储能等新型储能技术应用。

4. 电力系统智慧化运行体系

利用电力系统运行控制等各类技术以及“云大物移智链边”等数字技术的创新升级，推动建设适应新能源发展的新型智慧化调度运行体系，推动电网向能源互联网升级，打造安全可靠的电力数字基础设施，构建能源数字化平台，助力构建高质量的新型电力系统。

一是建设适应新能源发展的新型调度运行体系。提高新能源感知与网络通信能力，提高新能源功率与发电能力预测精度，推广长时间尺度新能源功率预测技术。建设新一代调度运行技术支持系统，建设以多时间尺度、平台化、智能化为特征的大电网仿真分析平台，加强跨区域、跨流域风光水火储联合运行，支撑分布式智能电网快速发展。

二是推动电网智能升级。实现源网荷储协调发展，推动各类能源互联互通、互济互动，支撑新能源发电、新型储能、多元化负荷大规模友好接入。强化新型电力系统网络安全保障能力，推进电力行业区域应急力量建设，不断提升网络安全应急处置能力。

三是打造新型数字基础设施。推进电力系统和网络、计算、存储等数字基础设施融合升级，实现电力系统生产、经营管理等核心业务数字化转型。提升分布式能源、电动汽车和微电网接入互动能力，推动源网荷储协同互动、柔性控制。

四是构建能源电力数字经济平台。推动各级各类能源云平台建设，强化完善新能源资源优化、碳中和支撑服务、新能源工业互联网、新型电力系统科技创新等功能，接入各类能源数据，汇聚能源全产业链信息，推进数字流与能源电力流深度融合，全方位支撑经济社会发展。加强能源电力数据网络设施建设，推动能源电力数据统一汇聚与共享应用，为能源电力产业链上下游企业提供“上云用数赋智”服务，打造电力市场服务生态体系。

5. 新型电力系统规范及标准创新

统筹谋划新型电力系统标准规范顶层设计，形成覆盖源网荷储各环节，涵盖规划设计、工程建设、物资采购和生产运行、维护延寿、退役全过程全生命周期的国家、行业、团体多层次协调统一的新型电力系统标准与规范，促进新型电力系统各环节和产业链整体协调发展。

一是完善源网荷储各环节相关标准，统筹协调推动新型电力系统标准化工作。从电力安全、节能降碳、新技术新业态等方面，推进发电、输变电、配电、电力需求侧和电能替代、储能、节能、碳排放等领域相关标准制修订。

二是加强电力安全领域标准研究，切实保障电力系统安全稳定运行和电力可靠供应。推进电力应急技术和管理领域的标准研制，提升系统应对极端事件的预防、抵御、响应能力以及快速恢复供电能力。

三是推动电力市场相关标准出台，助力电力市场机制建设。构建覆盖电力中长期、现货、辅助服务市场等电力市场基本交易规则，制定统一的交易技术标准和数据接口标准。

四是提前谋划新技术新业态领域标准，发挥行业引领作用。开展氢电耦合、电力人工智能、电力集成电路、电力区块链、电力智能传感、电力数字平台、电力数据要素等新兴领域标准化制定工作。

6. 核心技术与重大装备应用创新

随着能源电力转型不断深入，源网荷储各环节的功能定位和特性将发生重大调整，系统发展将面临安全性、可靠性、经济性、灵活性等诸多挑战，技术创新将是破题的关键。重点从源网荷储各环节挖掘技术发展潜力，大力推广应用一批关键技术与重大装备，支撑新能源快速发展，推动新型电力系统逐步建成。

一是清洁安全高效发电技术装备领域。以提升新能源发电效率与质量、提高并网友好性与可靠替代能力为核心，推进深远海域海上风电开发及超大型海上风机、高效低成本晶体硅电池、长时间尺度新能源资源评估与功率预测、新能源发电并网及主动支撑、分布式新能源聚合等技术研究，加快发展煤基超临界二氧化碳发电。整体煤气化燃料电池发电（IGFC），碳捕集、利用与封存（CCUS），煤与氢/氨发电系统集成等技术，支持氢（氨）燃气轮机技术、燃气轮机机组大比例掺氢燃烧技术研发。在电力电子变流器虚拟同步控制技术、新型高功率高耐压电力半导体开关器件研发等领域取得重要突破。

二是先进灵活高效输配电技术装备领域。以充分适应未来高比例新能源并网为核心，推动高电压大容量柔性直流和柔性交流输电技术应用研究，重点研发适应大规模新能源输送的特高压柔性直流技术、多端特高压柔性直流技术、柔性直流电网组网技术、可控电网换相换流技术等；推进大容量深远海风电友好送出技术装备研究，突破大容量海缆装备及海上平台轻型化设计关键技术。

三是规模化、高安全性储能技术装备领域。研究大型可变速抽水蓄能机组关键技术，统筹规划抽水蓄能重大装备产业布局和技术发展路线，提高抽水蓄能机组等设备效能、产能。重点开展长寿命、低成本及高安全的电化学储能关键核心技术、装备集成优化研究，开发新型储能材料，提升锂电池安全性、降低成本，发展钠离子电池、液流电池等多元化技术路线。

四是电力系统安全稳定运行技术领域。研发电力系统仿真分析及安全高效运行技术、含有大规模新能源接入电力系统的动态过程仿真技术等，提升以仿真为核心的新型电力系统分析认知能力。开展宽频振荡分析与抑制技术、直流电网系统运行关键技术、高比例新能源和高比例电力电子装备接入电网稳定运行控制等技术研究，提升电力系统安全稳定运行水平。

7. 政策与体制机制创新

配套政策与体制机制是构建新型电力系统的制度保障，是充分发挥市场在资源配置中的决定性作用、推动有效市场和有为政府相结合的关键支撑。

一是建立适应新型电力系统的电力市场体系。建立统一开放、竞争有序、安全高效、治理完善的全国统一电力市场体系，推进各类可再生能源参与绿色电力交易，加强绿证市场、碳市场、电力市场的有序衔接。二是发挥价格政策的关键引导作用。持续深化电价改革，有序放开发电上网电价，完善电网企业代理购电制度，深化输配电价改革，推动输电价格和配电价格分开核定，优化跨省跨区输电通道价格机制，打破区域间能源输送消费壁垒，形成以市场为导向的价格体系。三是完善新型电力系统建设的投融资和财税政策体系。加大财政支持力度，实施税收优惠政策，加快推进绿色金融等融资制度创新。四是打造自主创新的技术研发体系。高质量建设国家重点实验室、工程技术研究中心、国家能源研发创新平台等，充分发挥大型国有企业技术创新龙头作用，推进新型电力系统与其他领域“跨界融合”发展。五是完善先进高效的电力行业治理体系。强化电力规划引领作用，充分发挥市场机制引导作用。

第四节　实践与成效

2022 年，全国能源行业深入贯彻落实党的二十大精神和党中央、国务院决策部署，积极推动能源电力行业绿色低碳转型实现新突破、迈上新台阶、进入新阶段。根据国家能源局数据，2022 年，全国累计发电装机容量约 25.6 亿千瓦，同比增长 7.8%。全国主要发电企业电源工程建设投资完成7208亿元，同比增长22.8%，电网工程建设投资完成5012亿元，同比增长2.0%。除了整体的进步，我国电力行业各个门类，如新能源、核电、水电等也在不断向绿色低碳转型。

一、新能源开发利用成效显著

2022年以来，能源电力行业锚定碳达峰碳中和目标，加强顶层设计，做好政策供给，统筹能源安全供应和绿色低碳发展，新能源呈现发展速度快、运行质量好、利用水平高、产业竞争力强的良好态势，取得了诸多里程碑式的新成绩。

1. 新能源装机再创佳绩。据国家能源局数据，截至2022年底，新能源装机达到7.62亿千瓦。风电装机逐年上升至3.65亿千瓦（见图3–3）、光伏发电装机逐年上升至3.93亿千瓦（见图3–4）。全国可再生能源装机已超过12亿千瓦，其中风电、光伏发电新增装机连续三年突破1亿千瓦，2022年达到1.23亿千瓦，不断创造历史新高。

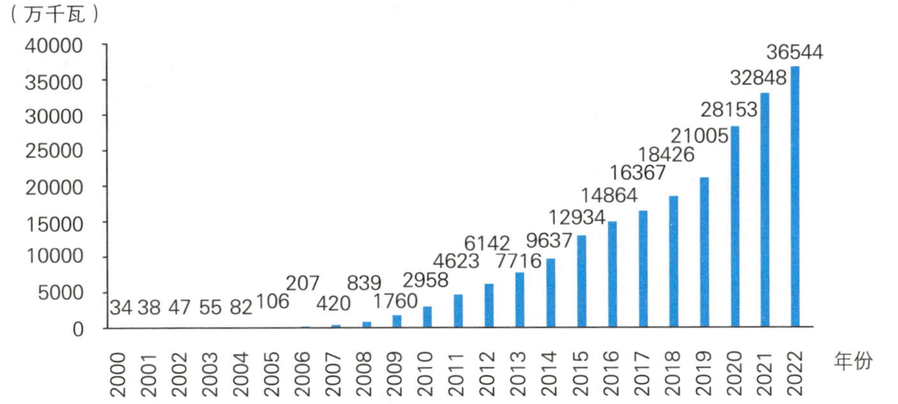

图3-3　我国历年风电装机容量

数据来源：中国风能行业协会。

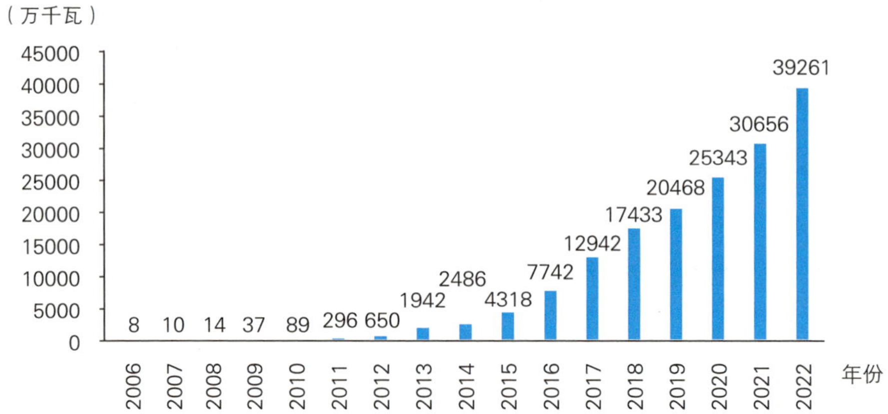

图 3-4　我国历年光伏装机容量

数据来源：中国光伏行业协会。

2. 新能源发电量再创新高。据国家能源局数据，2022 年，风电、光伏发电量首次突破 1 万亿千瓦时。2022 年我国风电、光伏发电量同比增长 21.1%，突破 1 万亿千瓦时，达到 11900 亿千瓦时，较 2021 年增加 2073 亿千瓦时。新能源发电量占全社会用电量的 13.8%，同比提高 2 个百分点。

3. 新能源各重点类型取得重大进展。一是以沙漠、戈壁、荒漠地区为重点的大型风电光伏基地建设进展顺利。截至 2022 年底，经课题组统计，2021 年下发的第一批共 9705 万千瓦新能源大基地项目已全面开工、部分已建成投产，2022 年下发的第二批新能源大基地项目已陆续开工，第三批新能源大基地项目已形成项目清单。二是海上风电建设积极推进，2022 年我国海上风电装机已达到 3051 万千瓦（见图 3–5）。按照国家能源局数据，截至 2022 年底，我国海上风电装机累计并网容量达到 3046 万千瓦，占全国风电累计并网容量的比重为 8.5%，2022 年我国新增海上风电并网容量 505 万千瓦，占当年全国风电新增并网容量的约 13.4%。截至 2022 年底，据中国风能行业协会统计，我国海上风电占全球海上风电新增市场份额的近六成，连续第五年位居全球新增规模的首位，总量上占全球海上风电累计市场份额的一半左右，连续第二年位居全球累计规模的首位。

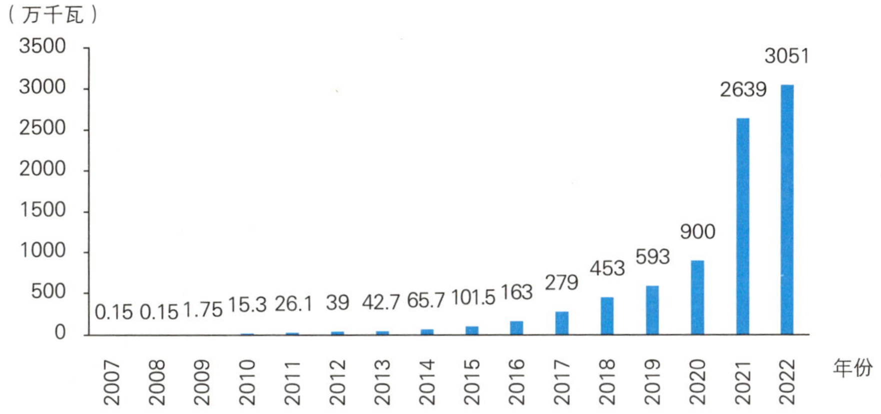

图 3-5 我国海上风电历年装机情况

数据来源：中国风能行业协会。

4. 我国新能源产业竞争力不断增强。目前，我国新能源发展市场化程度高，各类市场主体多，创新活力强，我国生产的光伏组件、风力发电机、齿轮箱等新能源产业关键零部件已占全球市场 70% 以上份额；新能源科技创新继续发展，陆上 6 兆瓦级、海上 10 兆瓦级风机已成为主流，量产单晶硅电池的平均转换效率不断提升，Topcon、异质结等光伏电池不断创新，已形成了部分产品；光伏治沙、“农业 + 光伏”、分散式风电、可再生能源制氢等新模式新业态不断涌现。分布式已经逐步成为风电、光伏的主要发展方式，据国家能源局数据，2022 年我国新增分布式光伏装机 3532 万千瓦，占当年光伏新增装机 58% 以上（见图 3–6），在河南、山东、福建等多个省份新增分布式光伏装机已成为光伏装机主流，为全球减排作出中国贡献。根据国家能源局数据，2022 年我国可再生能源发电量相当于减少国内二氧化碳排放约 22.6 亿吨，出口的风电光伏产品为其他国家减排二氧化碳约 5.7 亿吨，合计减排 28.3 亿吨，约占全球同期可再生能源折算碳减排量的 41%。

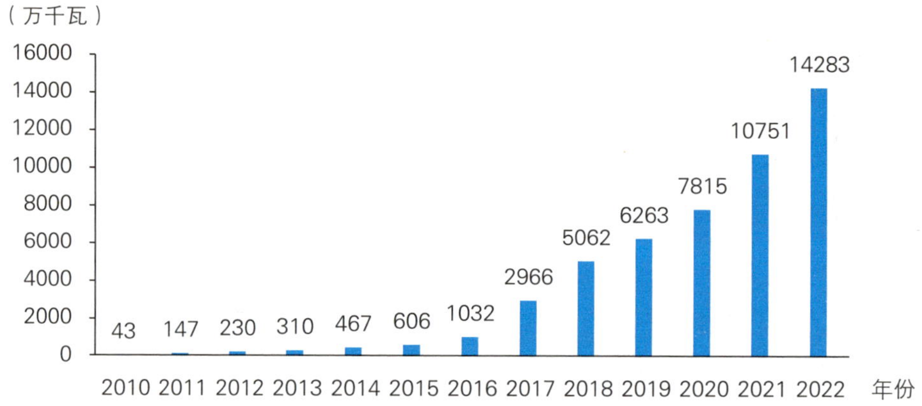

图 3-6 我国分布式光伏历年装机情况

数据来源：中国光伏行业协会。

二、核电开发建设加快重启

2022 年，我国核准了福清 6 号、红沿河 6 号等 6 台核电机组，为 19 年来最多。到 2022 年底，我国在建核电机组 24 台，继续保持全球第一。

1. 我国在建核电机组规模继续保持世界第一

我国核电机组长期保持安全稳定运行，核电机组建设稳步推进。根据中国核能行业协会数据，截至 2022 年底，我国核电总装机容量 5699 万千瓦（见图 3–7），占全国电力装机总量的 2.2%，继续保持全球第一；核电发电量 4178 亿千瓦时，达到世界第二位。

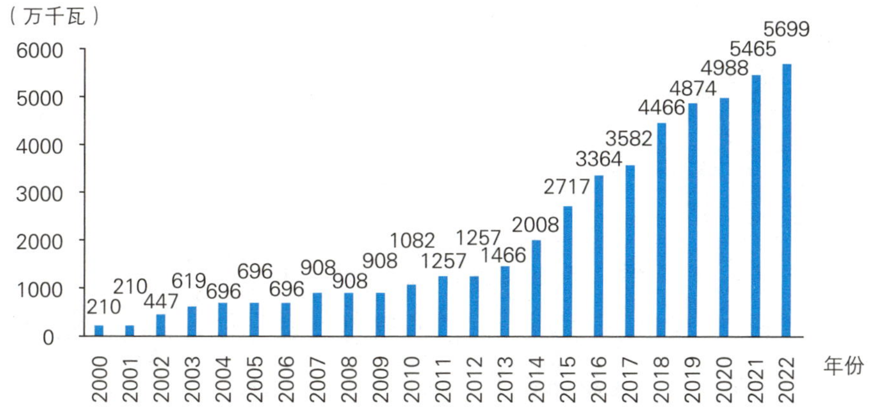

图 3-7　我国核电机组装机容量

数据来源：中国核能行业协会。

2. 核电技术能力实现全面跨越

我国核电技术能力不断增强，海上小型堆技术不断深化，供热堆示范工程积极推进，实现二代向自主三代的核电技术跨越，“华龙一号”机组陆续投运，高温气冷堆、小型堆等核能工程也取得进展。我国核电关键装备制造能力不断提升，根据国家能源局数据，2022 年国内核电主设备累计交付 54 台（套），创近五年新高。自主化水平不断提高，核心设备和零部件国产化水平不断提高，主要核电堆型设备的国产化率达到 90% 以上，已形成百万千瓦级压水堆核电主设备成套供货能力，特别是“国和一号”湿绕组电机主泵和屏蔽电机主泵等一批核电关键装备首台（套）交付。

3. 我国核能综合利用进一步拓展

我国核能综合利用稳步推进，根据中国核能行业协会数据，截至 2022 年，核能供暖总面积达到 559 万平方米。山东海阳核电厂实现海阳主城区核能供暖“全覆盖”，并圆满完成首个供暖季供暖任务；辽宁红沿河核能供暖示范项目、浙江海盐核能工业供热示范项目正式建成投用。此外，江苏田湾核电蒸汽供能项目正式开工建设，这是我国继核能供暖后，在核能综合利用领域开展的又一积极探索。

三、西部水电开发稳步推进

2002年以来，我国水电进入加速发展时期。“十三五”末，随着大部分易开发区域的开发完成，水电开发难度逐步加大，水电站建设逐步稳定。根据国家能源局数据，2022年，全国水电发电装机容量4.13亿千瓦，较上年同期增加2258万千瓦，同比增长约5.78%。

1. 政策扶持产业发展

近年来，在节能减排和“双碳”目标的指引下，水电行业发展进程提速，国家和各级政府也出台各项政策助推行业发展。2022年5月，国务院出台《关于印发扎实稳住经济一揽子政策措施的通知》，提出积极稳妥推进金沙江龙盘等水电项目前期研究论证和设计优化工作。2022年8月，国家发展改革委联合国家统计局、国家能源局共同印发了《关于进一步做好新增可再生能源消费不纳入能源消费总量控制有关工作的通知》，明确现阶段水电、风电、太阳能发电等可再生能源不纳入能源消费总量。

各地结合自身发展状况，也相继出台了各项政策，助力水电持续发展。贵州省提出到2025年水电装机容量达2200万千瓦以上，到2030年提高到2400万千瓦以上的目标。湖北省、甘肃省等省份在出台的“十四五”发展规划中也制定了各自的发展目标，例如湖北省提出新增常规水电装机50万千瓦，到2025年水电装机达到3800万千瓦等。

2. 水电装机容量稳步增加

随着我国水力发电技术的持续突破，对于水电装机容量的需求也会持续增长，新增装机容量也保持稳定增长的态势。根据中国水力发电工程协会数据，2022 年我国水电新增装机容量为 2258 万千瓦（见图 3–8），占总新增装机容量的 13.8%。

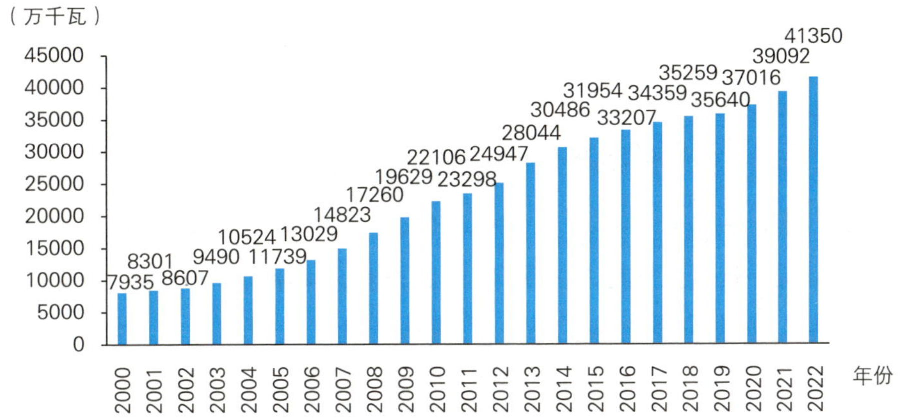

图 3-8　我国历年水电装机容量

数据来源：中国水力发电工程协会。

整体而言，因为资源相对有限，水电增速相对不如风电、光伏等其他主流可再生能源。未来，随着雅鲁藏布江下游水电规划建设，我国水电将在一段时间内持续保持较稳定增速。目前我国水力发电累计装机容量占总装机容量的 16%，在我国发电技术中占比较大，但随着光伏、海上风电等技术的兴起，水电发展的增速将逐渐放缓，占比也将逐步下降。

3. 抽水蓄能发展提速

随着水电等各类清洁能源发电技术的发展，抽水蓄能作为调峰储能的电源，能够进一步保障电力系统的安全稳定运行，是可再生能源大规模发展的重要支撑。根据中国抽水蓄能行业协会的数据，我国目前已纳入规划的抽水蓄能站点资源总量约 8.23 亿千瓦，其中 1.67 亿千瓦项目已经实施，未来发展潜力巨大。抽水蓄能电站在电力保供和能源转型中价值凸显，如2021年12月世界装机容量最大的抽水蓄能电站之一——丰宁抽水蓄能电站投产发电，一次蓄能可储存新能源电量近4000万千瓦时，作为服务冬奥的重点工程，其为北京冬奥场馆实现近100%绿电供应提供坚强保障。根据中国抽水蓄能行业协会数据，2022年，全国投产抽水蓄能装机容量880万千瓦，截至2022年底，已建抽水蓄能装机容量4579万千瓦（见图3-9），尚有1.21亿千瓦的抽水蓄能电站处于核准待建成状态，地域分布上以华东地区和华中地区为主（见图3-10）。2022年，全国核准了48座抽水蓄能电站，总规模达6890万千瓦，年度核准规模占我国抽水蓄能电站历史总核准量的40%以上，并超过之前50年的投产总规模。

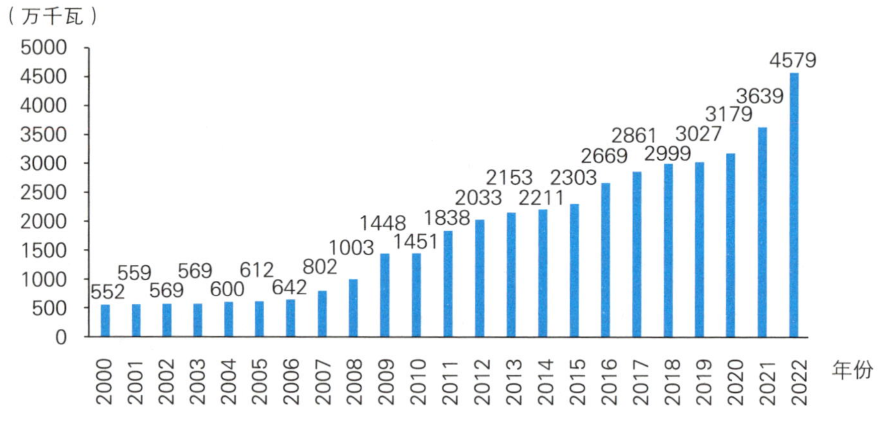

图3-9 我国历年抽水蓄能装机情况

数据来源：中国抽水蓄能行业协会。

4. 技术不断进步的同时也面临许多新挑战

依托人工智能、大数据等尖端技术，推动行业高质量发展，有力保障了施工质量和大坝安全运行。同时随着水电技术的不断加强，水电的自动化程度日益提高，性能不断优化增强。未来我国应当聚焦水电智能建造、智能装备、智能管理等各项关键技术，积极推动水电产

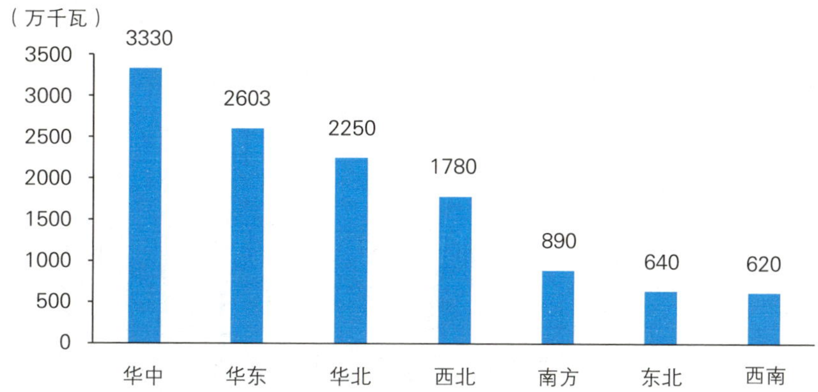

图 3-10 全国各地区已核准抽水蓄能电站装机情况

数据来源：中国抽水蓄能行业协会。

业升级，进一步发展清洁能源，加大对水电、新能源的开发力度，不断提升水电站智能建造和运行管理水平。《中华人民共和国国民经济和社会发展第十四个五年规划和 2035 年远景目标纲要》明确提出，推进雅鲁藏布江下游水电开发，建设金沙江上下游、雅砻江流域、黄河上游和几字湾清洁能源基地等。

未来水电方面，仍要推动可再生能源一体化开发运行关键技术，水电工程健康诊断、升级改造和灾害防控技术，以及水电产业数字化智能化等重点领域技术的攻关和示范，推动水电站建设与运营水平不断提升。

四、煤电发展迎来全新机遇

当前，煤电仍是我国最主要的电源，仍然发挥着“压舱石”的作用。根据中国煤炭工业协会数据，2022 年，煤电总装机 11.2 亿千瓦，与上年基本持平（见图 3–11），占总发电装机容量的比重为 43.8%，同比降低 2.9 个百分点。随着煤电在保供中的重要性被认识，煤电核准重启，据北大能源研究院统计，2022 年，我国新增核准煤电项目 82 个，新核准装机达 9072 万千瓦。

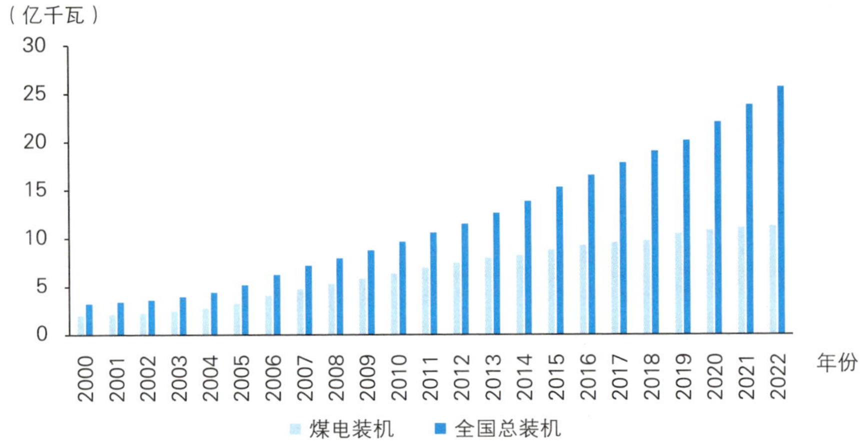

图 3-11 全国煤电装机及全国总装机变化情况

数据来源：中国煤炭工业协会。

1. 煤电发挥保供作用

2022 年入夏以后，全国出现大范围高温天气，不少地区加速复工达产，多个省份用电负荷创历史新高，用能需求明显回升。中国电力企业联合会曾在《2022 年上半年全国电力供需形势分析预测报告》中指出："迎峰度夏期间，全国电力供需总体紧平衡、局部有缺口、供应有保障。预计全国最高用电负荷将超过 12.5 亿千瓦，在持续大范围高温情况下，可能达到 13 亿千瓦左右，华东、华中、南方等区域部分省份在用电高峰时段电力供需偏紧。"

2022 年夏季高峰时段，据国家能源局数据，全国电力最高负荷创历史新高，同比增长 6.4%。2022 年迎峰度夏期间，因为良好的煤炭库存，一次能源得到保障，煤电机组非计划停运和出力受阻占比降至历史低位，煤电发挥了顶梁柱作用，也因为煤电机组的出力情况改善，2022 年迎峰度夏顶峰能力较 2021 年同期提升 1.5 亿千瓦。据编者统计，目前我国煤电以占全国 43.8% 的装机占比，贡献了 58.4% 的发电量，彰显了煤电的重要保供作用（见图 3–12）。

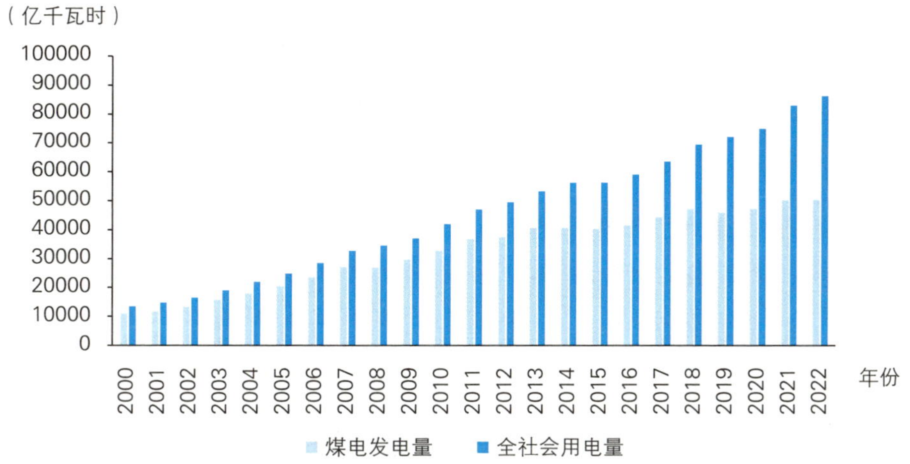

图 3-12　全国煤电发电量及全社会用电量变化情况

数据来源：中国煤炭工业协会。

2. 灵活性改造与淘汰落后产能稳步推进

为推动我国煤电煤耗降低和灵活性提升，我国全面实施煤电机组节能降碳改造、灵活性改造、供热改造“三改联动”。2021 年我国完成三改联动 2.4 亿千瓦，2022 年实施 2.2 亿千瓦，已完成“十四五”的目标，累计改造 6 亿千瓦目标的 75% 以上。同时，我国也在不断淘汰落后煤电机组，在国家支持下，2021 年以来，各地和各发电企业持续梳理符合淘汰关停条件和服役期满的煤电机组，并基于此提出淘汰计划，部分省份已陆续公示了本省淘汰落后煤电机组的情况。目前，我国已累计淘汰关停落后煤电机组达 1 亿千瓦以上。

3. 煤电技术、低碳化水平不断探索进步

作为碳排放大户，能源行业各领域都高度重视煤电的低碳化进程。

2022年，国家发展改革委、国家能源局等部门联合发布《煤炭清洁高效利用重点领域标杆水平和基准水平（2022年版）》，明确了300兆瓦、600兆瓦、1000兆瓦等多个级别燃煤发电机组煤耗基准水平、标杆水平。课题组根据国家能源局数据统计，2022年，全国百万千瓦机组的发电煤耗降至249.7克/千瓦时，平均供电煤耗降至301.5克/千瓦时，已连续多年实现下降，与2011年的330克/千瓦时相比，2022年的平均供电煤耗降低28.5克/千瓦时，达到世界先进水平。同时，能源行业普遍开始探索碳捕集、利用与封存（CCUS）技术。2022年3月，全国首个煤电CCUS示范项目——浙能兰溪二氧化碳捕集与矿化利用集成示范项目正式开工。2022年11月，国能集团江苏公司的50万吨/年二氧化碳捕集与资源化能源化利用技术研究及示范项目顺利完成塔器底座吊装，这标志着国内最大煤电CCUS示范工程进入主体施工阶段。

五、输电通道建设进展顺利

2022年，电网建设稳步推进。电网投运规模稳步增长，2022年，全国220千伏及以上输电线路回路长度共88.2万千米，同比增长4.6%。输电通道建设进展明显，多个重大战略性工程、特高压工程顺利完成，截至2022年底，我国共建成投运38条特高压线路，跨区跨省资源配置能力显著提升。电力市场改革稳步推进，营商环境持续优化，供电服务质效齐升。

1. 电网投运总规模平稳增长

2022年，全国电网220千伏及以上变电设备容量共52亿千伏安，同比增长5.2%；220千伏及以上输电线路回路长度共88.2万千米，同比增长 4.6%。2022 年新开建 4 条特高压线路，均为特高压交流线路（见表 3–4）。

表 3-4　2022 年新开建特高压输电项目

名称	电压（千伏）	长度（千米）	开工时间	投资（亿元）
武汉—驻马店特高压交流线路	1000	2×287	2022 年 3 月	38
福州—厦门特高压交流线路	1000	2×238	2022 年 3 月	38
武汉—南昌特高压交流线路	1000	2×456.6	2022 年 9 月	91
四川—重庆特高压交流线路	1000	2×658	2022 年 9 月	286

数据来源：国家电网与南方电网。

从增量看，2022 年全国新增 220 千伏及以上变电设备容量 25839 万千伏安，比上年多投产 1505 万千伏安，同比增长 6.2%；新增 220 千伏及以上输电线路长度 38967 千米，较上年多投产 6747 千米，同比增长 20.9%。2022 年，新建成白鹤滩—江苏—浙江柔性直流、南阳—荆门—武汉—长沙特高压交流等多条特高压线路，据统计，目前全国已建成 38 条特高压线路（见表 3–5）。

表 3-5　全国现有特高压输电线路

特高压输电线路	电压（千伏）	线路长度（千米）	投资金额（亿元）	投运时间
特高压直流				
云南—广州	±800	1438	137	2010 年 6 月
向家坝—上海	±800	1907	233	2010 年 7 月
锦屏—苏南	±800	2059	220	2012 年 12 月
云南—广东	±800	1413	133	2013 年 9 月
哈密南—郑州	±800	2210	234	2014 年 1 月
溪洛渡—浙江金华	±800	1653	239	2014 年 7 月

续表

特高压输电线路	电压（千伏）	线路长度（千米）	投资金额（亿元）	投运时间
宁东—浙江	±800	1720	237	2016 年 9 月
酒泉—湖南	±800	2447	262	2017 年 6 月
晋北—南京	±800	1100	162	2017 年 6 月
锡盟—江苏泰州	±800	1620	264	2017 年 9 月
扎鲁特—青州	±800	1234	221	2017 年 12 月
上海庙—山东	±800	1150	221	2017 年 12 月
滇西北—广东	±800	1929	222	2018 年 5 月
准东—皖南	±1100	3324	407	2018 年 12 月
昌吉—古泉	±1100	3304.7	407	2019 年 9 月
乌德东—广东广西（柔性直流）	±800	1452	243	2020 年 12 月
青海—河南	±800	1577.5	226	2020 年 12 月
雅中—江西	±800	1711	244	2021 年 6 月
陕北—湖北	±800	1317	185	2022 年 4 月
白鹤滩—江苏（柔性直流）	±800	2087	307	2022 年 7 月
白鹤滩—浙江（柔性直流）	±800	2140	299	2022 年 12 月
特高压交流				
晋东南—南阳—荆门	1000	654	57	2009 年 1 月
淮南—皖南—浙北—上海	1000	649	197	2013 年 9 月
浙北—浙中—浙南—福州	1000	603	200	2014 年 12 月
锡盟—山东	1000	730	178	2016 年 7 月
淮南—南京—泰州—苏州—上海	1000	738	261	2016 年 11 月
蒙西—晋北—北京西—天津南	1000	608	175	2016 年 11 月

续表

特高压输电线路	电压（千伏）	线路长度（千米）	投资金额（亿元）	投运时间
榆横—晋中—石家庄—济南—潍坊	1000	1049	242	2017 年 8 月
锡盟—胜利	1000	240	50	2017 年 7 月
蒙西—晋中	1000	304	50	2019 年 1 月
北京西—石家庄	1000	228	35	2019 年 6 月
苏通 GIL 综合管廊	1000	35	48	2019 年 11 月
山东—河北	1000	816	146	2020 年 1 月
张北—雄安	1000	320	60	2020 年 8 月
驻马店—南阳	1000	188	22	2020 年 12 月
南昌—长沙	1000	341	102	2021 年 12 月
荆门—武汉	1000	234	65	2022 年 9 月
南阳—荆门—长沙	1000	626	104	2022 年 10 月

数据来源：据公开资料整理。

2021 年、2022 年，220 千伏及以上变电设备容量增速维持在 5% 左右，220 千伏及以上输电线路回路长度增速维持在 4% 左右。新增规模中，变电设备容量增量位于近十年次高点，输电线路回路长度增量为近十年第三高点。

2. 输电通道建设进展明显

“十四五”以来，我国重大输电通道工程建设稳步推进，2022 年共建成投运 5 条特高压线路。截至 2022 年底，我国共建成投运 38 条特高压线路。国家电网建成投运 16 条交流特高压线路，16 条直流特高压线路；南方电网建成投运 4 条直流特高压线路。2022 年 7 月 1 日，白鹤滩—江苏 ±800 千伏特高压直流工程竣工投产，为我国再添一条“西电东送”能源保供线路。12 月 30 日，白鹤滩—浙江 ±800 千伏直流特高压工程竣工投产，标志着白鹤滩水电站电力外送通道工程全部竣工投产。华中“日”字形特高压交流环网的其他部分也有重要进展。3月24日，驻马店—武汉1000千伏特高压交流工程开工。10月25日，武汉—南昌1000千伏特高压交流线路工程（鄂6标）正式进入基础施工阶段。此外，2022年9月，国家“十四五”发展规划重点电力项目——闽粤联网工程正式投运。

“十四五”规划建设重点输电通道陆续开建。“十四五”期间，为了推动我国新能源大基地的建设以及新能源消纳，我国规划了“三交九直”共12条重点的输电通道（见表3-6）。2022年起，这12条重点输电通道已经陆续开始建设，金上至湖北±800千伏、哈密至重庆±800千伏等输电通道于2022年取得批复并开始建设，陇东至山东±800千伏、张北至胜利双回1000千伏输电通道等也已开始建设。

表3-6 “十四五”规划建设重点输电通道

特高压输送通道	所在地区	新能源	储能	水电	火电
金上至湖北 ±800千伏	金沙江上游	800	—	913.6	—
陇东至山东 ±800千伏	陇东能源基地	1050	150	—	400
哈密至重庆 ±800千伏	天山北麓戈壁	980	150	—	400
蒙西至京津冀 ±660千伏	库布齐沙漠	1150	200	—	400
宁夏至湖南 ±800千伏	腾格里沙漠	1300	230	—	400
陕西至河南 ±800千伏	陕西采煤深陷区	1350	200	—	400
陕北至安徽 ±800千伏	陕北采煤深陷区	1200	200	—	400
外电入浙 ±800千伏	腾格里沙漠	1100	200	—	400
藏东南至粤港澳大湾区 ±800千伏	藏东南水电	1300	—	605	—

续表

特高压输送通道	所在地区	新能源	储能	水电	火电
大同—怀来—天津北—天津南双回 1000 千伏	山西采煤深陷区	800	150	—	200
川渝 1000 千伏	川渝水电	750	—	812	—
张北至胜利（锡盟）双回 1000 千伏	浑善达克沙地	400	—	—	—

数据来源：电力规划总院。

3. 用电营商环境优化提升

2021 年 10 月 8 日，国务院常务会议提出改革完善煤电价格市场化形成机制等多项改革措施。在我国原有电力市场的基础上，特别提到有序推动燃煤发电电量全部进入电力市场，同时将市场交易电价上下浮动范围由分别不超过 10%、15%，调整为原则上均不超过 20%，对高耗能行业可由市场交易形成价格，不受上浮 20% 的限制。同年 10 月 12 日，国家发展改革委正式出台《关于进一步深化燃煤发电上网电价市场化改革的通知》，对电力市场化改革内容进行了进一步明确。

2022 年 5 月，国家能源局印发《国家能源局 2022 年深化“放管服”改革优化营商环境重点任务分工方案》提出，精简整合能源项目投资建设审批流程，在确保工程质量前提下，进一步清理规范项目审批全流程涉及的行政许可、技术审查等事项，公开事项办理流程和条件标准等信息，不在法定条件之外增加前置条件。同年 9 月，国家能源局发布《关于进一步加强电力业务资质许可监管有关事项的通知》（以下简称《通知》)。《通知》涵盖资质许可“互联网 +”监管五个重点环节，融合信用监管三项具体举措，强化闭环监督两个工作要求，进一步健全了资质许可事前事中事后全链条监管机制。《通知》有利于进一步贯彻落实“放管服”改革精神，不断优化营商环境；有利于进一步提升“互联网 +”监管水平；有利于进一步完善资质许可管理工作。国家能源局数据显示，2022 年，我国全面完成了“获得电力”服务水平主要目标任务，基本实现用电报装“三零”“三省”服务全覆盖，累计为电力用户节省办电投资超过 1800 亿元。

六、关键技术装备不断突破

在推动能源体系变革、实现电力行业绿色低碳转型路上，依然存在多重挑战。为了应对挑战，电力行业积极开展科技创新布局。近年来，电力行业核心技术攻关取得新突破，重大工程建设取得新进展，技术向标准转化取得新成效，科技创新体系不断完善，实现了电力科技从追赶、跟随到领先的跨越，保障了经济社会发展和人民美好生活的用电需要，促进了能源电力清洁低碳转型。下一步，能源电力行业将继续在化石资源高效清洁利用与耦合替代、清洁能源多能互补与规模应用、低碳化多能战略融合等方面努力，不断构建低碳、清洁、高效、安全的新型能源体系。

1. 核心技术攻关取得新突破

能源电力科技创新布局分为三大主线，涵盖发电及电网关键核心技术、自主三代核电技术、重大电力装备制造、自主高端工业控制系统、电力建设施工技术、绿色低碳环保技术、清洁能源综合开发利用等领域。2022 年，高压大容量柔性直流电网关键技术、中国自主三代核电技术“华龙一号”、百万千瓦水轮发电机组关键技术取得突破。

2. 关键装备、工程取得进展

2022 年，多个关键装备、工程取得进展，如国产自主电力专用芯片“伏羲”、全国产集散控制系统（DCS 系统）在百万千瓦超超临界二次再热机组的示范应用、F 级 50 兆瓦重型燃机研制及商业化应用等。

其中，“伏羲”芯片作为我国首款基于国产指令集、内核、自主硬件 IP 的全面国产电力专用主控芯片，已应用于继电保护、配网自动化、计量自动化以及边缘计算领域。随着瑞金二期工程等项目投产，全国产自主可控智能分散控制系统（iDCS）在国内首次实现百万千瓦超超临界二次再热机组上的成功应用，全面提升了机组控制系统的自主安全可控和智能化水平，为机组安全、高效、灵活、智能、少人运行提供了重要保障。国内首台自主研制 F 级 50 兆瓦重型燃气轮机由东方电机研制完成，即将进入工程应用阶段，标志着我国打通了自主燃机从攻关走向应用的“最后一公里”。

3. 未来攻关方向不断明确

国家《“十四五”能源领域科技创新规划》中明确，要健全能源科技创新协同机制，完善能源科技创新平台体系，推动能源科技成果示范应用，突出企业技术创新主体地位，优化能源行业技术标准体系，加大规划任务资金支持力度，加强能源科技创新国际合作，加速能源科技创新人才培养。

随着该规划的不断落实，电力行业的科技创新越来越受到重视。中国科学院在 2022 年 3 月公布了“中国科学院科技支撑碳达峰碳中和战略行动计划”，旨在促进构建绿色低碳循环发展的经济体系和清洁低碳、安全高效的能源体系，为国家实现碳达峰碳中和战略目标提供科技支撑。中国科学院部署实施了变革性洁净能源、碳汇科学原理与方法、化石能源高效清洁利用技术、可再生能源技术、先进核能技术、储能与多能融合技术、固碳增汇技术等重大项目，推动电力行业科技进一步研发攻关。

七、储能装机规模快速增长

储能技术是国家构建新型电力系统战略，推动能源革命，实现碳中和目标的重要技术支柱，在这一宏观布局下，国家先后出台了几十项政策直接促进储能产业快速发展。其中，“分时电价机制＋高耗能电价上涨”政策大幅度提高了工商业储能的实际应用效果，多个地方的新能源配储能政策也大幅度拉升了储能的市场需求。2022年国内新增投运新型储能项目装机规模达690万千瓦（功率规模）/1530万千瓦时（能量规模），功率规模突破600万千瓦，能量规模突破1500万千瓦时，与2021年同期相比，增长率均超过180%，与此同时，储能技术也在不断进步，这标志着中国储能产业进入规模化发展新阶段。

1. 储能装机不断增加，10万千瓦级项目成常态

相比2021年，2022年单个项目规模与以往相比有大幅提升，10万千瓦级项目成为常态，20余个10万千瓦级项目实现了并网运行，是上年同期数量的5倍，规划在建中的10万千瓦级项目数更是达到400余个，其中包括7个百万千瓦级项目，规模最大的是青海格尔木东出口共享储能项目，储能规模为270万千瓦/540万千瓦时。

截至2022年底，根据中关村储能产业技术联盟统计，全国已有26个省市规划了“十四五”时期新型储能的装机目标，总规模接近6700万千瓦。国内2022年单年新增规划在建的新型储能项目规模达到1018万千瓦（功率规模）/2592万千瓦时（能量规模），并且大部分项目都将在近1～2年内完工并网，这些规模数字已远超国家发展

改革委《关于加快推动新型储能发展的指导意见》中设置的“2025 年实现 3000 万千瓦装机”的目标。预计“十四五”时期，新型储能将持续高速发展，年复合增长率保持在 55%～70%，市场规模将会屡创新高。

2. 新型储能示范项目在各地落地

为贯彻落实《“十四五”新型储能发展实施方案》，陕西、山东、浙江、河北、四川成都、安徽、广西、湖南、青海、河南等地区先后布局新型储能示范项目 216 个，规模合计 2220 万千瓦（功率规模）/5380 万千瓦时（能量规模）。例如，安徽规划新型储能功率规模居各地之首，达 510 万千瓦；河北储能容量规模最大，达 1510 万千瓦。

目前落地的项目以独立储能或集中共享储能项目为主，功率规模占比高达 92%，百兆瓦级以上项目达 148 个，总规模达 2000 万千瓦（功率规模）/4740 万千瓦时（能量规模），涵盖锂离子电池、铅蓄电池、液流电池、钠离子电池、压缩空气、飞轮、熔盐储热、氢能以及其中两种以上用于满足电网多重需求的混合技术组合。

3. 储能政策不断出台，体制机制逐步完善

2022 年，国家及地方出台储能政策近百项，主要集中在储能规划、实施方案、市场机制、技术研发、安全规范等领域，其中国家层面主要发布了 4 项储能政策（见表 3-7）。其中，2022 年 5 月，国家发展改革委发布了《关于进一步推动新型储能参与电力市场和调度运用的通知》，从市场机制、调用机制、价格机制等方面对储能发展方向进行了指导，同时明确向电网送电的独立储能其相应充电电量不承担输配电价和政府性基金及附加。

表 3-7 2022 年国家储能政策表

时间	发布机构	政策名称	主要内容
2022 年 1 月	国家发展改革委	《"十四五"现代能源体系规划》	合理配置储能规模，改善新能源场站出力特性，支持分布式新能源合理配置储能系统。拓宽储能应用场景，推动电化学储能、梯级电站储能、压缩空气储能、飞轮储能等技术多元化应用，探索储能聚合利用、共享利用等新模式新业态
2022 年 3 月	国家发展改革委、国家能源局	《"十四五"新型储能发展实施方案》	到 2025 年，新型储能由商业化初期步入规模化发展阶段，具备大规模商业化应用条件。到 2030 年，新型储能全面市场化发展
2022 年 5 月	国家发展改革委、国家能源局	《关于进一步推动新型储能参与电力市场和调度运用的通知》	进一步明确新型储能市场定位，建立完善相关市场机制、价格机制和运行机制，鼓励配建新型储能作为独立储能与所属电源联合参与电力市场
2022 年 6 月	国家发展改革委、国家能源局	《"十四五"可再生能源发展规划》	明确新型储能独立市场主体地位，推动新型储能规模化、产业化、市场化发展，促进其在电源侧、电网侧和用户侧多场景应用

数据来源：中国储能行业协会。

同时，各地也在不断出台储能政策，如山东省继续改革电力现货市场，实现了新型储能首次参与现货市场，独立储能可以通过容量租赁、现货套利、容量电价补偿等方式获得收益；甘肃省建立了调峰容量市场并首次支持储能参与，市场通过容量补偿机制降低灵活性调峰资源的固定成本，其中，独立储能可以通过参与调峰容量市场、现货市场、调频市场的方式获得收益；西北、南方、华东、华北等地区修订了新版的"两个细则"，明确了新型储能的市场地位，并支持新型储能参与了多项电力品种之间的交易。

拉大的峰谷价差为用户侧储能打开更多盈利空间。河南、江西、湖北、上海等多个省份增大了高峰电价和低谷电价上下浮动比例，为用户侧储能打开更多盈利空间。2023 年国家发展改革委、国家能源局发布《关于加快推进电力现货市场建设工作的通知》，提出加快推动用户侧全面参与现货市场交易，波动的现货电价将会提升用户建设储能的积极性。

4. 主流储能技术取得重大突破，长时储能备受关注

2022 年新型储能技术正式进入百家争鸣时期。据中关村储能产业技术联盟统计数据显示，2013 年电化学储能开展至今，已经过近十年的发展，尤其是 2018 年以来，电化学储能保持着平均每年 100% 以上的增速，2022 年达到了 1100 万千瓦。多个锂电厂商利用新技术，推出差异化电芯产品，开发储能专用 300 安时以上大容量、10000 次以上长循环寿命的磷酸铁锂电芯，其中亿伟锂能推出 LF560K 的新产品，其电芯单体容量达到 560 安时。2022 年，0.2 万千瓦的更高安全等级的混合固液锂离子电池，以及 0.1 万千瓦的钠离子储能电池均为世界首次示范级应用。本质安全的高功率固态储能电池和长寿命储能电池已经发布。

长时储能方面，国内压缩空气储能引领全球发展。作为全球首套，张家口百兆瓦先进压缩空气储能国家示范项目并网发电，30 万千瓦级压缩空气储能技术以及人工硐室技术不断突破，二氧化碳储能验证项目投运，随着压缩空气储能技术不断迭代，竞争力将逐步提高。液流电池方面，国内首个百万千瓦的全钒液流电池项目开工，电堆的电流密度突破 200 毫安 / 平方厘米；铁铬液流电池、锌基液流电池技术逐渐走出实验室，受到越来越多资本的关注。大量企业开始布局钠离子电池技术，全球首批量产百万千瓦级产线正式投产。中短时长和短时高

频储能技术，包括水系钠盐电池、飞轮、超级电容、锂电容、液态金属等技术纷纷取得新突破。除了本体技术外，高压级联集成技术、分布式模块化储能柜集成技术、液冷储能解决方案、固态电池储能系统等新产品纷纷发布，为储能在新型电力系统的规模化应用提供了关键的技术支撑。

八、电力消费结构日益优化

2022 年，电力行业推进绿色低碳转型，加快新型电力系统建设步伐。电力消费实现平稳增长，电力消费结构持续优化。电力生产供应能力持续提升，根据国家能源局数据，2022 年末全国发电装机容量达 25.6 亿千瓦，比上一年增长 7.8%。电力投资持续攀升，电源投资占比增加，非化石能源装机占比过半，可再生能源装机历史性超过煤电装机，并成为我国电力新增装机的主体。2022 年全年发电量增长 3.7%，新能源年发电量首次突破 1 万亿千瓦时，可再生能源发电量已成为我国新增发电量的主体。

1. 电力消费平稳增长

2022 年，我国电力消费平稳增长。根据中国电力企业联合会数据，2022 年，全社会用电量 86372 亿千瓦时，同比增长 3.6%。受疫情、气候变化等因素影响，2022 年用电量增速回落，为近 5 年来最低，略低于 2020 年的 4.1%。

全社会用电量保持平稳增长的同时，电力消费结构正日益优化。第二产业用电比重略有收缩，第一产业、第三产业、城乡居民生活用电比重略微扩大。随着乡村用电条件持续改善，高技术及装备制造业、充换电服务业、新兴服务业等进一步快速发展和城乡居民生活水平的提高，用电结构将进一步向第一产业、第三产业和城乡居民生活用电倾斜。

2. 可再生能源装机历史性超过煤电装机

我国发电装机绿色转型持续推进，水电、风电、光伏发电、生物质发电装机规模均已连续多年稳居全球首位。非化石能源发电装机规模创历史新高，在全国电力装机容量中占比接近一半（见图 3–13）。从国家能源局历年公布的历史数据分析，非化石能源装机比重明显上升，2022 年，我国全口径非化石能源装机达 12.7 亿千瓦，占我国发电总装机容量的 49.6%，同比提高 2.6 个百分点。2022 年，我国可再生能源发电装机容量累计达到 12.13 亿千瓦，占我国发电总装机容量的 47.3%，较 2021 年提高 2.5 个百分点。

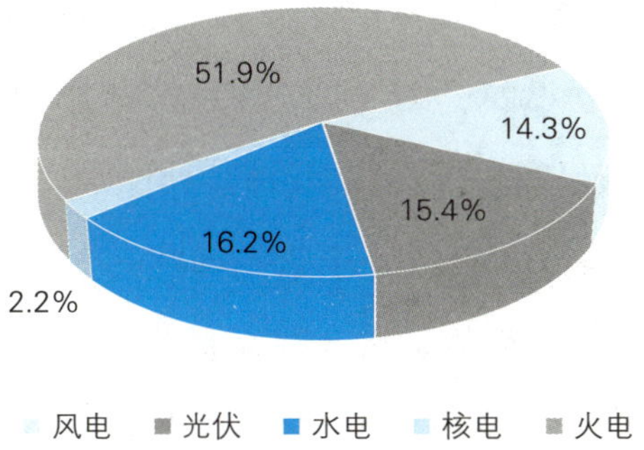

图 3-13 2022 年底我国各种电力装机占比

数据来源：国家能源局。

从装机增速看，2022 年，光伏发电装机以 28.1% 的速度大幅增长，风电装机增速回落到 2017 年的 11.2%，核电装机同比增长了 4.3%，水电装机同比增长了 5.8%，火电装机同比增长了 2.7%。

从新增装机规模看，2022 年，全国发电装机容量新增 19974 万千瓦，同比增长 11.5%，全年可再生能源新增装机 1.52 亿千瓦，占全国新增发电装机的 76.2%，已成为我国电力新增装机的主体。其中，新增水电、风电、光伏发电装机分别为 2387 万、3763 万、8741 万千瓦，核电装机为 228 万千瓦，生物质装机为 334 万千瓦，火电装机为 4471 万千瓦。新增非化石能源发电装机容量 1.6 亿千瓦，占新增发电装机总容量的比重为 80.1%。2022 年分布式光伏新增装机 5111 万千瓦，占当年光伏新增装机 58% 以上。

从装机类型看，2022 年，在火电、核电、风电新增装机增速负增长情况下，太阳能发电新增装机容量增速达约 60%，拉高全年新增装机增速。2022 年新增的各类型发电装机中，七成以上都是非化石能源。风电、光伏发电新增装机规模 1.25 亿千瓦，连续三年突破 1 亿千瓦，新增分布式光伏装机历史上首次超过集中式电站。

3. 电力供需形势保持总体偏紧

2022 年，全国 6000 千瓦及以上电厂发电设备利用小时为 3687 小时，火电设备为 4379 小时，其中，煤电 4594 小时，气电 2429 小时。水电设备为 3412 小时，核电 7616 小时，并网风电 2221 小时，并网太阳能发电 1337 小时。整体仍然处于紧平衡状态。

2022 年，全国全口径发电量 86939 亿千瓦时，比上年增长 3.6%。全国非化石能源发电量 31443 亿千瓦时，比上年增长 8.6%，占总发电量的 36.2%，比上年提高 1.7 个百分点；煤电发电量 50792 亿千瓦时，占总发电量的 58.4%，发挥了电力供应基础保障作用；可再生能源发电量 2.7 万亿千瓦时，占全国发电量的 31.1%、占全国新增发电量的 81%，已成为我国新增发电量的主体。

参考文献

[1] 史丹. 能源蓝皮书：中国能源发展前沿报告（2023）[M]. 北京：社会科学文献出版社，2023.

［2］区域碳达峰碳中和发展白皮书［R］. 中国信息通信研究院，中国科学院大气物理研究所碳中和研究中心，2023–01.

［3］赵忠秀，王璟珉，彭红枫 . 低碳发展蓝皮书：中国碳排放权交易市场报告（2021 ~ 2022）［M］. 北京：社会科学文献出版社，2022.

［4］《新型电力系统发展蓝皮书》编写组 . 新型电力系统蓝皮书［M］. 北京：中国电力出版社，2023.

［5］辛保安 . 新型电力系统与新型能源体系［M］. 北京：中国电力出版社，2023.

［6］国家电力投资集团有限公司，中国国际经济交流中心 . 低碳发展蓝皮书：中国碳达峰碳中和进展报告（2022）［M］. 北京：社会科学文献出版社，2022.

［7］中国国际经济交流中心，美国哥伦比亚大学地球研究院，阿里研究院，飞利浦（中国）投资有限公司 . 可持续发展蓝皮书：中国可持续发展评价报告（2021）［M］. 北京：社会科学文献出版社，2021.

［8］国家能源集团技术经济研究院 . 全球新能源发展报告（2022）［M］. 北京：社会科学文献出版社，2023.

［9］中国核能行业协会，中智科学技术评价研究中心，中核战略规划研究总院 . 核能发展蓝皮书：中国核能发展报告（2023）［M］. 北京：社会科学文献出版社，2023.

［10］中国大连高级经理学院 . 中国能源发展报告（2022）［M］. 北京：社会科学文献出版社，2023.

［11］抽水蓄能产业发展报告 2022［R］. 水电水利规划设计总院，中国水力发电工程学会抽水蓄能行业分会，2023–06–28.

［12］2023 年度全国电力供需形势分析预测报告［R］. 中国电力企业联合会，2023–01.

［13］中国林业生态发展促进会，中国碳中和发展集团有限公司 . 低碳发展蓝皮书：中国碳中和发展报告（2023）［M］. 北京：社会科学文献出版社，2023.

［14］李富强，唐绍祥，顾伟忠，等 . 中国新基建发展报告（2022）［M］. 北京：社会科学文献出版社，2023.

［15］刘玢岩 . 串补输电线路的高性能继电保护关键技术研究［D］. 华中科技大学，2022.

［16］杨再敏，孙思扬 . 新形势下新型储能发展趋势的思考［N］. 中国能源报，2023–11–13.

[17] 新型储能产业发展报告 [R]. 中国电子信息产业发展研究院，2023-11.

[18] 储能产业研究白皮书 [R]. 中国能源研究会储能专委会，中关村储能产业技术联盟，2023-04.

[19] 黄晓勇，陈卫东，王永中，等. 世界能源蓝皮书：世界能源发展报告（2022）[M]. 北京：社会科学文献出版社，2023.

[20] 中国电力行业年度发展报告 2023 [R]. 中国电力企业联合会，2023-07-07.

第四章

央企行动：电力行业央企绿色低碳转型发展实践

近年来，我国持续推进工业化进程，能源消费总量特别是用电量保持稳定增长。在严控温室气体和大气污染物排放的基础上，统筹协调经济发展、能源安全和节能减排的关系，成为我国能源工作的重点。作为我国电力工业的核心组成部分，电力行业央企不仅担负着电力保供的社会责任，更是新能源投资建设和在役火电机组改造的主要推动者和实施者，是关系到我国绿色低碳转型成功与否的关键一环。此外，电力行业央企在低碳技术的研发、应用，以及带动产业链转型升级等方面具有显著优势，因此，充分发挥央企引领作用，实现发用两侧的良性互动，将极大促进我国绿色低碳循环发展的产业体系和清洁低碳安全高效的能源体系建设，推动我国能源体系向着绿色、可持续的未来迈进。

第一节　中央发电企业绿色低碳转型发展步伐加快

我国中央发电企业包括中国华能集团、中国大唐集团、中国华电集团、国家电力投资集团、国家能源投资集团，以及三峡集团、国投电力、华润电力、中国广核集团、中国核工业集团、中国节能环保集团等。在“双碳”目标引领下，中央发电企业纷纷加快绿色低碳转型进程，通过加大可再生能源投资开发力度不断优化电源结构，对煤电机组实施“三改联动”提高能源转化效率、排放标准和调节能力，并投身电力市场、新型电力系统建设，研发电力储能、氢能等先进技术，为我国新型能源体系高质量发展赋能。

一、中央发电企业电源装机绿色低碳特征明显

中央发电企业是我国建设新型电力系统的排头兵，在其装机规模、发电量同步快速增长的同时，也呈现出了向绿色低碳方向转型的新特征（见表 4-1）。

表 4-1　2022 年重点发电央企电源装机情况

企业	可控装机总容量（万千瓦）	新增可控装机容量（万千瓦）	可控新能源装机容量（万千瓦）	清洁和可再生能源占集团装机比重	新能源占集团装机比重	发电量（亿千瓦时）	到“十四五”末装机目标
中国华能集团	22111	1519	5128	41.62%	23.19%	7911	新增新能源装机 8000 万千瓦以上
中国大唐集团	17015	1009	3536	42.00%	20.75%	5885	新增新能源装机 6000 万千瓦以上，清洁能源装机占比达到总装机的 50%
中国华电集团	19053	1181	3755	47.20%	19.71%	6421	新增新能源装机 7500 万千瓦，可再生能源装机占比超过 50%，清洁能源装机占比接近 60%

续表

企业	可控装机总容量（万千瓦）	新增可控装机容量（万千瓦）	可控新能源装机容量（万千瓦）	清洁和可再生能源占集团装机比重	新能源占集团装机比重	发电量（亿千瓦时）	到“十四五”末装机目标
国家电力投资集团	21171	1656	9561	65.87%	45.16%	6639	光伏发电总装机达到8000万千瓦以上
国家能源投资集团	28796	1710	7013	30.90%	24.35%	11393	新增新能源装机1.2亿千瓦，其中光伏新增装机7000万千瓦
三峡集团	12471	1561	2922	96.29%	23.43%	3838	每年新增清洁能源装机1500万千瓦
国投电力	3776	155	460	68.54%	12.19%	1565	控股装机容量达到5000万千瓦，其中清洁能源装机占比约为72%
华润电力	5258	458	1911	32.30%	36.34%	1850	新增4000万千瓦可再生能源装机，可再生能源装机占比超过50%

续表

企业	可控装机总容量（万千瓦）	新增可控装机容量（万千瓦）	可控新能源装机容量（万千瓦）	清洁和可再生能源占集团装机比重	新能源占集团装机比重	发电量（亿千瓦时）	到“十四五”末装机目标
中国广核	7778	978	1117	100%	14.36%	3014	每年新增装机 300 万千瓦，新能源总装机突破 4000 万千瓦
中国核工业集团	4577	727	1306	100%	28.54%	2187	每年新增光伏装机 500 万千瓦
中国节能环保	1777	333	968	100%	54.43%	272	光伏总装机达到 2000 万千瓦
合计	143783	11287	37677	54.61%（平均）	26.20%（平均）	50975	—

数据来源：各发电集团 2023 年度跟踪评级报告、年度债券报告，2022 年度社会责任报告。

截至 2022 年底，上述 11 家发电集团电源总装机容量达到 143783 万千瓦，占全国总装机容量的 56.08%；新增可控装机容量 11287 万千瓦，占全国的 60.84%；实现风光新能源装机容量 37677 万千瓦，占全国风光新能源总装机的 49.81%。

发电量方面，2022 年 11 家发电集团累计发电量达到 50975 亿千瓦时，占全国总发电量的 58.63%。

二、中央发电企业电源结构不断优化

近两年，各中央发电企业纷纷加快了新能源发电项目的开发和建设，新增装机均以新能源项目为主（见表 4–2、表 4–3）

表 4-2 五大中央发电企业 2022 年电源结构

单位：万千瓦

企业	火电		水电		风电		太阳能发电		核电		新增装机中新能源项目比重
	总装机	新增装机	总装机	新增装机	总装机	新增装机	总装机	新增装机	总装机	新增装机	
中国华能集团	14224	218	2759	3	3393	476	1735	823	20	0	85.46%
中国大唐集团	10709	209	2771	55	2676	131	860	325	0	0	63.33%
中国华电集团	12211	162	3086	207	2325	165	1430	646	0	0	68.73%
国家电力投资集团	8226	–108	2463	–2	4231	408	5330	1217	921	112	99.88%
国家能源投资集团	19914	556	1869	1	5373	374	1640	780	0	0	67.45%

数据来源：各发电集团 2023 年度跟踪评级报告、年度债券报告，2022 年度社会责任报告。

其余六家中央发电企业的新能源装机占比明显高于前述五家，具体数值方面，中国节能环保集团占比高达 88%，中国广核集团、中国核工业集团占比均超过了 40%，华润电力、三峡集团占比超过了 20%（见表 4–3）。

表 4-3　其余六家中央发电企业 2022 年电源结构

单位：万千瓦

企业	火电		水电		风电		太阳能发电		核电		新增装机中新能源项目比重
	总装机	新增装机	总装机	新增装机	总装机	新增装机	总装机	新增装机	总装机	新增装机	
三峡集团	463	0	8816	1104	1600	173	1322	127	0	0	21.37%
国投电力	1188	0	2128	51	295	72	165	31	0	0	66.88%
华润电力	3558	302	26	0	1551	118	121	39	0	0	34.20%
中国广核集团	0	0	0	0	2502	500	1013	213	2938	112	86.42%
中国核工业集团	0	0	283	–4	545	233	1374	378	2375	635	49.19%
中国节能环保集团	126（固废）	0	0	0	533	104	435	8	0	0	100.00%

数据来源：各中央发电企业 2023 年度跟踪评级报告、年度债券报告，2022 年度社会责任报告（境外装机未列出）。

各中央发电企业在能源结构调整方面取得了重要进展，逐渐降低了对煤炭的依赖，积极推动清洁能源的发展和利用。风力发电、太阳能发电项目的大规模投资和建设，以及水电等可再生能源项目的增加，使得清洁能源在电力生产中的比例大幅提升，为减少温室气体排放作出了重要贡献。但与此同时，中央发电企业在绿色低碳转型中仍面临一些挑战和问题，如能源结构调整的不平衡，技术创新的速度和效果有待提升，以及清洁能源供应可靠性不高等。为实现更加清洁、可持续的能源发展，中央发电企业还需要进一步加强技术创新、加大对清洁能源的投资，积极推动绿色低碳转型的深入发展。

第二节　电力行业重点发电央企加快推进绿色低碳转型

电力行业重点发电央企作为国家电力体系的核心力量，承担了推动绿色、低碳能源转型的历史重任。重点发电央企在绿色低碳发展领域不断进行探索和努力，在清洁能源、碳减排等方面实施重要举措，为推动中国电力行业的可持续发展提供了新的思路和经验借鉴。

一、中国华能集团有限公司

（一）基本情况

中国华能集团有限公司（以下简称“中国华能”）是经国务院批准成立的国有重要骨干企业，创立于1985年。中国华能因改革开放而生，伴随着改革开放不断成长壮大，是中国电力工业的一面旗帜，持续引领发电行业进步，在新时代全面开启“领跑中国电力、争创世界一流”新征程。中国华能注册资本为349亿元，主营业务包括：电源开发、投资、建设、经营和管理，电力（热力）生产和销售，金融、煤炭、交通运输、新能源、环保相关产业及产品的开发、投资、建设、生产、销售，实业投资经营及管理。

截至 2022 年，中国华能总资产达 14151.95 亿元，净利润为 161 亿元。电力装机总量达 2.2 亿千瓦，新能源装机突破 5000 万千瓦，低碳清洁能源装机占比提升至 41%。公司拥有 58 家二级单位、480 余家三级企业、5 家上市公司（分别为华能国际、内蒙华电、新能泰山、华能水电、长城证券）、13 万职工。

（二）发展战略

近年来，中国华能提出了“领跑中国电力、争创世界一流”的战略愿景和“三六六”发展战略。“三六六”发展战略以大力推进绿色低碳转型为发展方向，以新能源、水电、核电为转型三大支撑，大力优化能源结构。

聚焦“三个引领”：一个发展目标，即加快建设世界一流企业；一个发展主题，即着力推动高质量发展；一个发展方向，即大力推进绿色低碳转型。

秉持“六个坚持”：坚持推进绿色发展，坚持突出价值创造，坚持强化科技创新，坚持深化企业改革，坚持抓好风险防控，坚持党建引领保障。

实现“六个新领先”：在科技创新、绿色转型、效益效率、国际化发展、公司治理、党建质量六个方面实现新领先。

（三）主要指标

1. 总装机容量

从装机规模层面看，中国华能发电总装机容量在 2002—2022 年整体呈现出逐年递增的发展趋势（见图 4-1）。2002 年，中国华能总装机容量为 0.27 亿千瓦，到 2022 年，总装机容量达到 2.21 亿千瓦，实现了约 7.15 倍的增长。

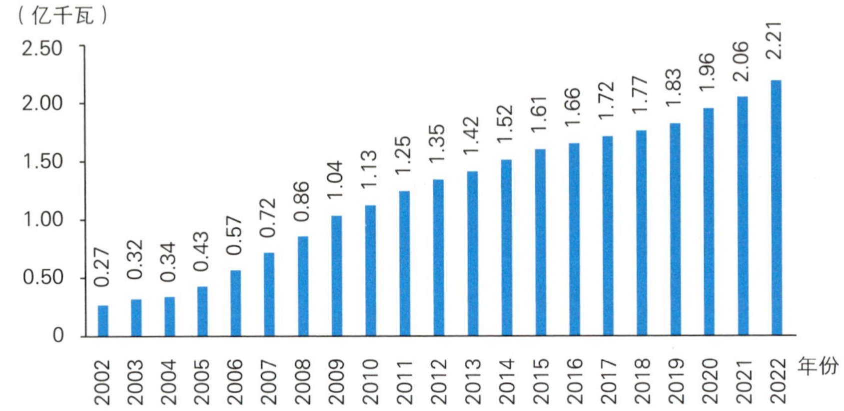

图 4-1　中国华能总装机容量

数据来源：课题组根据公开资料绘制。

2. 清洁能源装机占比

从清洁能源装机占比层面看，中国华能清洁能源装机占比在 2011—2022 年整体呈现出逐年递增的趋势（见图 4–2）。2011 年，中国华能清洁能源装机占比为 19.12%，到 2022 年增加到 41.00%，实现了 21.88 个百分点的增幅。尤其是近 3 年以来，中国华能清洁能源装机占比增长速度明显加快。

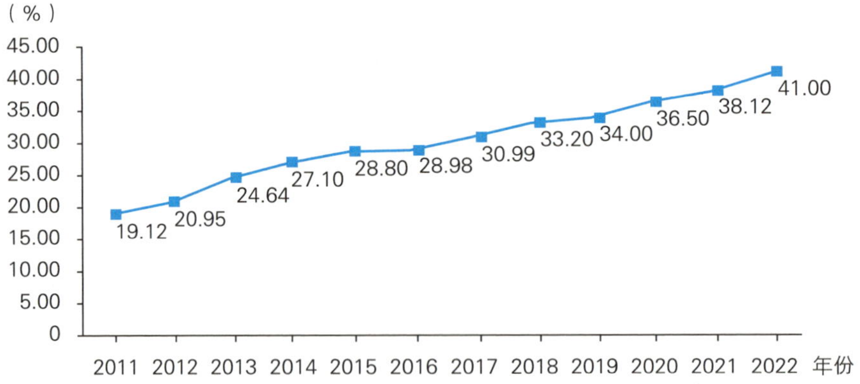

图 4-2　中国华能清洁能源装机占比

数据来源：课题组根据公开资料绘制。

3. 火电装机容量

从火电装机容量层面看，2010—2022 年，中国华能的火电装机容量整体呈现波动增长趋势（见图 4–3），从 2010 年的 9439 万千瓦，增加到 2022 年的 14224 万千瓦，年增长率维持在 4.22% 左右。

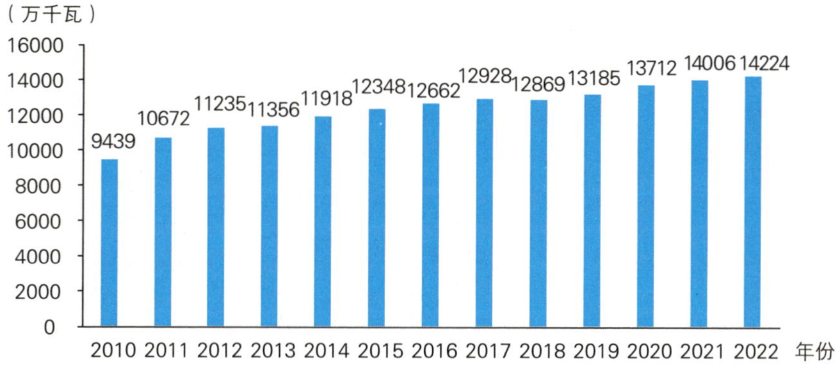

图 4-3　中国华能火电装机容量

数据来源：课题组根据公开资料绘制。

4. 水电装机容量

从水电装机容量层面看，2010—2022 年，中国华能水电装机容量整体呈现波动变化趋势（见图 4–4）。2010 年，中国华能水电装机容量为 1420 万千瓦，到 2011 年则下降到 1133 万千瓦。在 2011 年后，水电装机容量呈现波动增长趋势，2022 年达到 2759 万千瓦。

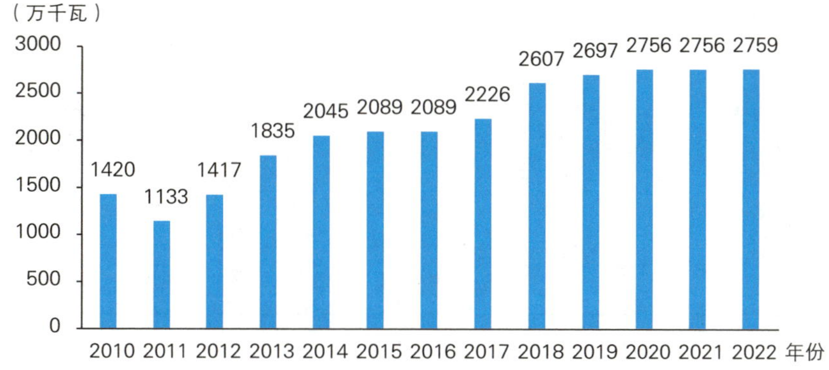

图 4-4　中国华能水电装机容量

数据来源：课题组根据公开资料绘制。

5. 风电装机容量

从风电装机容量层面看，2010—2022年，中国华能风电装机整体呈现出明显的增长趋势（见图4–5），从2010年的484万千瓦，增长到2022年的3393万千瓦，实现了较大幅度的增长。尤其是2019年之后，风电装机规模增长更加迅猛，年增长率基本维持在23%左右。

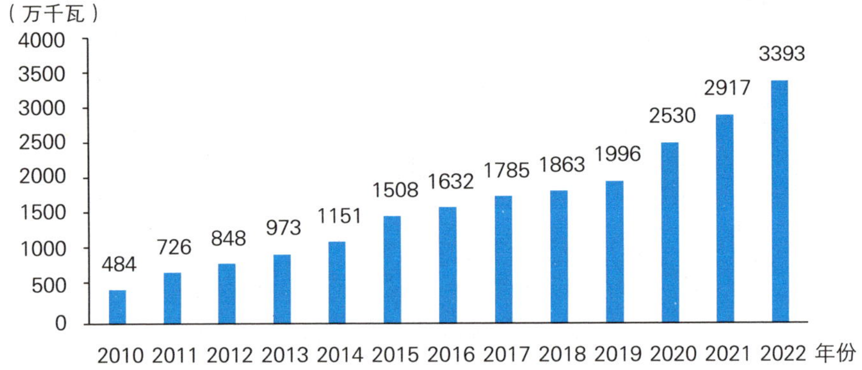

图 4-5 中国华能风电装机容量

数据来源：课题组根据公开资料绘制。

6. 光伏装机容量

从光伏装机容量层面看，2014—2019年，中国华能光伏装机整体增长趋势相对平缓（见图4–6），从2014年的118万千瓦，增长到

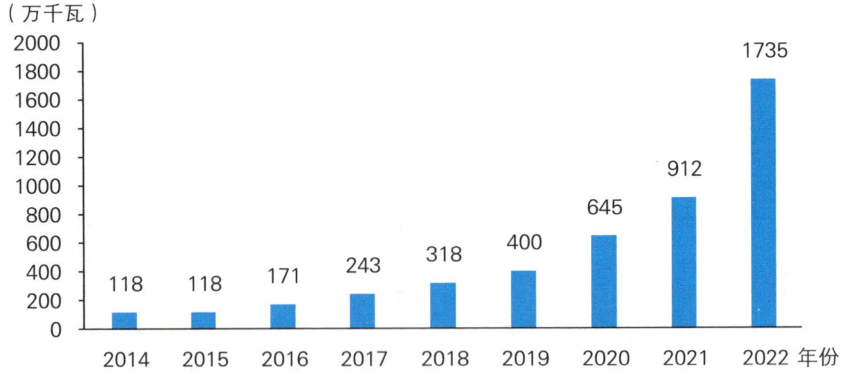

图 4-6 中国华能光伏装机容量

数据来源：课题组根据公开资料绘制。

2019年的400万千瓦，增幅相对较小。在2019年之后，随着经济、环境政策的不断出台，中国华能持续推进实施能源转型，光伏装机规模增长迅猛。从2019年的400万千瓦，增长到2022年的1735万千瓦，实现了3倍多的增长。

（四）重要举措

1. 探索建设新型能源体系

中国华能坚持以电为核心，注重多能协同和创新引领，围绕做强做优电力核心产业，不断优化煤炭项目和资源开发建设，积极推动新型能源体系建设。

一是强调“一主四化”的开发模式，建设大型综合能源基地。以基地型规模化开发为主，加快形成“北部风光火一体化、东部沿海风核气综合智慧能源服务多元化、西南部水风光一体化、中东部风光荷储多场景融合化”的区域发展模式。二是强化“三线一带”的发展布局，构建多能互补的清洁能源供应体系。中国华能在我国北部地区推动大型清洁能源基地的开发，在东部沿海地区致力于海上风电和核电的发展，在西南地区重点开发水风光一体化项目，在中东部地区集中力量建设分散式和分布式的连片发展带。

2. 增强科技创新活力

中国华能坚持为国家战略需求服务，努力攻克行业关键核心技术，加快推广应用自主可控技术，以提高科技创新活力，推动企业低碳发展。

一是构建源头零碳替代、过程减污降碳、终端捕碳固碳、多能互补友好并网，以及数字化、智能化支撑的技术体系。近年来，中国华能研发投入年均增长超过40%，成功解决多项关键性的技术难题。例如，中国华能投运全球首个非补燃式盐穴压缩空气储能电站、全球容量最大的5兆瓦超级电容——15兆瓦锂电池混合储能调频系统，以及国内首套煤电机组耦合蒸汽熔盐储热示范项目等。二是创立具有完全自主知识产权的二氧化碳捕集技术体系。中国华能建成我国首套燃煤电场碳捕集装置，并且研发出了国际首创、华能独创的煤电烟气污染化一体近零排放技术。

3. 探索开展全业务链条、全生命周期碳足迹管理

中国华能建立了三级碳资产管理体系，探索并实施全业务链条、全生命周期的碳足迹管理，创新发展碳金融。目前，超过 110 家电厂已完成首个履约期配额清缴，30 多台火电机组正在开展二氧化碳在线连续监测示范活动。

二、中国华电集团有限公司

（一）基本情况

中国华电集团有限公司（以下简称“中国华电”）是 2002 年国家电力体制改革组建的国有独资发电企业，是国务院国资委监管的特大型中央企业、中央直管的国有重要骨干企业。其主要业务包括发电、煤炭、科工、金融四大板块，资产及业务主要分布在全国 31 个省（区、市），以及俄罗斯、印度尼西亚、柬埔寨、越南等“一带一路”沿线国家。

2022 年，中国华电资产总额首次突破 1 万亿元，10 年来增长 69.3%。营业收入首次突破 3000 亿元，同比增长 9.7%。利润总额同比增长 174.9%，净利润同比增长 440.4%。装机总容量约 1.91 亿千瓦，比 2012 年增长 87.3%，清洁能源装机占比由 25.4% 提升至 47.2%。

（二）发展战略

近年来，中国华电提出了“五三六战略”，即“五个坚持”“三个转变”“六个一流”。

“五个坚持”：坚持和加强党的全面领导，坚持稳中求进工作总基调，坚持新发展理念，坚持推动高质量发展，坚持改革创新。

“三个转变”：持续推进从保障供应向增加有效供给转变、从规模扩张向注重效益提升转变、从要素驱动向创新驱动为主转变。

“六个一流”：努力实现一流的可持续发展能力、一流的价值创造能力、一流的国际化运营能力、一流的科技创新能力、一流的企业治理能力、一流的品牌影响力。

（三）主要指标

1. 总装机容量

从装机规模层面看，2002—2022 年，中国华电发电总装机容量整体呈现逐年递增的发展趋势（见图 4-7）。2002 年，中国华电总装机容量为 0.26 亿千瓦左右，到 2022 年，总装机容量达到 1.91 亿千瓦，较 2002 年增加了近 6.35 倍。

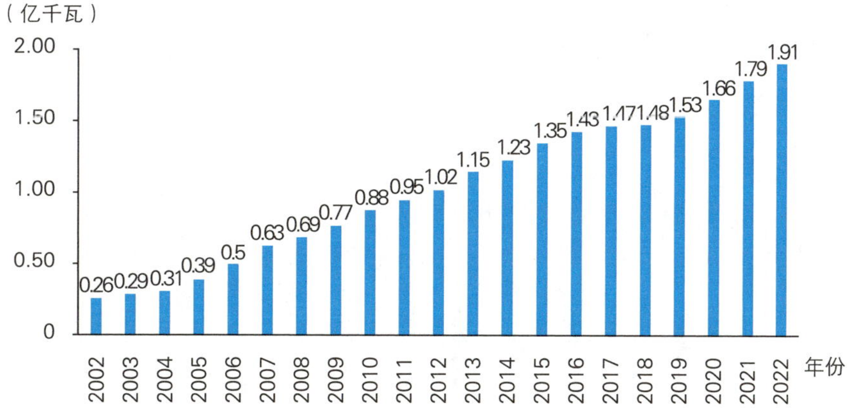

图 4-7　中国华电总装机容量

数据来源：课题组根据公开资料绘制。

2. 清洁能源装机占比

从清洁能源装机占比层面看，中国华电清洁能源装机占比在 2011—

2022 年整体呈现波动上升趋势（见图 4–8）。2011 年，中国华电清洁能源装机占比约为 25.40%，到 2022 年达到 47.20%，增幅达到 21.80 个百分点。

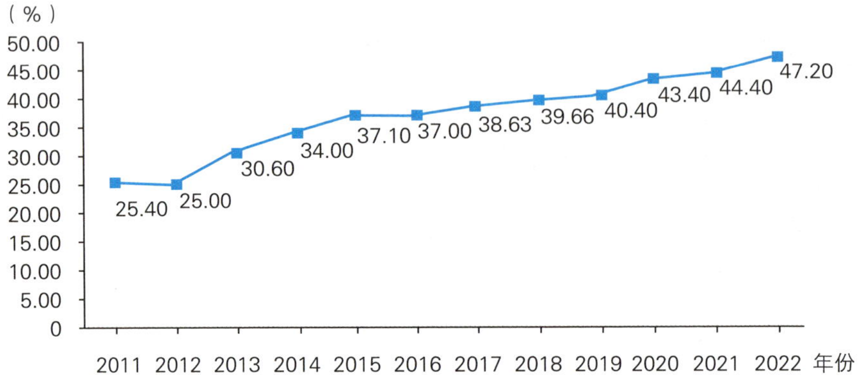

图 4-8　中国华电清洁能源装机占比 .

数据来源：课题组根据公开资料绘制。

3. 火电装机容量

从火电装机容量层面看，中国华电的火电装机容量在 2010—2022 年整体呈现波动增长趋势（见图 4–9）。2010 年，中国华电火电装机容量为 7075 万千瓦。到 2022 年，装机容量增加到 12211 万千瓦，增幅达 72.59%。

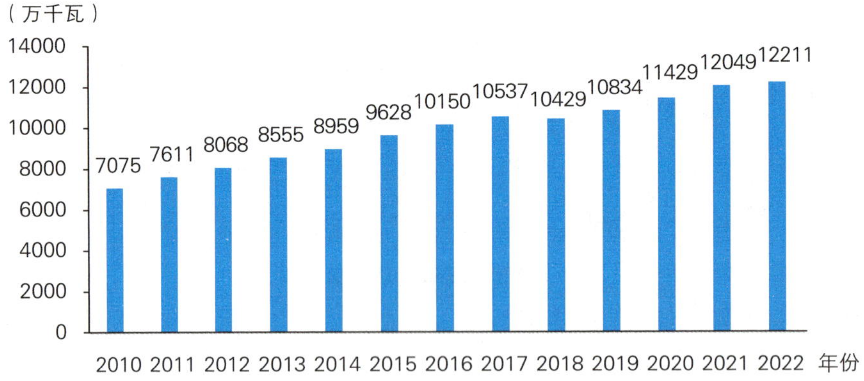

图 4-9　中国华电火电装机容量

数据来源：课题组根据公开资料绘制。

4. 水电装机容量

从水电装机容量层面看，2010—2012 年，中国华电水电装机容量呈现平稳变化趋势，增长幅度相对较小，从 2010 年的 1538 万千瓦增加到 2012 年的 1673 万千瓦。在 2012 年后，水电装机增幅较大，从 2013 年的 2085 万千瓦增加到 2016 年的 2681 万千瓦，实现了约 28.6% 的增幅。2017—2020 年，水电装机增幅较小，基本维持在固定水平。2020 年之后，水电装机规模进一步扩大，2022 年达到 3086 万千瓦，相较 2020 年增加 345 万千瓦（见图 4-10）。

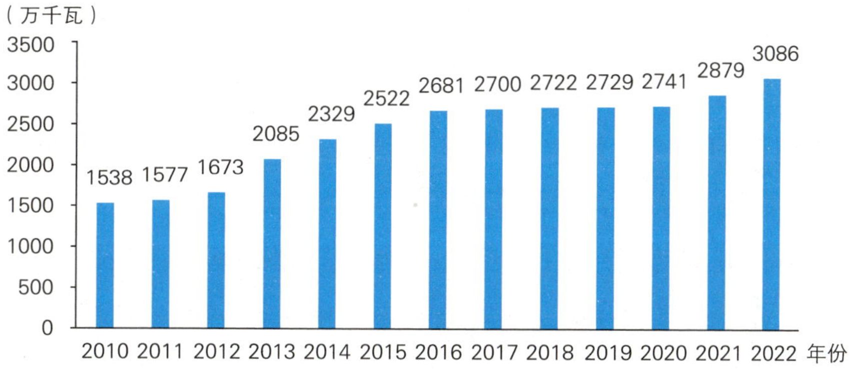

图 4-10　中国华电水电装机容量

数据来源：课题组根据公开资料绘制。

5. 风光装机容量

从风光装机容量层面看，中国华电风光装机在 2010—2022 年整体呈现出迅猛的增长趋势（见图 4-11），从 2010 年的 205 万千瓦，增长到 2022 年的 3755 万千瓦，实现了超过 17 倍的增幅。尤其在 2019 年之后，风光装机规模增长更加迅猛。从 2019 年的 1744 万千瓦，增长到 2022 年的 3755 万千瓦，年均增长率约为 38.4%。

（四）重要举措

1. 积极构建新型电力系统

中国华电以可再生能源为主要发展方向，将水电、风电、光电作

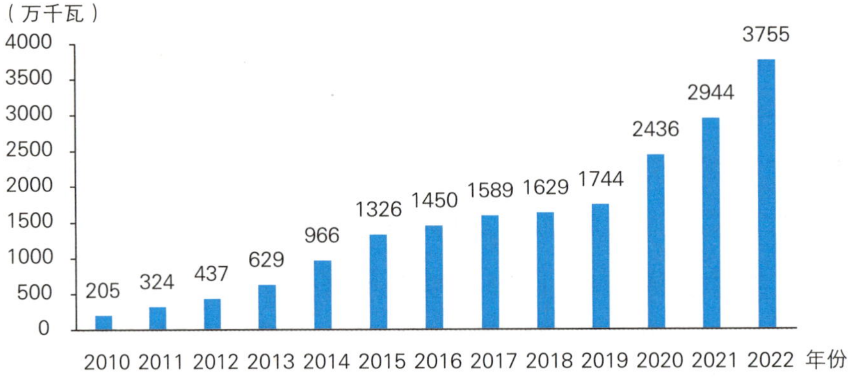

图 4-11 中国华电风光装机容量

数据来源：课题组根据公开资料绘制。

为增量发展的重点，加快新能源大基地项目的建设，并积极承担可再生能源制氢的攻关任务。同时，中国华电稳步推进生物质能的发展，为构建新型电力系统作出贡献。

一是积极推动风光电的发展。中国华电坚持基地型规模化开发和集中式、分布式开发并举，同时兼顾陆上和海上开发。按照“3+N”的空间布局，统筹规划并发展风光电。二是持续巩固水电发展的优势。中国华电坚持创新驱动发展，努力攻关并突破水电关键核心技术，加快建设国家水风光一体化示范基地，以进一步推动水电产业的发展。三是加大氢能核心技术攻关力度。中国华电建成氢能创新工程技术研究中心，打造氢能产业技术研发、技术孵化和转移、对外交流、人才培养等平台，推动氢能产业的“产、储、运、用”全链条发展。四是积极推进生物质能的发展。中国华电依托生物质技术的研发，实现废副产品的资源化利用，探索形成“生物燃气+循环经济”的新模式，为生物质能的发展注入新的动力。

2. 推动煤电转型

中国华电推动煤电的节能降碳改造、供热改造和灵活性改造“三改联动”的转型升级，制定具体的升级改造项目规划。在推进“三改联动”转型升级过程中，中国华电坚持差异化布局的原则，对相关目标进一步科学分解，进而统筹有序地推进。

3. 着力攻关核心技术

中国华电坚持守正创新，不断强化技术支撑，积极承担国家重大攻关任务和重大科技项目，致力于打造现代产业链的“链长”企业。一是积极开展“区块链＋碳资产管理”信息平台和新能源智慧生产管理平台等建设，不断提升低碳技术和数字化智能化水平。二是加快氢能，储能，碳捕集、利用与封存（CCUS），生物质耦合发电等低碳乃至负碳排放技术的创新研发，并在重点示范项目中进行应用布局。三是坚持推进数字技术的研发进程，并努力打造零碳智慧产业园。

三、国家电力投资集团有限公司

（一）基本情况

国家电力投资集团有限公司（以下简称“国家电投”）是中央直接管理的特大型国有重要骨干企业，肩负保障国家能源安全的重要使命，由中国电力投资集团公司与国家核电技术有限公司于 2015 年 5 月重组成立。国家电投是我国唯一同时牵头实施两个国家科技重大专项（大型先进压水堆核电站、重型燃气轮机）和一个国家专项任务（能源工业互联网）的央企，是我国第一家拥有光伏发电、风电、核电、水电、煤电、气电、生物质发电等全部发电类型的能源企业，是全球最大的光伏发电企业、新能源发电企业和清洁能源发电企业。

截至 2022 年底，国家电投资产规模达 1.58 万亿元，员工总数为

12.65 万人，下属二级单位共 64 家。电力总装机容量约为 2.12 亿千瓦，其中清洁能源装机近 1.4 亿千瓦，占比为 66.04%，新能源发电装机量、可再生能源发电装机量均居世界第一位。

（二）发展战略

国家电投积极响应党中央号召，落实国务院国资委部署安排，提出“2035 一流战略”发展目标。

第一阶段是到 2020 年，国家电投致力于成为国内领先的清洁能源企业，实现电力装机容量达到 1.76 亿千瓦，其中清洁能源装机占比达到 56%。

第二阶段是到 2025 年，要建设成为具有一定国际影响力的清洁能源企业，其中清洁能源装机占比超过 70%。

第三阶段是到 2035 年，致力于全面建设成为具有全球竞争力的世界一流清洁能源企业，清洁能源装机占比提升到 90%。

国家电投以“2035 一流战略”为导向，积极锚定先进能源技术开发商、清洁低碳能源供应商、能源生态系统集成商的全新定位，致力于建设成为具有全球竞争力的世界一流清洁能源企业。

（三）主要指标

1. 总装机容量

从装机规模层面看，2002—2022 年，国家电投发电总装机容量整体呈现逐年递增的发展趋势（见图 4-12）。2002 年，国家电投总装机容量为 0.22 亿千瓦左右，到 2022 年，总装机容量达到 2.12 亿千瓦，实现了近 9 倍的增长。

2. 清洁能源装机占比

从清洁能源装机占比层面看，2011—2022 年，国家电投清洁能源装机占比整体呈现逐年递增的趋势（见图 4-13），从 2011 年的 29.83% 增长到 2022 年的 65.87%，实现了 36.04 个百分点的增长。

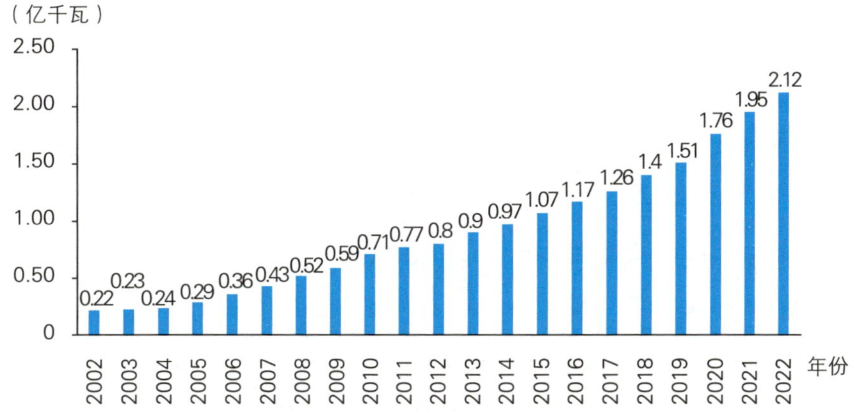

图 4-12　国家电投总装机容量

数据来源：课题组根据公开资料绘制。

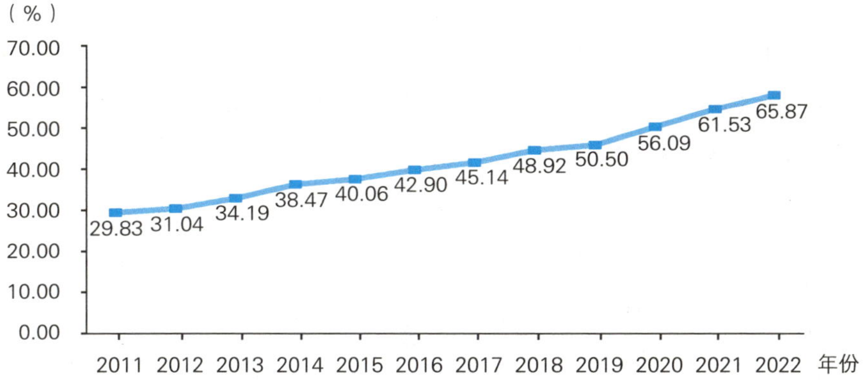

图 4-13　国家电投清洁能源装机占比

数据来源：课题组根据公开资料绘制。

3. 火电装机容量

从火电装机容量层面看，2010—2020 年，国家电投的火电装机容量整体呈现增长趋势（见图 4–14），从 2010 年的 5134 万千瓦增长到 2020 年的 8481 万千瓦，实现了近 65.2% 的增长。2020 年之后，国家电投火电装机容量开始呈现下降趋势，这可能归因于国家能源环境政策的出台以及企业能源转型发展的需要。2021 年，国家电投火电装机容量为 8290 万千瓦，到 2022 年，火电装机容量则降到了 8043 万千瓦。

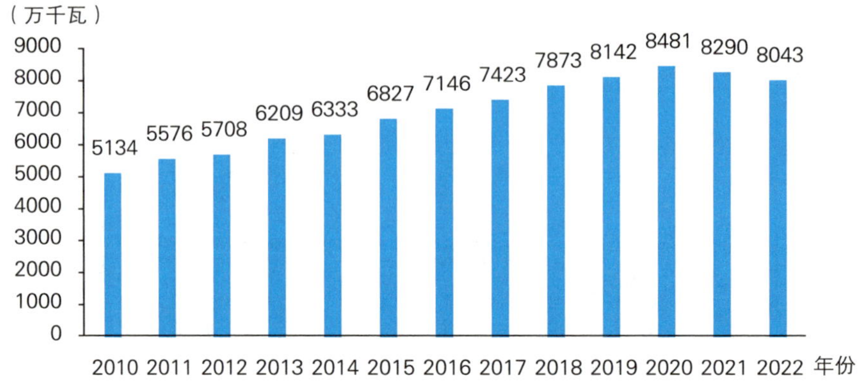

图 4-14　国家电投火电装机容量

数据来源：课题组根据公开资料绘制。

4. 水电装机容量

从水电装机容量层面看，2010—2022 年，国家电投水电装机容量整体呈增长趋势（见图 4–15）。水电装机规模由 2010 年的 1774 万千瓦提升至 2022 年的 2463 万千瓦。

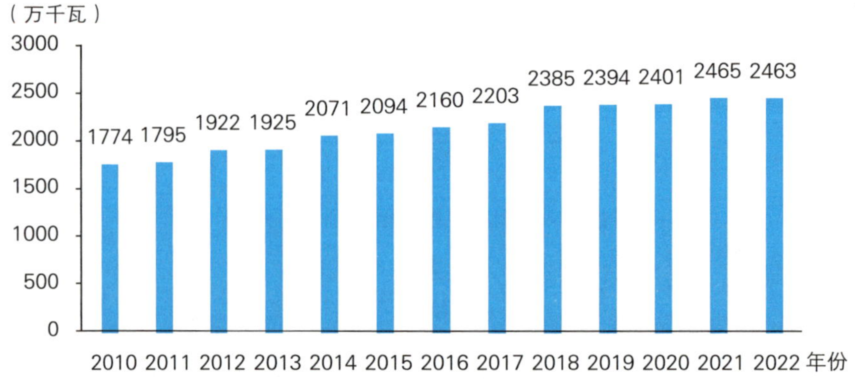

图 4-15　国家电投水电装机容量

数据来源：课题组根据公开资料绘制。

5. 风电装机容量

从风电装机容量层面看，自 2015 年起，国家电投风电装机规模迅速壮大，从 998 万千瓦增长至 2022 年的 4231 万千瓦，实现了 3233 万千瓦的增长（见图 4–16）。

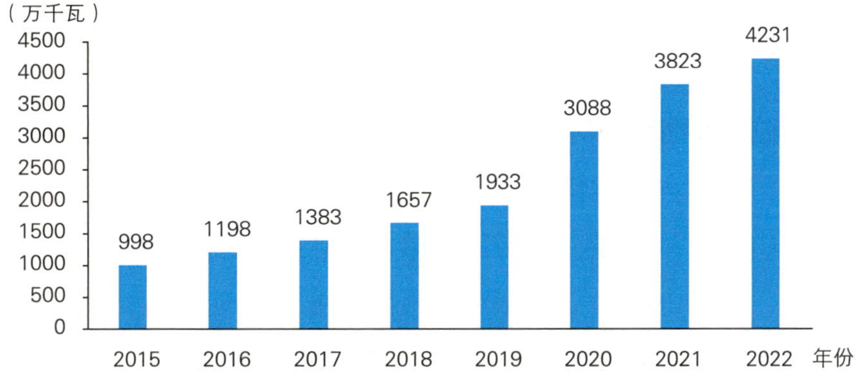

图 4-16 国家电投风电装机容量

数据来源：课题组根据公开资料绘制。

6. 光伏装机容量

从光伏装机容量层面看，近年来，国家电投光伏装机容量迅速扩大，从 2015 年的 485 万千瓦增加至 2022 年的 5330 万千瓦，实现了 4845 万千瓦的增长（见图 4–17）。

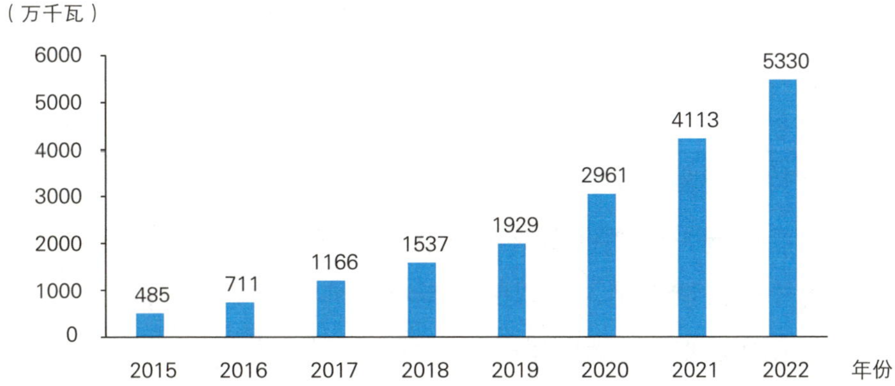

图 4-17 国家电投光伏装机容量

数据来源：课题组根据公开资料绘制。

（四）重要举措

1. 推动清洁能源发展

国家电投积极践行新发展理念和能源安全新战略，努力加快公司产业结构转型与升级，推动清洁能源成为能源增量的主体力量，进而构建以清洁能源为主体的绿色多元化产业结构。

一是积极推动大型清洁能源基地建设。国家电投在广东、山东、四川、青海、内蒙古等省份规模化发展新能源大基地，为保障国家清洁低碳能源供应贡献力量。二是深度参与光伏技术创新和产业融合。在光伏领域，国家电投建立了相对完整的产业链和创新链，进而有力地支撑了光伏产业的高质量发展。同时，国家电投大力发展“光伏 +”产业，取得了良好的经济社会效益和生态环境效益。三是稳步推进风电产业的发展。国家电投坚持在集中与分散开发利用的基础上，注重基地化发展。国家电投持续推进内蒙古乌兰察布 600 万千瓦的风电项目，并建成了位于江苏南通和盐城的两个百万千瓦级海上风电基地。四是高效推进核电项目的建设。截至 2022 年底，国家电投核电总装机容量达到 921.27 万千瓦，拥有 8 台在运核电机组、3 台在建机组和一批处于前期厂址规划阶段的核电项目。五是有序推进流域梯级水电站的开发建设。国家电投以黄河上游流域和湖南沅水流域为重点持续开展水电业务。

2. 坚持创新驱动发展

国家电投积极落实创新驱动发展战略，不断推动创新能力提升，着力打造战略科技力量，紧紧围绕产业链进行创新链的布局，通过关键核心技术的突破来推动集团产业向中高端攀升。

一是加强科技创新基础建设。国家电投构建了由“产业转化链、技术创新链、金融支持链、人才保障链”相互支持的科技创新体系，为打造创新引擎提供全面保障。二是积极开展国家级重大科技项目。国家电投牵头实施了大型先进压水堆核电站国家科技重大专项，同时也承担了重型燃气轮机国家“科技创新 2030–重大项目”的研发和推进工作。此外，国家电投还承担了能源工业互联网平台的主责建设任务，推动能源行业数字化和智能化发展。三是打造产业创新高地。国家电投打通了垂直一体化的光伏全产业链，并不断加强风电相关技术的研究。为进一步扩大风电利用规模，国家电投成立了风电产业创新中心，并自主研发了"御风"系统。此外，国家电投还积极推进水电的数字化智能化转型、水电生态融合发展、增容增效提质以及科技兴安等方面的技术研发，以推动水电产业的高质量发展。同时，国家电投还不断优化火电产业结构，探索研究"火电 +"模式，拓展火电产业发展路径。四是培育和发展绿色新兴产业。国家电投积极推进综合智慧能源、氢能与绿电转化、储能、绿能零碳交通、绿能生态融合等新兴产业的高质量发展。

四、国家能源投资集团有限责任公司

（一）基本情况

国家能源投资集团有限责任公司（以下简称"国家能源集团"）是由中国国电集团有限公司和神华集团有限责任公司于 2017 年 11 月 28 日联合重组而成的。国家能源集团是集央企联合重组、国有资本投资公司改革、创建世界一流示范企业、国有企业公司治理示范企业"四个试点"于一身的中央企业，拥有煤炭、电力、运输、化工等全产业链业务，产业分布在全国 31 个省（区、市）以及美国、加拿大等 10 多个国家和地区，是全球规模最大的火力发电公司、风力发电公司、煤炭生产公司和煤制油化工公司。

2022 年，国家能源集团的资产总额达到 19422 亿元，利润总额为 1100 亿元。公司的煤炭产量达 6 亿吨，供热量为 4.98 亿吉焦，发电量为11393亿千瓦时。发电装机容量约为2.88亿千瓦，其中火电总装机量为1.99亿千瓦，水电装机容量为1869万千瓦，新能源装机容量为7013万千瓦。

（二）发展战略

近年来，国家能源集团制定了“一个目标，三型五化，七个一流”的发展战略。

一个目标：指“创建具有全球竞争力的世界一流示范企业”的发展目标。三型企业：指创建“创新型、引领型、价值型”企业。五化发展：指“清洁化、一体化、精细化、智慧化、国际化”的发展路径。七个一流：指“安全一流、质量一流、效益一流、技术一流、人才一流、品牌一流、党建一流”。

（三）主要指标

1. 总装机容量

从装机规模层面看，2018—2022年，国家能源集团发电装机容量整体呈现逐年递增的发展趋势（见图4-18）。2018年，国家

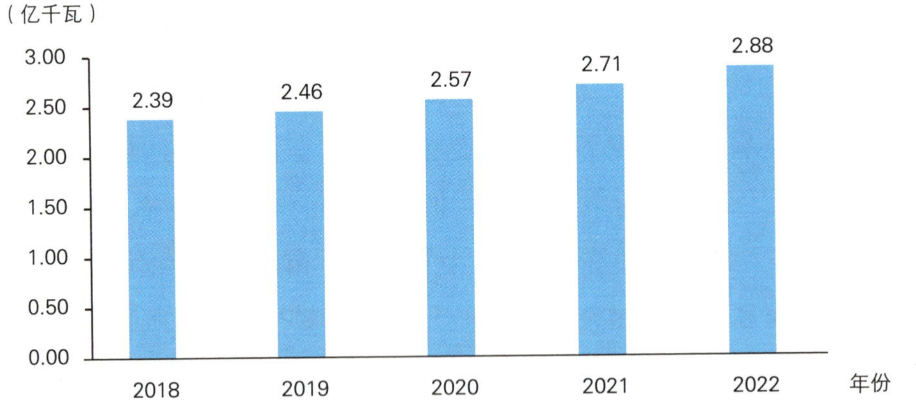

图4-18 国家能源集团总装机容量

数据来源：课题组根据公开资料绘制。

能源集团总装机容量达到 2.39 亿千瓦，此后，国家能源集团总装机容量持续增长，到 2022 年达到 2.88 亿千瓦，年均增长率约为 5.13%。

2. 清洁能源装机占比

从清洁能源装机占比层面看，2018—2022 年，合并重组后的国家能源集团清洁能源装机占比从 2018 年的 24.40% 提升至 2022 年的 31.00%，实现了近 7 个百分点的增长，且年增长率也呈现不断提升趋势（见图 4–19）。

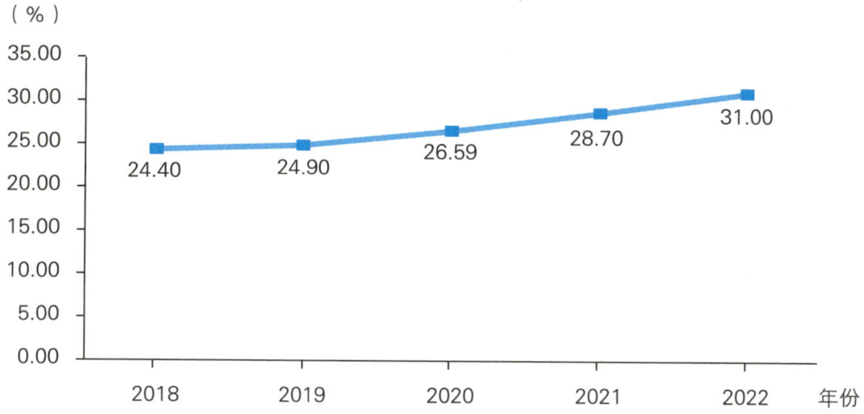

图 4-19　国家能源集团清洁能源装机占比

数据来源：课题组根据公开资料绘制。

3. 火电装机容量

从火电装机容量层面看，2018—2022 年，国家能源集团的火电装机容量整体呈现增长趋势（见图 4–20）。在 2010 年至 2017 年期间，火电装机容量整体呈现增长态势，由 2010 年的 7610 万千瓦提升至 2017 年的 9848 万千瓦。合并重组后，2018 年国家能源集团火电装机容量达到 18082 万千瓦。从 2018 年之后，国家能源集团火电装机总量逐年增加，截至 2022 年已达到 19914 万千瓦，实现了 10.13% 的增长。

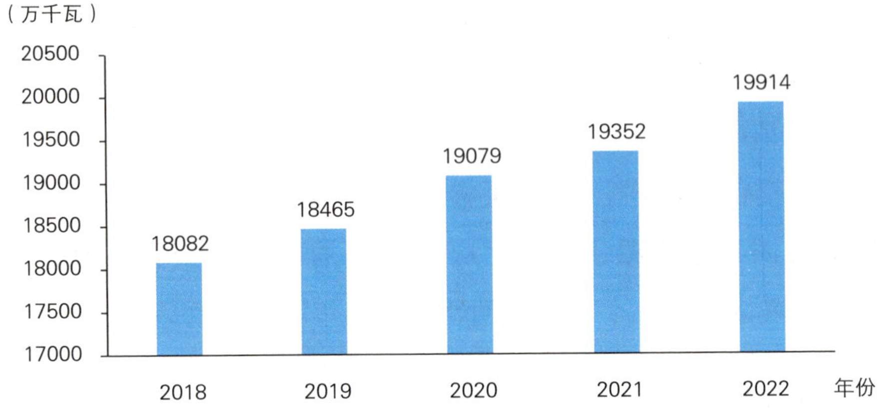

图 4-20　国家能源集团火电装机容量

数据来源：课题组根据公开资料绘制。

4. 水电装机容量

从水电装机容量层面看，2018—2022 年，国家能源集团水电装机规模相对稳定，基本维持在 1861 万 ~1869 万千瓦之间，每年仅有小幅度变动（见图 4–21）。

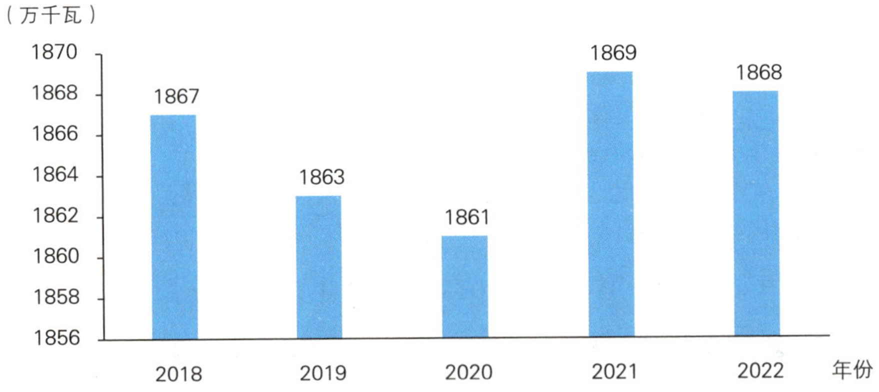

图 4-21　国家能源集团水电装机容量

数据来源：课题组根据公开资料绘制。

5. 风光装机容量

从风光装机容量层面看，自 2018 年起，国家能源集团风光装机规模迅速壮大，从 3969 万千瓦增长至 2022 年的 7013 万千瓦，年均增长约 19.17%（见图 4–22）。

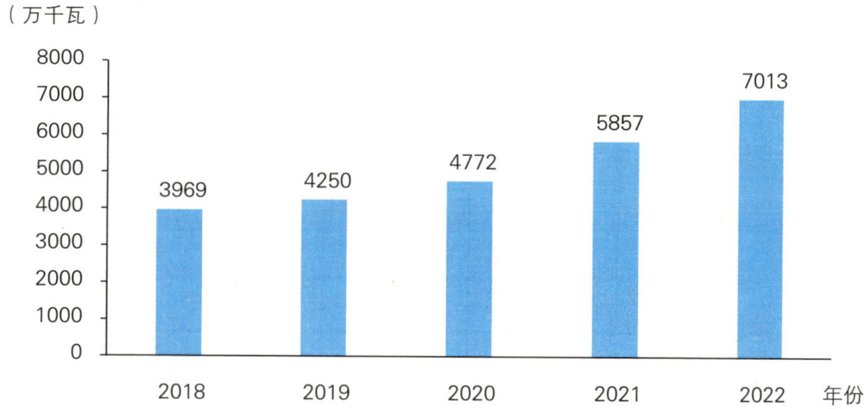

图 4-22　国家能源集团风光装机容量

数据来源：课题组根据公开资料绘制。

（四）重要举措

1. 推动清洁能源跨越式发展

国家能源集团积极参与构建新型电力系统，充分利用分布式、场站式和基地式等开发模式，着力推动可再生能源快速化、多元化、效益化、科学化、规模化发展，打造涵盖清洁高效煤电、风光、潮汐能、氢能等多种能源在内的产业体系。

一是加快推进大基地建设。国家能源集团聚焦绿色、低碳和循环产业链构建，积极开发包括水风光一体化和风光火储一体化在内的千万千瓦级大型基地项目。二是持续促进风电产业的发展。在大型风光基地项目开发建设的同时，国家能源集团还致力于在海上、陆上和海外项目上同步推动风电产业发展。三是推进光伏产业的跨越式发展。国家能源集团因地制宜地发挥各地区优势，通过多产业协同推动，全面展开光伏发展布局。国家能源集团在推进建设集中式光伏发电大基地的同时，也大力发展复垦区、煤矿沉陷区光伏项目和分布式光伏项目。四是组团发展水电项目。国家能源集团在注重生态保护的前提下，积极推进大渡河、金沙江等流域以及青海、西藏、新疆等省份的水电项目开发，协同有序开发建设抽蓄电站。五是积极开拓氢能产业。国家能源集团着力加速“氢能联盟服务链”和“绿色氢能供应链”体系的构建，持续优化绿氢供应布局，积极推动开发风光储氢等基地项目。六是拓展煤电产业的新路径。在“双碳”目标引领下，国家能源集团致力于推动煤电机组实现超低排放，持续提高机组发电效率和调节能力。

2. 筑牢能源转型有力支撑

国家能源集团紧密围绕能源绿色低碳技术和关键技术难题，积极打造原创技术的策源地和现代产业链的链长，以带动产业链上下游企业的共同发展。

一是加强行业核心技术的攻关。在煤炭高效开采领域，国家能源集团重点突破煤炭生产核心装备的研发，从设计、材料、工艺、性能、检测和使用等环节进行全链条研究。在燃煤发电领域，国家能源集团成功攻克了深度调峰、智能化控制、机组快速启停、污染物超低排放、大型燃煤机组资源化处置等多种污泥固废的关键技术。二是加强碳资产管理。随着全国碳排放权交易市场的逐步完善，国家能源集团积极参与市场建设，强化企业碳资产管理。积极合理制定交易策略，有效降低了企业的履约成本。

3. 推动全产业链绿色转型

国家能源集团凭借其独特的煤电化运一体化全产业链优势，坚定不移地推动煤电化运全产业链的绿色转型。一是推动煤炭高效清洁开采。2022 年，国家能源集团积极推动煤炭的清洁高效开发利用，通过数字技术提升井工矿的开采效率，降低露天矿的碳排放。二是促进煤电的清洁高效利用。国家能源集团致力于推动煤电的升级改造，促进绿色发展，助力关键技术攻关。三是推动煤化工产业的绿色发展。国家能源集团加速推进煤化工产业的高端化、低碳化和多元化发展。其通过对产品进行深度加工，延长产业链条，同时与新能源耦合，进一步补充和完善产业链，重点发展煤基新材料和特种燃料，以此强化产业链。四是提升运输产业的效率和环保性。国家能源集团积极建设高效、环保的铁路、港口和航运运输网络，推动运输方式向更加环保的方向发展。

第三节　重点电网企业服务支撑绿色低碳转型

国家电网有限公司和中国南方电网有限责任公司作为行业内的重点电网企业，其有关绿色低碳的战略规划与实践情况反映了我国电网领域的转型现状。因此，本节将从这两家企业的基本概况、发展战略、主要指标及具体举措等方面入手，分析其绿色转型情况。

一、国家电网有限公司

（一）基本概况

国家电网有限公司（以下简称“国家电网”）成立于 2002 年 12 月 29 日，是根据《中华人民共和国公司法》设立的中央直接管理的国有独资公司，注册资本 8295 亿元，以投资建设运营电网为核心业务，是关系国家能源安全和国民经济命脉的特大型国有重点骨干企业。

国家电网位列 2022 年《财富》杂志世界 500 强第 3 位，建成特高压工程 33 项，专利拥有量持续位居央企第一，是全球技术水平最高、配置资源能力最强、并网装机规模最大、安全运行时间最长的交直流混联特大型电网。国家电网经营区域覆盖中国 26 个省（区、市），供电范围占国土面积的 88%，供电人口超过 11 亿。截至 2022 年底，国家电网并网装机容量达 20 亿千瓦，跨区跨省输电能力达 2.6 亿千瓦，保障了经济社会发展对能源电力的需求。

（二）发展战略与整体规划

根据《国家电网有限公司 2022 社会责任报告》，国家电网的公司定位如表 4–4 所示。其中，“人民电业为人民”的宗旨强调了要始终坚持以人民为中心的发展思想，深入贯彻创新、协调、绿色、开放、共享的新发展理念；“为美好生活充电、为美丽中国赋能”的使命彰显了公司在社会进步和生态文明建设中的作用价值；“国民经济保障者、能源革命践行者、美好生活服务者”的定位表明了公司应当为经济社会发展提供安全、可靠、清洁、经济、可持续的电力供应，在保障国家能源安全、推动能源转型、服务碳达峰碳中和中发挥骨干作用，成为引领全球能源革命的先锋力量。国家电网发展战略表现了国家电网在绿色低碳转型方面的总体方向。

表 4-4　国家电网发展战略

战略	内容
宗旨	人民电业为人民
使命	为美好生活充电、为美丽中国赋能
定位	国民经济保障者、能源革命践行者、美好生活服务者

资料来源：《国家电网有限公司 2022 社会责任报告》。

国家电网推动实施“一体四翼”和“三步走”发展战略（见图 4–23）。

“一体四翼”战略是指：坚持电网业务为主体，积极稳妥推进金融业务发展，稳健拓展国际业务，优化发展支撑业务，大力发展战略新兴产业。

“三步走”战略是指：到 2025 年基本建成具有中国特色国际领先的能源互联网企业；到 2030 年，全面建成产品卓越、创新领先、治理现代化的世界一流企业；到 2035 年，全面建成具有中国特色国际领先的能源互联网企业。

高质量可持续发展的“55686”总体要求中，“五个不动摇”其中一项是坚持引领能源清洁低碳转型这个使命责任不动摇；“五个统筹好”其中一项是统筹好保供和转型“两大任务”；“六个更加注重”其中一项是更加注重绿色发展；“六个坚定不移”其中一项是坚定不移推动绿色发展能源革命。上述整体规划表现了国家电网关于绿色低碳转型的长远安排。

在电力保供的“3334”关键之要中强调：要树牢“三防线”思维；坚持“三平衡”原则；落实“三用电”要求；突出“四主体”定位。

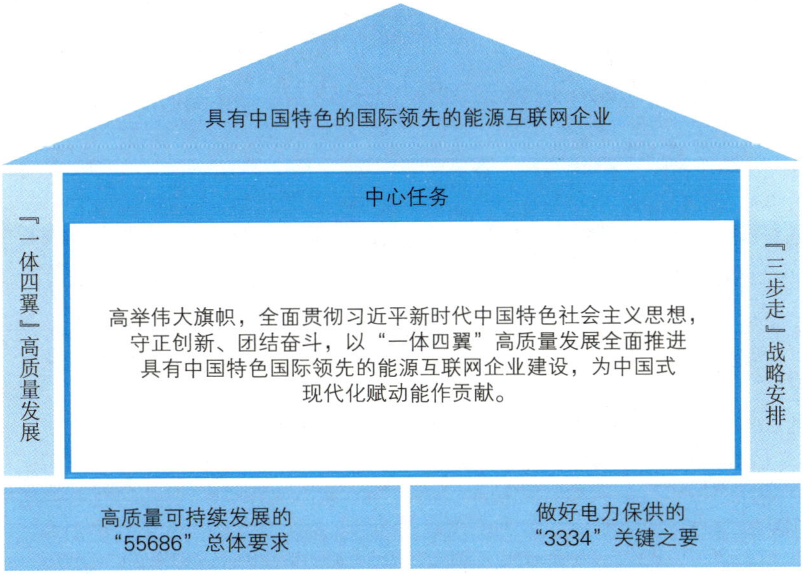

图 4-23　国家电网整体规划

资料来源：《国家电网有限公司 2022 社会责任报告》。

（三）主要指标

在新能源并网方面，国家电网自2010年以来披露的数据显示，其经营区内风光新能源并网装机容量逐年稳步提升，电网建设与新能源发电同步构建新能源发展新格局（见图4-24）。

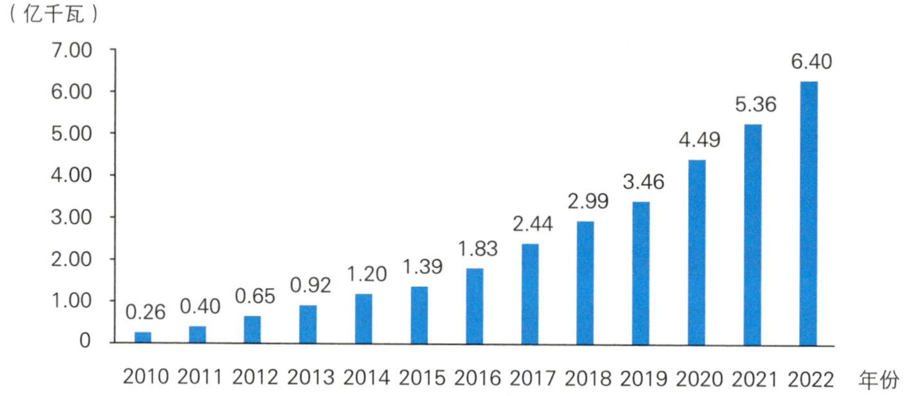

图4-24 国家电网累计新能源并网装机容量情况

数据来源：《国家电网有限公司社会责任报告》（2010—2022年）。

在特高压输电工程建设方面，截至2022年，国家电网累计建成17个特高压交流输电工程和16个特高压直流输电工程，线路长度达4.9万千米，其在2020年确定基本建设格局，特高压工程年输电量稳步提升（见图4-25）。

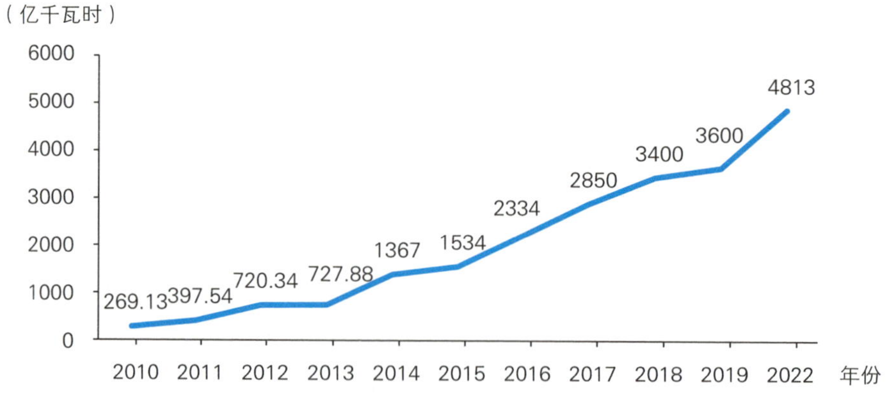

图4-25 国家电网特高压输电工程年输电量

数据来源：《国家电网有限公司社会责任报告》（2010—2022年）。

（四）主要举措

1. 创新电网发展方式

截至 2022 年底，特高压及各级电网网架持续完善，累计建成了 33 项先进的特高压输电工程，跨地区跨省输电能力超过 2.5 亿千瓦。同时，国家电网充分利用数字技术赋能，累计通过“新能源云”平台接入新能源场站超过 330 万座。

2. 提升系统调节能力

国家电网积极推动抽水蓄能发展，并推动电化学等各种储能技术的发展。通过强化源网荷储的协调互动，不断提高电力系统对新能源的消纳能力。截至 2022 年底，累计并网的风电和光电新能源装机容量已超过 6 亿千瓦，这一规模已经超过了全球装机总量的 1/3。

3. 推进技术创新

国家电网在特高压输电、柔性直流输电、大电网运行控制、新能源并网等领域取得技术创新成果。国家电网成功建设了具有网络特性的 ±500 千伏柔性直流输电工程，每年能够输送清洁电能约为 140 亿千瓦时，为北京冬奥会全部场馆实现全绿电供应提供了有力支持。

4. 引导用户节能提效

国家电网积极落实全面节约战略，着力聚焦工业、交通、建筑和居民生活等重点领域的能源消费，致力于推进终端能源消费的电气化清洁化水平不断提升。

二、中国南方电网有限责任公司

（一）基本概况

中国南方电网有限责任公司（以下简称“中国南方电网”）成

立于2002年12月29日，是中央管理的国有重要骨干企业，由国务院国资委履行出资人职责。公司负责投资、建设和经营管理南方区域电网，参与投资、建设和经营相关的跨区域输变电和联网工程。

中国南方电网覆盖五省区，并与中国香港、澳门地区以及东南亚国家的电网相连，供电面积100万平方千米，供电人口2.72亿人，供电客户1.13亿户。中国南方电网东西跨度近2000千米，网内拥有水能、煤炭、核能、天然气、风能、太阳能、生物质能、抽水蓄能和新型储能等多种电源，全网统调装机容量3.93亿千瓦，110千伏及以上变电容量12.4亿千伏安，输电线路总长度25.8万千米。中国南方电网交直流混联，可实现远距离、大容量、超（特）高压输电，掌握超（特）高压直流输电、柔性直流输电、大电网安全稳定运行与控制、电网节能经济运行、大容量储能、超导等系列核心技术，位列《财富》杂志世界500强企业第89位。

（二）发展战略

根据《南方电网公司2022年绿色低碳发展年刊》，其有关绿色低碳转型的战略定位与规划如表4-5所示。

在“八大行动”中，“支撑能源生产绿色低碳转型行动”“推动能源消费节能降碳增效行动”“电网转型升级行动”“抽水蓄能与新型储能协同发展行动”四项行动均与绿色升级、低碳转型相关；在“十项重大工程项目”中，“大规模新能源接入系统工程”“区外清洁能源基地送电南方电网输变电工程”“抽水蓄能电站和新型储能项目”等多项工程项目均致力于加速企业绿色低碳转型规划落地实施。

表 4-5　中国南方电网战略定位

战略	内容
主要原则	坚持目标导向、全面推进；坚持统筹协调、同向发力；坚持创新引领、双轮驱动；坚持系统观念，稳妥有序
主要目标	服务支撑南方五省区及港澳地区实现碳达峰；全面推进公司碳排放率先达峰；如期实现碳中和目标
战略路线	立足我国能源资源禀赋，聚焦“十四五”和“十五五”两个经济社会绿色转型的关键期，坚持先立后破、通盘谋划，统筹发展和安全，协同推进降碳、减污、扩绿、增长，充分发挥电网支撑平台作用，以数字电网支撑构建新型电力系统，助力新型能源体系建设。 坚持战略导向和规划统筹，实施“八大行动”，建设十项重大工程项目，积极稳妥推进公司碳达峰进程，全力服务南方五省区及港澳地区碳达峰目标实现

资料来源：《南方电网公司 2022 年绿色低碳发展年刊》。

（三）主要指标

在新能源并网方面，中国南方电网自 2015 年以来披露的数据显示，其经营区内风光新能源并网装机容量稳步提升，形成一定规模（见图 4–26）。

在西电东送工程建设方面，作为中国南方电网公司主责主业，西电东送在充分消纳清洁能源的同时，还保障了南方五省区电力供应。根据中国南方电网自 2007 年披露的数据，中国南方电网每年西电东送电量在经历早期的逐步增长后，维持稳定水平（见图 4–27）。

（四）主要举措

截至 2022 年底，中国南方电网基于“数字化绿色化协同转型，推动构建新型电力系统和新型能源体系”的发展理念，在新能源体系建设、调节电源规划建设以及推进消费侧绿色转型等方面的具体举措总结如下。

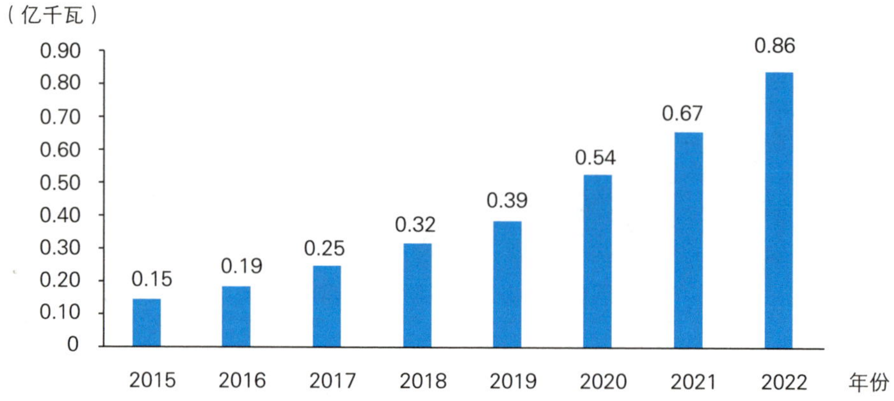

图 4-26 中国南方电网风光新能源并网装机容量情况

数据来源：《南方电网公司企业社会责任报告》（2015—2022 年）。

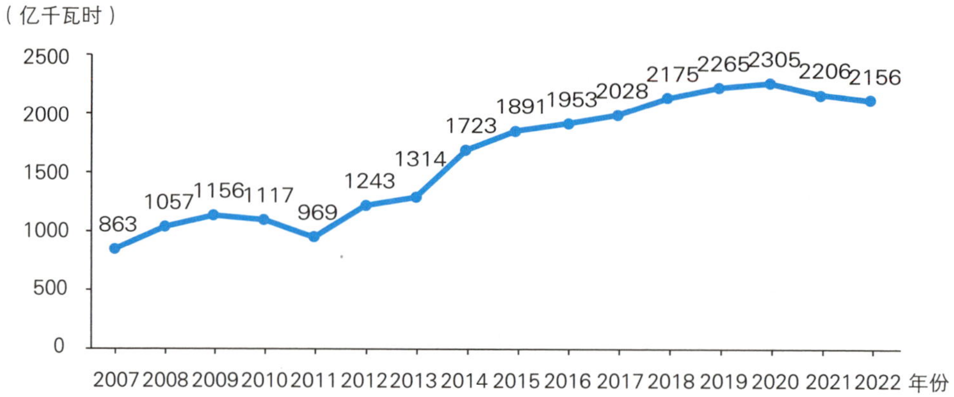

图 4-27 中国南方电网西电东送电量

数据来源：《南方电网公司企业社会责任报告》（2007—2022 年）。

一是服务保障清洁能源消纳，推动清洁能源发展。2022 年，在西电东送电量 2156 亿千瓦时中，清洁能源占比高达 80.7%，并且完善了新能源服务数字化机制，新能源并网业务实现“一网通办”和 100% 线上办理。

二是推进调节电源规划建设。2022 年 12 月，中国南方电网抽水蓄能多厂站集控中心投入试运行，实现对南方区域 9 座抽水蓄能电站、常规水电站进行监视和控制，总控制装机容量达 1220 万千瓦，提升控制效率 2 ~ 3 倍，提升了抽水蓄能行业智能化管理水平。

三是助力绿色低碳的生产消费模式形成。通过加快推动“新电气化”进程、助力电动汽车产业发展、加快提升综合能源服务能力，以及建立市场化机制引导用户主动“削峰填谷”等一系列措施，中国南方电网构建了绿色低碳的生产消费模式。

参考文献

[1] 国家能源集团 2022 年可持续发展报告 [R]. 国家能源集团，2023-05-11.

[2] 国家能源集团 2021 年可持续发展报告 [R]. 国家能源集团，2022-08-18.

[3] 国家能源集团 2020 年可持续发展报告 [R]. 国家能源集团，2021-05-08.

[4] 中国华能集团有限公司 2022 年环境、社会和管治报告 [R]. 中国华能集团有限公司，2023-09-25.

[5] 2021 年可持续发展报告 [R]. 中国华能集团有限公司，2022-08-02.

[6] 2020 年可持续发展报告 [R]. 中国华能集团有限公司，2021-07-12.

[7] 中国华电集团有限公司 2020 可持续发展报告 [R]. 中国华电集团有限公司，2021.

[8] 中国华电集团有限公司 2019 年度可持续发展（社会责任）报告 [R]. 中国华电集团有限公司，2020-11-28.

[9] 中国华电集团有限公司 2018 可持续发展报告 [R]. 中国华电集团有限公司，2019-06-12.

[10] 中国华电集团有限公司 2017 可持续发展报告 [R]. 中国华电集团有限公司，2018-06-15.

[11] 国家电力投资集团公司社会责任报告（2022）[R]. 国家电力投资集团公司，

2023-05-05.

［12］国家电力投资集团公司 2021 企业社会责任报告［R］. 国家电力投资集团公司，2022-02-25.

［13］国家电力投资集团公司绿色企业社会责任报告 2020［R］. 国家电力投资集团公司，2021.

［14］国家电力投资集团公司 2019 企业社会责任报告［R］. 国家电力投资集团公司，2020.

［15］国家电力投资集团公司 2018 企业社会责任报告［R］. 国家电力投资集团公司，2019.

［16］国家电力投资集团公司 2017 企业社会责任报告［R］. 国家电力投资集团公司，2018-06-20.

［17］国家电力投资集团公司 2016 企业社会责任报告［R］. 国家电力投资集团公司，2017.

［18］国家电力投资集团公司 2015 企业社会责任报告［R］. 国家电力投资集团公司，2016.

［19］南方电网公司 2022 绿色低碳发展年刊［R］. 中国南方电网，2023.

［20］南方电网公司 2022 企业社会责任报告［R］. 中国南方电网，2023-07.

［21］南方电网公司 2021 企业社会责任报告［R］. 中国南方电网，2022.

［22］南方电网公司 2021 绿色低碳发展年刊［R］. 中国南方电网，2022.

［23］南方电网公司 2020 企业社会责任报告［R］. 中国南方电网，2021.

［24］国家电网有限公司 2022 社会责任报告［R］. 国家电网有限公司，2023-07-15.

［25］国家电网有限公司 2021 社会责任报告［R］. 国家电网有限公司，2022-07-21.

［26］国家电网有限公司 2020 社会责任报告［R］. 国家电网有限公司，2021-05-11.

［27］国家电网有限公司 2019 社会责任报告［R］. 国家电网有限公司，2020-03-24.

［28］国家电网有限公司 2018 社会责任报告［R］. 国家电网有限公司，2019-02-27.

［29］国家电网有限公司 2017 社会责任报告［R］. 国家电网有限公司，2018-02-06.

［30］国家电网有限公司 2016 社会责任报告［R］. 国家电网有限公司，2017-02-21.

［31］国家电网有限公司 2015 社会责任报告［R］. 国家电网有限公司，2016-02-22.

［32］国家电网有限公司 2014 社会责任报告［R］. 国家电网有限公司，2015-01-30.

[33] 国家电网有限公司 2008 社会责任报告 [R] . 国家电网有限公司，2009-01-16.
[34] 国家电网有限公司 2007 社会责任报告 [R] . 国家电网有限公司，2008-01-01.
[35] 国家电网有限公司 2006 社会责任报告 [R] . 国家电网有限公司，2007-02-21.
[36] 国家电网有限公司 2005 社会责任报告 [R] . 国家电网有限公司，2006-01-01.

第五章

追求卓越：典型央企绿色低碳转型发展实践

2022年是极为特殊和极不平凡的一年。党的二十大胜利召开，开启了以中国式现代化全面推进中华民族伟大复兴的新征程。中国大唐深入学习贯彻党的二十大精神，坚持以习近平新时代中国特色社会主义思想为指导，坚决贯彻习近平总书记重要指示批示精神，统筹推进保供增效、绿色转型、深化改革、科技创新、风险防控、管理提升、党的建设等各方面工作，着力推进高质量发展，服务国家发展大局。

第一节　中国大唐基本情况

一、企业概况

中国大唐成立于2002年12月29日，是中央直接管理的国有特大型能源企业，注册资本金370亿元，主要业务覆盖电力、煤炭煤化工、金融、环保、商贸物流和新兴产业。所属企业包括5家上市公司、37家区域公司和专业公司。5家上市公司分别是：首家在英国伦敦上市的中国企业、首家在中国香港上市的电力企业——大唐国际发电股份有限公司，在香港上市的中国大唐集团新能源股份有限公司、大唐环境产业集团股份有限公司，以及在内地上市的大唐华银电力股份有限公司、广西桂冠电力股份有限公司。

2022年，中国大唐积极践行“四个革命、一个合作”能源安全新战略，认真履行能源央企经济责任、政治责任、社会责任，全力推动能源安全稳定供应、绿色低碳发展，以及加速科技创新引领，持续打造“绿色低碳、多能互补、高效协同、数字智慧”的世界一流供应商，努力成为美丽中国建设的领军企业。

中国大唐建成了一系列标志性电力项目：世界在役最大火力发电厂——内蒙古大唐国际托克托发电公司、世界首台“六缸六排汽”百万千瓦机组——大唐东营发电公司、我国首个百万千瓦风电基地——内蒙古赤峰塞罕坝风电场。中国大唐肩负着首都北京一半以上电力供应的重任，承担着“三北”地区 8 亿平方米供热任务。中国大唐的 31 家企业先后被评为“全国文明单位”，17 名同志获得“全国劳动模范”光荣称号。

面向“十四五”及未来发展，中国大唐把握新发展战略机遇，完整、准确、全面贯彻新发展理念，融入国家新发展战略性布局，坚持创新式驱动高质量发展，奋力打造“中国最好、世界一流”能源供应商，服务“双碳”目标，在以中国式现代化推进中华民族伟大复兴的新征程中贡献大唐力量。

二、发展情况

为深入贯彻落实党的二十大精神，深化国资国企改革，全面落实党中央、国务院关于加快建设世界一流企业的决策部署，中国大唐提出“1264”发展战略，加快国有经济布局优化和结构调整，推动国有资本和国有企业做强做优做大。

中国大唐在 2022 年度国企三年改革、经营业绩、党建考核中均获得国务院国资委 A 级考核，实现了争创 A 级目标。

截至 2022 年底，中国大唐资产总额达到 8494 亿多元，已连续 14 次入选《财富》杂志世界 500 强。在役及在建资产分布在全国 31 个省区市和香港特别行政区，以及缅甸、柬埔寨、老挝等多个国家和地区。

三、标志项目

党的二十大报告提出，要确保粮食、能源资源、重要产业链供应链安全。中国大唐作为行业中规模领先的大型能源企业，始终把保障能源安全稳定供应作为首要责任，以标志性项目建设为引领，推动在新能源安全可靠替代基础上的绿色低碳转型发展。

中国大唐在世界在役最大火力发电厂——内蒙古大唐国际托克托发电项目（见图 5–1）的基础上，建设千万千瓦级托克托“风光火储”耦合发展示范工程，将成为国内首个以清洁高效先进煤电为支撑的风、光、火、热、储多能互补项目，每年可为首都北京新增 50 亿千瓦时的绿电供应，减少碳排放 400 万吨。

图 5-1 大唐国际托克托发电项目

中国大唐持续加快绿色低碳转型发展，坚持陆上与海上并举共进，构建风光发展新格局，推动新能源高质量快速发展。

建成我国首个百万千瓦风电基地——内蒙古赤峰塞罕坝风电场。2005 年 8 月，大唐内蒙古第一台风机并网发电，实现了中国大唐风电项目“零的突破”。此后，大唐发扬塞罕坝“吃风沙”精神，艰苦创业、追风逐日，于 2010 年底，建成我国首个百万千瓦风电基地——内蒙古赤峰塞罕坝风电场。

我国首个、也是亚洲首个海上风力发电场——东海大桥风电场，于 2008 年 9 月正式开工，于 2010 年 7 月并网发电。东海大桥海上风电场示范工程是我国自行设计建造的首座大型海上风力发电场，由 34 台国内制造的离岸型风电机组组成，总装机规模 10.2 万千瓦，设计年发电量 2.67 亿千瓦时，可满足上海 20 余万户居民一年的用电量。

大唐国信滨海海上风力发电有限公司，作为集团公司第一个自主开发建设的海上风电项目（见图 5–2），按照“区域管控、无人值守、少人值班、自主维护、专业化检修”的新能源运营模式，有效压降运维成本。在自主维护基础上，持续发现运维共性问题，通过人工智能、大数据分析等技术，打造基于物联网的海上智慧云平台，提升设备运行的可靠性和安全性，实现运维工作效率大幅提升。

中国大唐深入贯彻党的二十大精神，“立足中国能源资源禀赋，坚持先立后破”，深入推进能源革命，加强煤炭清洁高效利用，创新建成了一批清洁高效先进的煤电示范项目。

图 5-2　大唐国信滨海海上风力发电项目

世界首台百万千瓦级超超临界、二次再热、“六缸六排汽”燃煤发电机组——大唐东营发电项目，已于 2020 年 12 月投产发电。该项目汽轮机是世界首次采用的单轴“六缸六排汽”形式，项目设计供电煤耗 257.8 克标准煤 / 千瓦时，比全国平均低 45 克标准煤 / 千瓦时，相比普通发电机组每年可节约标煤 20 万吨，推动实现清洁高效燃煤发电技术的创新应用。

中国大唐持续担当首都北京能源保供“主力军”，位于北京周边的 28 家发电企业，承担着首都地区（京津唐电网）的重要供电任务。此外，中国大唐 56 家热电厂和 17 家热力企业，担负着“三北”地区 25% 以上居民的供暖任务。中国大唐全力保障人民群众冬季生活品质，在能源保供中肩负重任。

2022 年度，在负荷高峰期的能源保供严峻复杂形势下，中国大唐全力贯彻党中央、国务院决策部署，勇于担当、积极作为，始终把保障能源安全和稳定供应作为首要工作责任，克服发电成本严重倒挂等生产经营困难，确保燃煤储存量，实现保供期间机组开备率由 70% 提升到 97% 以上，圆满完成了能源电力保供任务，以实际行动为确保能源安全和保障社会经济平稳运行提供有力支撑，彰显中国大唐作为红色央企的使命与担当。

第二节　中国大唐绿色低碳发展主要指标

当前，中国正深入推进能源革命，加快规划建设新型能源体系。2022 年，中国大唐高度重视能源绿色低碳发展，牢牢抓住应对全球能源体系变革、保障能源安全以及气候变化新挑战这一重大历史机遇，通过系统科学研究新型能源体系的主要特征、未来发展趋势以及发电企业的可行实施路径，大力推进从传统电力企业向绿色低碳能源企业转型，实施“1264”发展战略，持续深入打好新能源提速增效攻坚战，高位推动绿色低碳高质量发展建设，新能源核准、开工、投产规模连创最优水平，绿色发展理念深入人心，中国大唐正奋力书写绿色低碳高质量发展新篇章。

截至 2022 年末，中国大唐的绿色低碳主要发展指标情况为：运营发电总装机规模 1.7 亿千瓦，其中清洁能源占比 42%，相比 2002 年提高了 31%。在具体电源类型的装机规模方面，风电装机 2676 万千瓦、光伏装机 860 万千瓦、水电装机 2771 万千瓦、燃气发电装机 853 万千瓦，未来，风电有望超过水电跃居中国大唐清洁能源装机规模中的首位。

2022 年度，中国大唐实现运营机组总发电量 5885 亿千瓦时，其中清洁能源发电量占比 31%，新能源发电量占比 11%，相比 2002 年分别增长了 22 个和 11 个百分点。

一、绿色低碳装机占比持续提高

随着中国大唐发电总装机规模的持续扩大，清洁能源占比也一路升高。中国大唐发电总装机规模在 2012—2022 年增长了 48%，清洁能源占比增长了 63%，相比总装机规模增长高出了 15 个百分点（见图 5-3）。

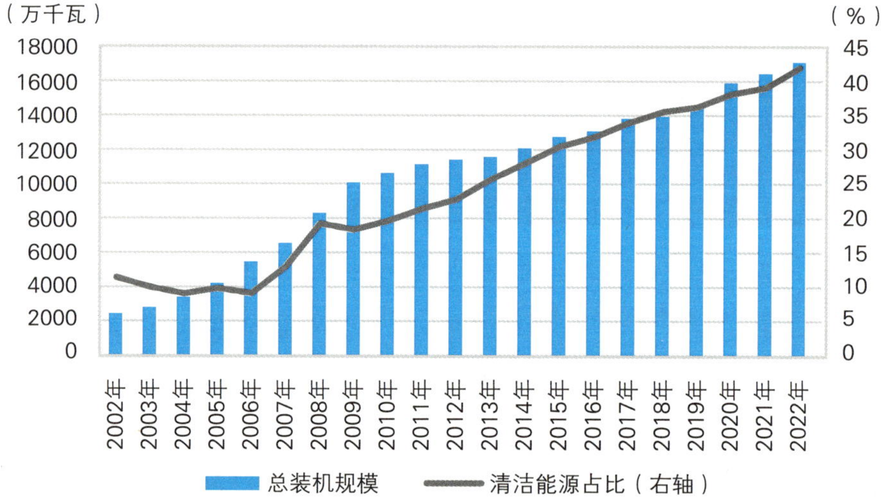

图 5-3　2002—2022 年中国大唐总装机规模及清洁能源占比情况

二、清洁能源发电量占比稳步提升

从 2002—2022 年发电量变化情况可以看出，中国大唐的可再生能源发电量占比在 2013 年后开始快速提升，逐步由 2013 年的 14% 升高至 2022 年的 33%（见图 5-4）。

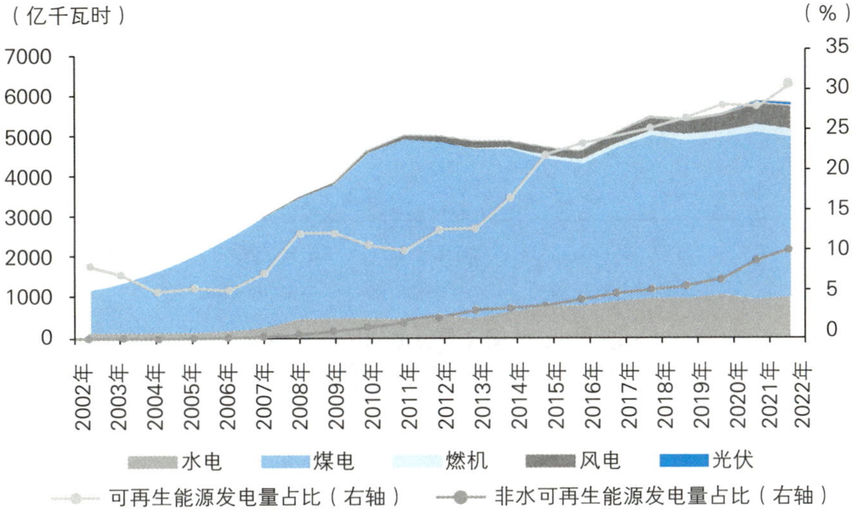

图 5-4 2002—2022 年中国大唐发电量情况

三、清洁排放低碳转型趋势明显

据国家统计局数据，燃煤电厂在中国的碳排放中所占比例高达 40% 以上。作为减污降碳治理的重点行业，为实现碳达峰、碳中和目标，燃煤电厂开展节能减排和低碳转型升级具有重要意义。

近年来，中国大唐作为绿色电力的探索者与实践者，大力推进减污降碳工作，持续推进火电的清洁排放改造，率先实施了超低排放改造、三改联动等措施，实际成效显著（见图 5-5）。

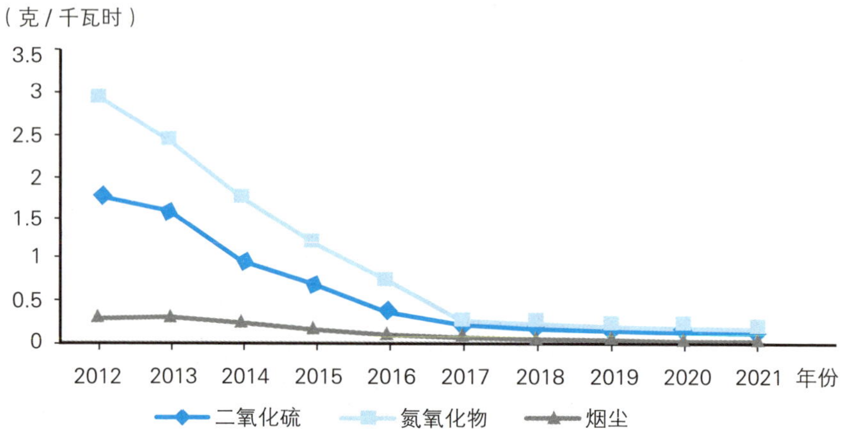

图 5-5　中国大唐火电清洁排放趋势

第三节　中国大唐绿色低碳发展重点举措

2022 年，中国大唐全力贯彻绿色低碳发展理念，统筹打好新能源提速增效等“四大攻坚战”，系统推进配套体制机制改革，科学制定“双碳”方案和绿色低碳指导意见，多点发力绿色低碳业务，持续加速科技创新布局，加快打造“绿色低碳、多能互补、高效协同、数字智慧”的世界一流能源供应商和美丽中国建设领军企业，各项工作取得积极成效。

一、将绿色低碳发展作为战略第一要务

中国大唐深刻贯彻碳达峰碳中和的战略要求，深刻判断能源绿色发展的必然方向，深刻把握总体国家安全观的稳定要求，切实践行

习近平生态文明思想，力争当好落实国家重大战略的排头兵，奋力谱写中国绿色低碳发展的大唐篇章。

中国大唐将保持战略定力，完整、准确、全面贯彻新发展理念，服务和融入新发展格局，积极推进从传统电力企业向绿色低碳能源企业转型。聚焦新能源开发，实现从以传统电源为主转向以清洁能源为主的结构调整，持续提升发展质量和规模，成为行业一流的清洁能源供应商；确保到 2025 年清洁能源装机比重超过 50%，2030 年前实现碳达峰，2035 年清洁能源装机比重达到 70%，实现清洁低碳结构调整，能源供应实现绿色友好、低碳无碳，发挥国家实现碳达峰碳中和目标的主力军作用，坚决服务服从国家战略需求。

2022 年，中国大唐持续深入贯彻新发展理念，全面落实能源安全新战略，坚持绿色低碳和高质量发展，加大清洁能源项目开发力度，优化调整电源结构、区域结构、产业结构、产品结构和资本结构，重点推进新能源基地、海上风电、分布式能源集约化开发、新业态（综合能源服务）、煤炭发展、战略合作（并购）、资本结构调整 7 个专项工作，高质量发展取得重要成效，新能源核准、开工、投产规模持续增长。

二、全力打好新能源提速增效攻坚战

2022 年以来，中国大唐将新能源提速增效工作摆在“四大攻坚战”的首要位置，通过以区域布局优化发展、以重大基地支撑发展、以示范工程引领新能源发展，全力优化结构布局，加快绿色低碳转型。

中国大唐坚决落实国家“沙戈荒”风光大基地建设要求，充分利用深耕行业的专业优势、人才优势、资金优势，加强顶层规划，创新“新能源+”发展模式，统筹协调推进外送通道、调节资源等配套的同步建设，进一步提升新能源消纳水平，支持新能源大规模高质量发展。

中国大唐持续加速新能源规模化发展，坚决打好新能源提速增效攻坚战，将在“三北”地区重点推进风光大基地规模化开发，在西南地区重点推进水风光综合基地开发，在中部、东部、南部地区重点推进风光资源的就近开发与分布式资源拓展，在东部沿海地区重点推进海上风电的集群化开发，为保障国家清洁低碳能源供应贡献大唐力量。

三、以深化改革保障绿色低碳转型

中国大唐坚决贯彻习近平总书记重要指示精神和党中央、国务院决策部署，认真落实国务院国资委要求，主动求变，攻坚克难，把国企改革三年行动作为推动“二次创业”的重要抓手，推动改革不断向纵深发展，各项工作取得明显成效。国企改革三年行动实施至今，中国大唐抓紧抓实、系统推进，体制机制改革成效显著，企业进入转型发展提速期。

中国大唐深入推进治理能力和治理体系现代化建设，推动董事会建设和规范运作，持续开展对标世界一流管理提升工作，完善投资授权放权体系，优化区域机构管理机制。在注重以结果为导向和完善风控管理的基础上，通过精准授权放权，优化调整新能源项目投资管控流程，实现将新能源项目从立项、投资决策到开工等权限科学授权给相关区域公司，以建设专项奖励制度等正向激励措施进一步激发广大员工工作活力，促进新能源绿色低碳加速发展。

中国大唐科技创新体制机制改革取得明显成效。协同开放的科技创新体系加快构建，成立科技咨询委员会，形成了以“两级研发、两院支撑、四项机制”为核心，定位明确、责任清晰、协同开放的创新体系。科技创新人才队伍建设取得重要突破，圆满完成中共中央组织部工程硕博士培养改革试点招生工作，完成集团公司首批首席专家、青年科技拔尖人才选拔和首批“优才计划”招聘工作，共建设职工技术创新工作室279个，科技人才不断集聚，创新活力不断激发。

四、积极落实国家“双碳”工作部署

自2021年起，中国大唐成立集团公司“碳达峰碳中和”工作领导小组，统领确定包括绿色低碳发展等在内的“双碳”战略实施路径。集团公司主要领导任“碳达峰碳中和”工作领导小组组长，通过组织开展系统研究，在结合“十四五”规划目标和集团公司实际情况的基础上，经过科学分析和深入论证，提出了《中国大唐集团有限公司党组关于做好碳达峰碳中和工作推进高质量发展的指导意见》，着重开展5大行动、18项重点举措，通过稳步落实“双碳”部署推动中国大唐绿色低碳创新发展。

2021年6月，中国大唐对外正式发布《中国大唐碳达峰碳中和行动纲要》，明确了成为建设美丽中国的领军企业，能源行业碳达峰、碳中和的标杆企业，助力上下游伙伴以及全社会碳中和典范企业的战略定位。同时，确定了确保2030年前实现碳达峰并力争提前碳达峰、确保2060年前实现碳中和并力争提前碳中和的主要目标。

2021年9月，中国大唐正式印发《中国大唐集团有限公司“十四五”总体规划和2035年远景目标》，提出到2025年底，中国大唐的装机容量达23360万千瓦，非化石能源装机比例达50%，清洁能源装机比例达55%。

五、积极主动多点发力绿色低碳业务

中国大唐不断完善碳资产管理体系建设，组建了碳资产管理专业机构，由中国大唐集团绿色低碳发展有限公司统筹开展碳资产管理与低碳服务工作，持续开展碳排放核算与核查工作，不断提升碳资产交易能力，积极探索创新碳金融业务，加强低碳项目投资，建设完善数字化低碳服务专业系统，主动参与碳市场规则制定及参股碳交易机构，逐步打造集碳咨询、碳资产管理交易与服务等职能于一体的专业机构。

中国大唐高质量完成全国碳市场履约，通过发挥中国大唐碳资产管理起步早、行业影响力大的先发优势，中国大唐集团绿色低碳发展有限公司高标准完成集团公司低碳履约核查工作，高质量完成96家重点排放单位全国碳市场首个履约周期的100%履约。

中国大唐积极参与全国碳市场建设，参与建设海南国际碳市场，作为主发起方之一的海南国际碳排放权交易中心正式获得海南省金融监管局批复文件；积极对接重庆市，协助做好西部绿色资源交易所和“双碳”实施方案的设立和编制工作；积极参与碳市场交易；积极开发绿色金融产品，所属企业七台河电厂开展在中国碳排放权登记管理有限公司参与下的全国市场碳排放权首单担保贷款业务。

六、加速绿色低碳科技创新引领

加速科技创新引领，关键核心技术布局取得新进展。中国大唐持续改革优化科技创新体制机制，围绕国家战略不断推进科技创新，在可再生能源、先进煤电、综合能源等领域布局61项关键技术，重点推进6个重大科技专项，突破“卡脖子”技术，形成系统解决方案，补齐产业短板，充分发挥科技创新对高质量发展的引领驱动作用。

大唐东营项目以世界首台“六缸六排汽”等重大创新，被评为国家“第一批能源领域首台（套）重大技术装备项目”。山东郓城630℃超超临界二次再热清洁高效煤电示范项目实现全厂发电效率50.36%，打造清洁高效先进节能煤电技术新标杆。大唐南京发电厂燃机实现对智能控制系统的进口替代，成为国内首台超超临界全机组DCS、DEH系统“100%自主可控”机组。托克托千万千瓦级特大型“风光火热储”一体化能源基地稳定送出和协同运行关键技术攻关项目加快推进。

国家首台（套）西藏大唐扎拉超高水头大容量冲击式水轮发电机组在研发中碰到的关键难题被不断攻克；国家“揭榜挂帅”项目宁夏中卫大唐百兆瓦级大规模压缩空气储能工程通过扩展压缩空气储能新技术、新材料、新工艺的应用，为我国发展大规模储能，支撑能源绿色低碳转型发展和新型电力系统建设提供了新路径。此外，大唐十兆瓦级深远海漂浮式海上风电、新能源制氢耦合煤化工等一批重点科技创新项目加快推进，将为集团高质量发展提供技术引领。

第四节　中国大唐重点产业高质量发展

一、新能源高质量增长促转型

2022 年，中国大唐始终致力于能源生产方式向清洁低碳转型，以非化石能源为主攻方向，抢抓“沙戈荒”大基地开发机遇，持续推动新能源更高质量、更可持续发展。中国大唐通过将更多资源、政策、人才向新能源发展倾斜，实现了集团组建以来新能源年度开工首次突破千万千瓦，发电装机规模突破 1.7 亿千瓦。其中，清洁能源占比 42%；新能源建设指标 3262.73 万千瓦，同比增长 26.26%；全年电源项目在建规模超过 2100 万千瓦，其中新能源占比达 65%，创历史之最。

在新能源高质量增长方面，中国大唐开发的宁波长大涂滩涂渔光互补项目是中国首个大型海岸滩涂光伏工程，为东部沿海地区光伏发展提供了参考借鉴案例典范。2022 年 11 月，华银湖南娄底生态治理 100 万千瓦光伏示范项目首批方阵并网发电，该项目是湖南省最大的山地光伏项目，将为地方经济绿色低碳转型提供有力支撑。

大唐赤峰塞罕坝风电场为国内首个建成的百万千瓦级风电场，通过率先开展风电机组集中控制研究与探索，建成国内首家具有设备操作权的集控中心，成为国内首家“电网友好型”风电场。

2022 年 12 月，国内首个以清洁高效先进煤电技术为支撑，同时利用既有火电通道打捆外送的新能源多能互补项目——蒙西托克托“风光火储”耦合发展示范工程完成首台风机吊装，预计在完工后每年可新增 50 亿千瓦时绿电供应北京，减少碳排放 400 万吨。

“十四五”期间，中国大唐坚持将新能源作为高质量发展主战场，通过新能源高质量增长，促进绿色低碳转型发展。

二、科技创新引领水电新发展

中国大唐围绕大容量高水头水电方向开展核心技术攻关，推进西藏大唐扎拉超高水头大容量冲击式水轮发电机组联合研发，该研发项目已列入中央企业科技攻坚工程和国家首台（套）重大技术装备项目，将为西南水电基地开发形成关键技术示范。

龙滩水电站（见图 5-6）是广西最大的水电站。作为西部大开发和西电东送战略的标志性工程，龙滩水电站处于红水河流域十个梯级电站的第四级，水电站水库正常蓄水位 375 米，库容 162 亿立方米，装

图 5-6 龙滩水电站

机容量 490 万千瓦。作为绿色发展理念的践行者，龙滩水电站正在走向智能水电，通过坚持科技引领，探索智能化、数字化生产运营体系，用智慧化赋能高质量发展。

三、合作互补发展清洁核电

核电作为一种稳定、清洁的基荷电源，对国家能源战略和中国大唐的二次创业具有重要意义，将是我国未来能源发展的重要方向。由于国家对核电项目控股股东或者实际控制人实行准入制度，中国大唐将发挥在核电项目储备上的优势，通过战略合作参股核电企业，在取得经济收益的同时，积极学习先进经验，培养核电人才，实现将核电作为新的效益增长点。

2022 年，中国大唐认真落实党的二十大报告关于“积极安全有序发展核电”的要求，与中核集团携手合作，完成了辽宁庄河核电项目一期工程签约，在积极发展核电的基础上，也将同步推进风、光、水、核、储清洁能源全产业链发展的千万千瓦级清洁能源产业基地建设，加速助推中国大唐清洁低碳转型。

四、清洁高效发展先进煤电

习近平总书记指出，加强煤炭等化石能源兜底保障能力[①]。现阶段，中国的低碳转型仍需要兼顾能源安全和能源成本。基于中国的能源禀

① 2023 年 10 月 12 日，习近平总书记在进一步推动长江经济带高质量发展座谈会上发表重要讲话指出：加强煤炭等化石能源兜底保障能力，抓好煤炭清洁高效利用，注重水电等优势传统能源与风电、光伏、氢能等新能源的多能互补、深度融合，加快建设新型能源体系，推进源网荷储一体化。参见《进一步推动长江经济带高质量发展 更好支撑和服务中国式现代化》，《人民日报》2023 年 10 月 13 日。

赋和装机结构现状，在新型电力系统建设过程中，煤电装机容量将事关电力供应的安全底线。在短中期内，中国电力系统依然需要清洁高效煤电提供保障支持，以支撑经济社会的安全稳定发展。

在构建新型电力系统的过程中，煤电是保障电力系统安全稳定的“稳定器”和“压舱石”，中国大唐将逐步通过灵活性改造，以及发展绿氨掺烧和碳捕获等新兴技术，使煤电向调峰电源、备用电源进行转变，实现煤炭的清洁高效利用。

中国大唐深入贯彻习近平总书记重要讲话精神，以及国家保供能源政策，加速推动煤电由常规基荷电源向清洁高效的容量保障性和系统调节性电源并重转型，努力为我国能源的绿色低碳转型发展提供经济安全灵活的系统性支持保障。

中国大唐攻坚保电供热，始终展现央企“顶梁柱”的责任担当；大力推动煤电节能降碳改造、灵活性改造和供热改造“三改联动”，实现持续推进煤炭清洁高效利用，深挖煤电调峰潜力；锚定“中国最好、世界一流”，高标准科学发展先进煤电，建成了一批以山东东营百万千瓦超超临界二次再热煤电机组为代表的清洁高效先进煤电项目，实现了供电煤耗的持续降低（见图 5-7）。

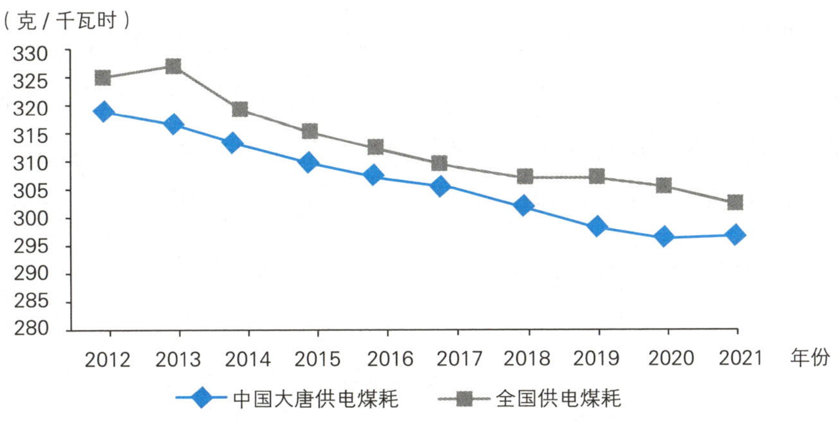

图 5-7 中国大唐及全国供电煤耗

作为世界上首个单轴“六缸六排汽”二次再热技术燃煤电站，由我国自主研发设计制造的山东东营大唐2台百万千瓦超超临界二次再热煤电机组，采用近40项集成创新技术，机组设计供电煤耗实现258.72克/千瓦时。

山东郓城大唐630℃超超临界二次再热清洁高效煤电示范项目，着力突破再热汽温630℃应用G115国产自主化高温关键材料技术、实现全厂发电效率50.36%和设计供电煤耗255.96克/千瓦时的目标，成功打造清洁高效先进节能煤电技术新标杆。

五、因地制宜发展清洁气电

燃气机组对于保障国家能源安全、支撑新型能源系统构建和推动环境可持续发展具有重要意义。燃气机组作为调峰调频性能优良的环保低碳电源，可作为保障电力系统安全稳定可靠的调节型电源或基荷电源，通常可布置在重要负荷中心附近，能有效提高区域供电可靠性。未来结合燃氢等技术创新，燃气机组有望成为新型电力系统的重要支撑。

高井燃气热电厂作为保供首都能源的绿色环保型城市示范电厂，为更好服务首都经济发展，积极响应环保升级要求，完成从大型燃煤电厂到燃气机组的清洁转型替代发展，在发挥高效调峰性能和提供清洁能源的同时，还可以为首都提供1924万平方米的供热，满足近20万户居民的用电需求。

大唐万宁气电项目总装机容量占海南电网实际可调出力的12.9%，是服务海南电力保供的主力军。在迎峰度夏用电高峰时期，机组负荷率达70%以上，单日最高发电量占全省全网单日发电量的13.8%，有效缓解了海南岛“西电东送”的紧张局面，在关键时期发挥了“顶梁柱”的作用，用实际行动彰显央企能源保供的责任担当。

参考文献

［1］国务院关于印发2030年前碳达峰行动方案的通知［EB/OL］.http://www.gov.cn/zhengce/content/2021-10/26/content_5644984.htm，2021-10-26.

［2］丁怡婷.为高质量发展提供坚强能源保障［N］.人民日报，2023-04-13（002）.

［3］中国大唐集团有限公司.中国大唐2022可持续发展报告［EB/OL］.https://www.china-cdt.com/dtwz/ueditor/jsp/upload/file/20230731/1690767158509081257.pdf，2023-07-31.

［4］邹磊.为中国式绿色现代化谱写中国大唐新篇章［J］.国企管理，2023（02）：58-60.

［5］邹磊.中国大唐：做强做优“六种电力”谱写能源电力新篇章［J］.中国报道，2023,（03）:56-59.

［6］邹磊.奋力谱写能源电力绿色转型发展新华章［J］.当代电力文化，2022（12）:14-15.

［7］辛保安.加快构建新型电力系统［J］.当代电力文化，2022（10）:31.

［8］井然.全面加快能源绿色转型助力“双碳”目标高质量实现——专访中国大唐集团有限公司党组书记、董事长邹磊［J］.中国电力企业管理，2023（01）:10-14.

［9］王光辉.求实创新：在二次创业中展现电力风采［J］.当代电力文化，2023（08）:22-23.

［10］新华网.中国大唐：积极融入碳市场建设助力碳中和目标实现［EB/OL］.http://www.xinhuanet.com/energy/2021-01/21/c_1127009118.htm.

［11］姚金楠，吴莉.牢牢守住能源安全底线［N］.中国能源报，2022-10-24（001）.

［12］中国大唐的“双碳”实践探索［J］.企业文明，2022（01）:23-25.

［13］本刊讯.大唐托克托多能互补项目开工［J］.电器工业，2021（11）:4.

［14］常岫雯，周岗，柴颖.高效环保：“世界首创”的大唐实践［J］.能源，2020（12）:83-85.

第六章 绿色为要：电力行业绿色低碳转型趋势

2022 年，电力企业统筹能源安全保障与绿色低碳转型，持续优化电力供应结构，创新低碳服务模式，推动管理绿色升级，企业低碳转型实践焕发蓬勃生机。展望未来，全球及中国能源电力转型步伐将进一步加快，各类创新技术不断涌现，以新产业、新业态、新模式为代表的新经济形态将助力电力行业绿色低碳转型高质量发展，电力企业将在新机遇下更好地迎接新挑战。

第一节　全球电力行业绿色低碳转型展望

全球电力行业正经历绿色低碳转型的重大挑战，其中清洁能源技术的快速发展是关键驱动力之一。特别是风光能源，作为清洁能源的核心，正在全球范围内得到迅速推广，极大助力了电力低碳化进程。发达国家通过实施清洁能源政策，保持在能源转型领域的领先地位。要实现清洁能源的广泛应用和电力行业的绿色低碳转型，全球电力行业需要在技术创新、政策支持和矿物供应等多个方面进行协作。

一、风电和光伏发电主导全球电力绿色低碳转型

全球范围内已有 130 多个国家和地区，包括中国、欧盟、美国、日本，设定了碳中和目标，并将绿色经济作为推动经济增长和创造就业的关键领域。这些目标反映了全球对气候变化严重性的认识，随着这些目标的确立，世界主要经济体正积极推动经济绿色复苏，将绿色

电力等产业视作未来的重要投资领域。

可再生能源发电，尤其是风电和光伏发电，作为新能源的主力，正引领电力行业的低碳转型。在全球应对气候变化的众多举措之中，电力供应的低碳转型是实现碳减排的根本和关键。电力是经济社会发展的根本，随着全球经济总量的持续增加，未来电力供应总量仍将稳步增加，电力低碳转型核心在于以可再生能源替代煤电等传统化石能源发电。据国际能源署预测，到 2030 年和 2050 年，可再生能源发电量将分别增加到 23.1 万亿千瓦时和 64.5 万亿千瓦时（见图 6–1），可再生能源发电量占总发电量的比重将分别提高到 63% 和 91%。国际上的情景预测中，可再生能源包括水电、光伏发电、光热发电、风力发电、生物质发电、地热能发电、海洋能发电，其中，到 2050 年，风力发电和光伏发电贡献的发电量占比将高达 70%。

从全球的电力供应展望来看，风电和光伏发电将成为可再生能源

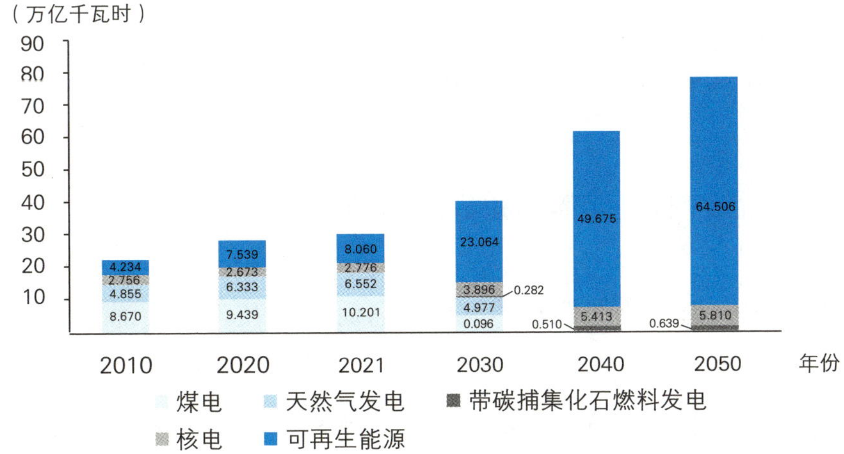

图 6-1　全球发电量结构预测

数据来源：国际能源署《2022 年世界能源展望》。

发电的主要推动力。预计到2030年，可再生能源发电在发电中的比重将达到50%，到2050年将超过80%。因此，需要大量投资支持电网和储能等基础设施建设。

风电和光伏将成为电力低碳转型的主要投资领域。根据国际能源署的预测，在净零排放情景下，到2050年全球电力部门需要约21万亿美元的投资。这些投资将主要用于大规模建设可再生能源发电设施，以及改造和升级现有的电力网络和储能设施。此外，投资还将用于推动新的低碳技术的发展和部署，如碳捕集、利用与封存（CCUS）以及氢能和氨能。

随着电气化水平的提高，风电和光伏发电的发展有助于电力行业更快实现低碳化。随着全球经济持续增长和电气化水平不断提升，全球对电力的需求将持续增长。根据国际能源署《2050年能源零碳排放路线图报告》，到2030年和2050年，全球电力需求将分别比2021年增长40%~60%和75%~150%。

需求增长的主要驱动力来自交通和建筑领域。2030年，电动车在新车销售中的比例将超过35%。这将导致全球石油需求在2025年中后期达到峰值，并且在2030年将回归到2021年的水平。

二、绿色低碳电力技术创新快速演进

在全球电力行业的低碳转型中，各种创新技术不断涌现，为未来电力行业朝着安全、低碳、绿色方向发展提供科技支撑。

光伏技术正在经历一场革命。随着半导体材料技术的进步，单晶硅和多晶硅组件的效率得到了显著提升，新型光伏材料的研发和应用受到广泛关注。这些材料的成功与否，很大程度上取决于其转换效率、稳定性以及制造工艺的复杂性。当前，电力行业面临的挑战是如何结合多种光伏材料，从而在更广泛的光谱范围内实现高效的能源转换。尽管染料敏化、量子点等新兴技术在转换效率上尚有待提高，钙钛矿和有机电池在稳定性上也存在问题，但它们为光伏技术的进步提供了新的方向。

风电技术稳步前进。风轮叶片的设计日趋大型化，部分领先的海上风力发电机组单机容量已达到18兆瓦以上。离岸风电技术，无论是浮式还是固定基础设计，都在大规模商业应用中展现了潜力。而利用复合材料制造风轮叶片，不仅可以实现更轻的重量，还可以进一步提高效率。同时，风电控制和电网连接技术的持续优化为提高风电运行效率提供了有力支持。

电池技术的快速进步不容忽视。锂离子电池在能量密度和循环寿命方面的进步预示着未来电池容量可以达到更高的水平。固态电池技术的成功研发为电池提供了更高的安全性，而新型电池材料（如锂硫和钠离子电池）则为电池技术的发展开启新篇章。

智慧电网技术持续演进。超高压直流（UHVDC）和超高压交流（UHVAC）技术的广泛应用正在改变电网的结构，使其更加高效和可靠。智能电网和分布式能源管理系统（DERMS）的部署为电网提供了更加智能化的管理和优化，而电池储能和抽水蓄能技术的应用则为电网提供了必要的支撑，确保了电力供应的稳定性。

三、发达经济体利用政策保障其在电力绿色低碳转型中的领先地位

在实现电力绿色低碳转型的道路上，全球电力行业的转型策略和电力投资选择至关重要。在追求净零排放情景的目标中，关注点包括

有效管理现有基础设施的转型、投资可再生能源及相关灵活性资源系统、确保电力供应链的安全、提高基础设施气候变化的适应能力，同时借助市场机制来促进全球电力低碳转型。在能源转型初期，部分现有化石燃料基础设施，如天然气发电站，仍将扮演重要角色，为电力安全提供支撑。非计划性或过早退役这些设施可能会对能源安全造成负面影响。

欧盟正在通过加大在清洁能源领域的投资来积极应对当前的能源危机。目前欧洲清洁能源格局中，南欧以光伏为主，西欧和北欧则以风电为主，尤其是英国、德国、丹麦、瑞典、挪威等国，海上风电资源丰富，是全球较为成熟的海上风电市场。欧盟的能源转型计划设定了新的目标，即到 2030 年将可再生能源在总能源消费中的占比从 40% 增加至 45%。

与此同时，美国通过税收法案支持清洁能源转型，即扩大和延长税收抵免，以及设立激励政策。2022 年美国《通胀削减法案》与能源安全有关，该法案是美国历史上最重要的气候立法之一，旨在通过提供资金、计划和激励措施，加速美国向清洁能源经济的转型。该法案将推动新的清洁电力资源的大规模部署，从而降低能源成本，增强美国的能源安全。此外，该法案还将拨款约 3700 亿美元用于改善能源安全和加速清洁能源转型。

四、全球视野中的能源转型、安全挑战与机遇

随着全球能源格局的深刻变革，关键矿物如铜、钴、锰及稀土等成为推动绿色转型的关键因素。这些矿物的需求因能源转型而急剧上升，预计从 2020 年到 2030 年，锂、钴、镍、铜、锰和稀土等关键金

属的市场规模将增长近6倍，产值有望超越传统的煤炭产业。这一转变不仅为矿业公司带来前所未有的商业机遇，也对能源安全提出了新的挑战，特别是，矿物的不稳定供应可能引起价格的大幅波动，从而增加能源转型的成本。

伴随着各个部门向电气化的迅速转变，电力系统在全球能源安全领域的地位逐渐上升。一方面，随着化石燃料发电的逐步退出，传统的灵活电源量正在缩减；另一方面，为了应对风能、太阳能及持续变化的需求，电力系统的灵活性预计到2050年将提高2倍。因此，需要依赖于更智能、更数字化的电网来支撑这一转型，并积极推进各种能够增强系统灵活性的措施，如电池技术、需求侧响应以及低碳灵活发电技术。与此同时，电力系统对于网络攻击和其他新兴威胁的防御能力也必须得到加强。

基础设施需要考虑气候变化因素。极端天气事件的频率和强度增加，将对能源供应安全构成重大风险。政府需要预见气候变化风险，确保能源系统有应对不利气候灾害并从中恢复的能力。

第二节　中国电力行业绿色低碳转型展望

党的二十大报告强调了加快规划建设新型能源体系的重要性，对新时代我国能源电力绿色低碳发展提出了根本要求，中国电力行业绿色低碳转型将进入关键发展期。

一、中国绿色低碳转型步伐事关全球转型进程

虽然目前中国是世界上最大的能源消费国，但中国正在加快减排步伐，为全球遏制气候变暖趋势作出重大贡献。中国的电力行业绿色低碳转型正是减排最为关键的举措。

中国的可再生能源占比正在持续提升，中国正在加大对清洁能源的开发力度，使可再生能源进入高比例、大规模的发展阶段。同时，中国正在加快化石能源系统向绿色低碳转型，以保障经济社会的稳定发展和安全运行。此外，中国还注重增强能源系统的调节能力和储备能力，以加快建设现代化能源体系。在能源消费方面，中国的能源利用效率不断提高，低碳技术创新也在加速推进，绿色的发展方式和生活方式正在加快形成。中国还通过推进绿色低碳发展和能源转型的方式，结合重点区域的特点，如长江经济带、粤港澳大湾区、长三角和黄河流域，形成了推动中国能源转型的新区域版图。

新能源从成为发电量增量和装机容量的主体，到成为发电量结构的主体电源。在国家能源局发布的《新型电力系统发展蓝皮书》中，对可再生能源的作用采用定性的方式进行了展望。一是加速转型期（2023—2030年）：在这一阶段，新能源逐步成为发电量增量的主体。煤电仍然是电力安全保障的重要组成部分，但新能源的装机容量逐渐增加。这意味着在电力系统中，可再生能源的比例将逐渐增加，对减少碳排放和实现清洁能源转型起到积极作用。二是总体形成期（2030—2045年）：在这一阶段，新能源逐步成为装机容量的主体。煤电加速清洁低碳转型，这意味着煤电的碳排放将得到更好的减少和控制。同时，新能源的装机容量将大幅增加，成为电

力系统中的主要电源，进一步推动清洁能源的发展和利用。三是巩固完善期（2045—2060 年）：在这一阶段，新能源将逐步成为发电量结构的主体电源。除了风能和太阳能等传统可再生能源外，电能与氢能等二次能源也将深度融合利用。这意味着电力系统将更加多样化，利用多种可再生能源进行发电，进一步提高能源的可持续性和清洁性。

根据国际能源署对中国能源领域碳中和路线图的研究，到 2060 年中国实现碳中和时，中国终端能源消费将比 2020 年低 15% 左右。在承诺目标情景中，电力是终端消费中增加最多的品类，到 2060 年几乎翻一番；其次是氢能，它在 2020 年前后开始作为燃料使用，主要用于交通运输部门，同时也用于工业和电力部门，氢能的转化过程中有很大一部分来自电氢的转化。

终端用能和低排放燃料生产的电气化对中国能源向碳中和转型尤为重要。在承诺目标情景下，电气化将覆盖几乎整个能源系统，并将直接促成 2020—2060 年累计减排量的 13%。此外，电气化还会推高能效，进一步减少碳排放。

在承诺目标情景下，到 2060 年电力技术的部署将带来电气化和能效提高。由此实现的二氧化碳减排量中，工业领域的比重最大，达到 45%。工业电气化增效减排的驱动因素包括：轻工业的中低温加热需求将由工业热泵和电锅炉满足，替代传统的化石燃料；以废钢为原料的电弧炉炼钢将扩大规模。此外，交通运输领域将占电气化减排量的 35%。其中，初期减排主要来自轻型车辆的直接电气化，长期减排将主要来自重型车辆转用电池动力。特别是在 2040—2060 年，使用电解氢和氢衍生燃料也会间接促进交通运输领域的碳减排。

二、解决供需失衡是电力行业绿色低碳转型的关键

独特的能源结构使得中国的电力低碳转型技术创新也具有独特性。除了当前的风电、光伏发电技术规模化应用，许多技术仍需要通过创新来降低成本，促成规模化应用，实现规模化降碳的效应。到2060年实现净零排放的能源途径需要若干跨领域支柱，主要包括终端用能部门电气化，碳捕集、利用与封存（CCUS），低碳氢能，以及可持续生物能源。每个支柱都需要创新，才能改进现有技术，并推动新技术走向市场。

创新适应高比例可再生能源的电力系统。推动电源协同发展技术，增强电源协调优化运行能力，通过智能化技术和数据分析，提高电力系统的运行效率和灵活性，实现电源的协调优化，以满足不断变化的电力需求。

提高风电和光伏发电功率预测水平。借助先进的气象预测和大数据分析技术，提高风电和光伏发电的功率预测准确性，以便更好地调度和管理可再生能源发电。

随着低风速风机和高塔筒技术的不断发展和应用，预计我国中东南部和平原地区的风电项目经济性将得到进一步提升。这将推动风电从风能资源富集区向电力需求集中区转移。随着分布式风机技术的创新和成熟，其规模预计将大幅增长，从而进一步扩大分布式清洁能源的应用。智能风机技术的发展将使其应用范围扩大，成为风电领域的重要技术创新，助力提升风电开发的规模和效益。

三、统筹实施的系统性政策保障电力行业绿色低碳转型

为实现“双碳”目标，中国已在现有的能源和环境政策基础上制定了相关规划。中央企业纷纷积极响应，作出配合达成国家目标的相关承诺或规划，这些企业的战略目标让中国的电力低碳转型更可持续。例如，国家电网发布了“碳达峰与碳中和行动计划”，其中包括新增输电能力和建设智能电网、增加本企业配送电力中可再生能源比重等措施。国家能源、中国华能、国家电投等电力企业已经宣布开展长期净零排放目标战略研究。

2023 年《政府工作报告》提出，加强生态环境保护，促进绿色低碳发展；稳步推进节能降碳；统筹能源安全稳定供应和绿色低碳发展，科学有序推进碳达峰碳中和。《政府工作报告》对“双碳”目标下的低碳转型和绿色增长提出了更高的要求，各个层面推动“双碳”目标实现的具体路径已经展开，技术路线不断成熟，治理方案不断优化，实现低碳转型与绿色增长将是未来中国经济发展的方向。

四、保障国家能源安全是绿色低碳转型首要任务

能源高质量发展是以安全为前提的发展。党的二十大报告提出，深入推进能源革命，加强煤炭清洁高效利用，加大油气资源勘探开发和增储上产力度，加快规划建设新型能源体系，统筹水电开发和生态保护，积极安全有序发展核电，加强能源产供储销体系建设，确保能源安全。能源安全是根本性问题，更是涉及经济社会发展全局的战略性、系统性问题，是能源高质量发展的根本支撑。一方面，以满足经

济社会可持续发展用能需求为前提，立足“富煤、贫油、少气”的能源禀赋，加强油气勘探开发和增储上产，推动煤炭行业高质量发展，确保“能源的饭碗必须端在自己手里”。另一方面，提升有效应对世界百年未有之大变局下多维度、跨系统、高不确定性能源安全潜在风险的能力，进一步加强对潜在重大因素的前瞻性辨识研判、预测预警分析和应急处理能力。

能源自给比例大幅提升是改善我国能源安全的根本特征。中国是世界上最大的能源消费国，能源进口依赖程度较高。在电力行业绿色低碳转型中，通过发展本土的可再生能源产业，减少对进口能源的依赖，提高能源自给自足的能力，降低能源供应的风险，提升能源安全性。

第三节　绿色低碳转型新模式新风向

展望未来，数字化智能化发展将成为推动能源产业升级和新型能源体系建设的重要引擎。数字技术与绿色低碳能源电力技术的深度交叉融合，将孕育出影响深远的新技术、新模式和新业态。

一、数字化催生绿色低碳转型新模式

碳中和背景下，电力行业的数字化转型已成为大势所趋。无论是传统电力产业，还是新兴业务，都可以通过数字化技术实现高效运营和低碳排放。未来，电力行业将进一步深化数字化转型，为实现全球碳中和目标作出更大的贡献。

传统电力产业通过数字化技术，不仅可以提高运营效率，还能大幅度降低碳排放。随着传感器技术、大数据和云计算的发展，电厂和输配电网络实时数据获取和处理成为可能。这为优化电力生产和分配、提高能源效率、降低运营成本创造了条件。机器学习和人工智能的应用，使得电力设备的健康状况能够得到实时监测，从而进行预测性维护，减少停机时间和维修成本。

数字化技术使新能源的开发和利用变得更加高效和稳定，为低碳转型提供了有力支撑。可再生能源存在数量多、分布广以及电力输出的间歇性和波动性等特点，为电力系统的调度和运行带来了一系列的挑战。数字化技术的应用为这些问题提供了前景光明的解决方案。例如，通过利用大数据和机器学习技术，智能预测系统能对风力和太阳辐射进行精确预测，从而为电网运营提供有力的数据支撑。此外，数字化技术还能够整合分布式的可再生能源信息，实时更新电网的运行状态，并通过优化算法实现多能源的协同运行。虚拟电厂技术可以将散布的小型可再生能源、储能、负荷进行集成，形成一个虚拟电厂，提供更稳定的电力输出。

多能耦合的数字化技术可以实现能源的优化配置，从而进一步降低碳排放。新能源如风电和太阳能发电受到气象条件影响，其发电量具有高度的不确定性。与此同时，煤电和水电作为传统能源发电，其发电量相对稳定。通过数字化技术的应用，能实现对各种能源的混合优化调度，利用煤电和水电的稳定性来平衡新能源发电的不确定性，从而实现电网的稳定供电。借助数字化技术，电网企业可以实时监测用户的用电需求，并根据新能源的发电量进行调整。例如，在新能源发电量较高时，可以鼓励用户增加用电，反之则通过高电价对用电行为加以抑制。

新兴业务的数字化是电力行业低碳转型的核心驱动力。未来，随着数字化技术的进一步发展，储能和电动汽车负荷聚合等需求侧响应及新兴业务将在低碳电力系统中发挥越来越重要的作用。从长远的角度看，政府和企业应加大对这些新兴业务的投资，促进其与电力系统的深度融合，为实现“双碳”目标创造更加有利的条件。电动汽车等负荷聚合的数字化技术将需求侧的负荷转化为电网的一个有价值的参与者，为低碳转型提供了强大的支撑。随着物联网、大数据和人工智能的发展，未来储能设备可以实时响应电网的需求，进行动态的充放电，提高电网的稳定性和可靠性。

二、电气化引领绿色低碳转型新风向

电气化正逐渐成为实现绿色低碳转型的关键策略，主要通过提高电气化水平，以减缓电力行业对传统燃料的依赖，进而达到显著降低温室气体排放的目的，并有效提升能源使用效率。此外，电气化还进一步扩大了可再生能源的应用规模。这样的转变不仅增强了电力能源的多样性和稳定性，而且为科技创新和业务模式开辟了新的路径。

（一）油气电气化推动能源转型

油气电气化主要是由油气替代需求推动的。传统的燃油或天然气设备通常具有较低的能量转换效率。通过将这些传统设备转化为电力驱动，可以减少对有限资源的依赖，从而提高能源的可持续性。随着技术的不断进步和可再生能源的广泛应用，油气电气化将在未来发挥越来越重要的作用。

（二）煤炭电气化成为电力低碳转型的重要推手

煤炭电气化也可以作为中国能源转型的过渡。随着可再生能源技术的发展和成熟，中国正在逐步增加可再生能源的比重。通过调整煤炭在发电领域的应用比例，可以提高煤炭的清洁利用水平，减少对环境的影响，为未来更加清洁和可持续的能源体系发展做好准备。

（三）电动汽车逐渐成为交通领域电气化的焦点

电动汽车在能源转换上展现出优越性。与传统的内燃机汽车相比，电动汽车的转换效率显著提高。特别是在能量转换时，内燃机汽车大部分以热量形式损失，而电动汽车的电机转换效率高达 90% 以上。这为消费者提供了更高的能量回报。据国际能源署等机构相关报告预测，到 2030 年全球私人充电桩保有量预计将达 1 亿台，总充电功率达 1500 吉瓦，总充电量达 800 太千瓦时；公共充电桩保有量预计将达 2000 万台，总充电功率达 1800 吉瓦，总充电量达 1200 太千瓦时。

（四）终端用能电气化是提升电力需求的核心

国际能源署《2022 年世界能源展望》提出，根据不同情景，到 2030 年，全球电力需求将增加 5.9 万亿 ~ 7 万亿千瓦时，相当于美国和欧盟当前电力需求的总和。电动汽车和制冷需求的增长是电力需求增长的主要驱动因素。到 2050 年，全球电力需求在各个情景下都会大幅增加，减排量越大，对应的电气化水平要求越高，电力需求量增加就越多，净零排放情景下电力需求增长将超过 150%。

三、低碳化扩展绿色低碳转型新业务

电力行业绿色低碳转型发展涉及经济转型和产业升级、个人和组织行为改变、能源电力系统变革和气候治理体系创新等问题，是一项复杂的系统工程，单一的电力技术发展难以解决根本性问题。要同时实现电力低碳转型、安全可靠、经济可承受等多重目标，必须要深化电力体制改革，在体制机制和市场建设上作出探索创新。碳市场、绿证、绿电消费是服务电力绿色低碳发展的重要体制机制和市场建设创新。随着电力绿色低碳发展的推进，碳市场、绿证、绿色电力交易等绿色低碳业务市场将迎来更多的机遇和更大的发展空间。

碳市场可以推动电力行业减少碳排放，实现绿色低碳发展。通过经济激励机制，碳市场可以促使企业减少碳排放并推动清洁能源的发展。通过推广清洁能源利用和提高发电效率，可以减少碳排放量，为碳市场提供更多减排机会。随着电力行业绿色低碳技术的发展，如可再生能源利用和碳捕集、利用与封存技术的应用，将出现更多的碳减排项目和碳交易机会。这些新业务将为碳市场带来更多交易品种，并增加碳交易的活跃度。

绿证市场的发展可为电力企业提供经济激励，鼓励其增加绿色电力供应。绿证是对绿色电力的认证和交易，通过绿证市场实现绿色电力的溯源和交易，消费者可以通过绿证市场购买到绿色电力消费凭证，并对其来源和环境效益进行验证，从而推动电力行业绿色低碳转型发展。绿证市场的发展在鼓励电力企业增加绿色电力供应的同时，可以促进技术创新和能源转型。电力企业为了获得更多绿证和满足消费者需求，将不断探索和采用新的绿色能源技术，提高能源的可持续性和效率。

绿色电力交易能够全面反映绿色电力的电能和环境价值，通过体制机制创新，引导全社会形成主动消费绿色电力的共识，充分激发供需双方潜力。绿色电力交易机制将有意愿承担更多社会责任的一部分用户区分出来，与风力发电、光伏发电项目直接交易，以市场化方式引导绿色电力消费，实现供给侧的绿色低碳属性向需求侧转移。通过将可再生能源外部性（环境属性等）在能源行业内部化，能够有效提升绿色电力的收益水平，推动供给侧和需求侧良性互动，更好支持绿色电力的发展和消纳，从而有利于加快新型电力系统建设和能源转型步伐。

四、融合化增加绿色低碳转型新战场

随着数字科技、能源科技的飞速发展，能源电力绿色低碳转型正加速实现与多领域的跨界融合。这不仅表现在源网荷储的智慧升级，更在于实现了电力系统与其他领域的协调融合，共同助力实现高质量绿色低碳的发展。

（一）电力行业绿色低碳发展迫切需要实现源网荷储融合化

源网荷储一体化和多能互补发展是电力行业坚持系统观念的内在要求，是实现电力系统高质量发展的客观需要，是提升可再生能源开发消纳水平和非化石能源消费比重的必然选择，对于促进我国能源转型和经济社会发展具有重要意义。通过数字孪生技术的应用，不仅可以实现能源系统的高效利用和供需平衡，还可以促进多能互补和多元互动。这将为电力行业绿色转型提供强有力的支持，推动能源的可持续发展。

（二）绿色能源开发与油气、工业、农业等的融合化

在油气产业链中，油气田可以通过拓展自身业务边界，推动风电、太阳能发电等新能源发电项目替代传统的火电。另外，油气田还可以通过获取外部绿色电力来替代化石燃料，实现与绿色能源的融合。许多工业流程通过绿色电力替代传统的化石能源，来提供动力、原料等，如利用风能或太阳能进行电解水制氢。同时，电力还被用于驱动电加热和

其他高能效的工业设备，帮助工业生产实现低碳化。这些举措有助于减少工业生产过程中的碳排放和环境污染，促进工业绿色化和可持续发展。通过利用绿色电力驱动工业流程，可以降低碳足迹，减少对传统能源的依赖，推动工业向低碳化转型。绿色电力也正在农业中发挥越来越重要的作用，如用于驱动农业机械、灌溉系统和智能温室。同时，农业废弃物也可以转化为生物质能源，进一步产生绿色电力和绿色能源。

（三）绿电应用与交通、建筑等领域的融合化

电动汽车智能充电是发挥清洁交通领域和低碳电力协同作用的关键。充电基础设施和智能电网技术的进步使得绿色电力能够更好地满足交通领域的需求。未来将形成以电动汽车、氢燃料电池汽车 / 卡车、生物质燃料 / 合成燃料卡车等为主体的公路交通系统，通过零碳智慧车联网提供充电、加氢、加燃料的一站式服务；通过车网互动（V2G）技术实现可控充放电，以提高能源网络的可靠性和稳定性，推动能源网络与电动汽车充放电网络融合。未来建筑将是动态可持续的，其应具备足够的灵活性来适应技术、能源结构和住户需求的变化，并且应该是绿色清洁的。智能家居、微电网和分布式能源系统等技术的应用将使绿色电力能够更好地满足住户的日常需求，同时也使家庭成为电力的生产者和消费者。

参考文献

［1］Gielen D，Gorini R，Prakash G，et al. World Energy Transitions Outlook-1.5℃ Pathway［J］. 2021.

［2］Wang，Y. et al. Accelerating the Energy Transition Towards Photovoltaic and Wind in

China［J］. Nature，619，761，767（2023）.

［3］碳中和背景下数字技术赋能的中国新型电力系统［R］. 赛迪顾问股份有限公司 . 2022-09-13.

［4］IRENA. Innovation Outlook:Smart Charging for Electric Vehicles［R］. International Renewable Energy Agency，2019.

［5］中国宏观经济研究院能源研究所 . 中国能源转型展望 2023［R］. 2023.

［6］李婷，刘玮，等 . 开启绿色氢能新时代之匙：中国 2030 年“可再生氢 100”发展路线图［R］. 落基山研究所，中国氢能联盟研究院，2022.

［7］中国科学院科技战略咨询研究院，华北电力大学 . 电力“新基建”发展模式和路径研究［R］. 中国能源网，2021 年 7 月 .

［8］王宇 . 中国碳市场、绿证交易和绿色电力交易的政策梳理和衔接机制浅析［R］. 清华大学能源环境研究所，2022 年 6 月 .

［9］Karplus，Valerie J. 中国碳排放权交易制度：历史、现状与展望［R］. 哈佛气候协议项目，2021 年 6 月 .

［10］华为技术有限公司 . 绿色发展 2030［R］.2022.

［11］清华大学气候变化与可持续发展研究院 .《中国长期低碳发展战略与转型路径研究》综合报告［R］.2020.

［12］德勤，华为 . 全球能源转型及零碳发展白皮书［R］.2021 年 9 月 .

［13］国际能源署 . 全球能源部门 2050 年净零排放路线图［R］.2021.

［14］国际能源署 . 中国能源体系碳中和路线图［R］.2021.

［15］普华永道 . 企业低碳转型之路［R］.2023.

［16］国际能源署，清华大学能源环境经济研究所 . 加强中国碳市场助力实现碳中和：聚焦电力部门 协调应对气候变化和可再生能源政策［R］.2022 年 11 月 .

［17］鉴衡认证 . 中国绿色电力消费路径研究报告［R］. 美国能源基金会支持 .2022 年 9 月 .

［18］落基山研究所，百度智能云 . 数智碳中和——以数智技术助力关键相关方实现碳达峰碳中和［R］. 2022 年 1 月 .

［19］李抒苡，薛雨军，王珮珊 . 碳中和目标下的中国化工零碳之路［R］. 落基山研究所 . 2022.

附录
转型实践中涌现的优秀成果

中央企业不断提高企业核心竞争力和增强核心功能，在能源安全、资源安全、产业安全等方面发挥兜底托底作用，提升国家战略安全保障能力，成为堪当时代重任的大国重器、强国基石。在电力行业绿色低碳转型实践过程中，典型案例、优秀成果不断涌现，成为中国式现代化新征程上的“点点星光”。

一、风电典型案例

我国风电发展起步较晚，直到改革开放初期，才开始对风电领域的探索。2010 年，我国风电新增和累计装机量首次超过美国。2022 年，我国风电并网装机容量高达 3.65 亿千瓦，占全球风电装机容量的 40.7%，其中，陆上风电 3.35 亿千瓦，连续 13 年稳居世界第一位；海上风电 3046 万千瓦，装机规模居世界第一位，用“中国速度”创造了风电崛起“神话”。

（一）中国首个百万千瓦级风电场：大唐塞罕坝风电场

大唐赤峰塞罕坝风电场（以下简称“塞罕坝风电场”）地处内蒙古自治区赤峰市克什克腾旗与河北省围场县交界处，位于内蒙古大兴安岭余脉和燕山山脉交会处，平均海拔 1750 米，主要是高原台地，70 米高年平均风速为 8 ~ 12 米 / 秒，平均风功率密度为 646.5 ~ 1231 瓦 / 平方米，年有效风速小时数为 7060 ~ 7924 小时，年发电小时数为 2300 小时以上，有利于建设大型风电场。

2004 年起，在国家实施西部大开发和振兴东北地区等老工业基地战略、全面建设小康社会的新形势下，为进一步调整电源结构和优化产业布局，中国大唐全面开发赤峰地区丰富的风能资源。2005 年 8 月 12 日，一期工程首批机组并网发电，实现中国大唐风电项目“零”的突破；2006 年建成亚洲最大在役风电场；2007 年建成世界最大在役风电场；2010 年建成国内首家电网友好型风电场；2012 年 3 月，随着巴拉奇如德风电项目投产，塞罕坝风电场成为全国首个百万千瓦级风电基地（见附图 1）。

附图 1 大唐赤峰塞罕坝风电场

截至 2022 年底，历经 18 年的发展，塞罕坝风电场已累计实现装机容量 152 万千瓦，安装 9 个风机厂家的 14 种机型的风机共计 1136 台，建成了同一投资控制与运营主体、同一区域的世界最大风电场，累计提供清洁电力约 381.4 亿千瓦时，节约标煤约 481 万吨，减少碳排放 1199 万吨，为国家发展绿色能源产业起到良好的示范带头作用。每年向东北地区和冀北地区输入超过 30 亿千瓦时的电量，在为内蒙古、黑龙江、吉林、辽宁、河北的经济发展源源不断输送清洁电力的同时，提供稳定就业岗位 400 余个，带动相关产业人员就业 2000 余人，助力地区经济平稳健康发展。

（二）中国首个百万千瓦级海上风电项目：三峡阳江沙扒海上风电场

三峡广东阳江沙扒海上风电项目（以下简称“阳江沙扒海上风电场”）是国内首个集中连片规模化开发的百万千瓦级海上风电场，总投资约400亿元，总装机容量200万千瓦，共布置315台风电机组、4座海上升压站以及近1000千米的海底电缆，每年可为粤港澳大湾区提供约56亿千瓦时的清洁电能，可满足约240万户家庭年用电量，每年可节约标准煤约175万吨、减少碳排放约460万吨，为实现粤港澳大湾区的能源结构转型提供了有力支持。

阳江沙扒海上风电场位于广东省阳江市沙扒镇南面海域，是三峡集团在粤首个海上风电项目，于2021年12月25日全容量并网发电。该项目不仅创下全球首台抗台风型漂浮式海上风电机组的“世界之最”，还创下了同期国内单体容量最大的交流海上升压站、国内同等容量下重量最轻的海上升压站等多个“全国之最”，对我国开展规模化海上风电场建设、推动海上风电技术创新、促进粤港澳大湾区能源清洁低碳转型和海洋经济绿色高效发展具有重要引领意义。

地质条件是海上风电开发的难点，相对陆上风电而言，海上风电开发面临台风频发、水深浪高等恶劣海洋环境和覆盖层深厚不一的复杂地质条件，还面临施工窗口期短、施工资源匮乏等严峻挑战。为应对复杂多变的海床地质及降低工程成本，阳江沙扒海上风电场创新采用4大类共8种型式、17种型号基础，包括在南海首次应用的超大直径单桩基础、国内首台大直径四桩非嵌岩导管架基础、国内首台吸力桶导管架基础、全球首台抗台风型漂浮式海上风电基础等，打造了海上风电基础“博物馆”，形成了适用于国内恶劣海洋环境和复杂地质条件的海上风电基础设计与施工成套技术，为我国近海深水和深远海风能资源的集群化开发利用奠定了基础。

二、光伏典型案例

在“双碳”目标引领和全球加速应用背景下，我国光伏产业持续高速增长，光伏组件产量连续16年位居全球首位，多晶硅产量连续12年位居全球首位，新增装机量连续10年位居全球首位，累计装机量连续8年位居全球首位。2022年，我国光伏发电装机总规模超过3.9亿千瓦，仅次于火电、水电，成为装机规模第三大电源；年度新增装机高达8741万千瓦，同比增长60%，成为新增装机规模最大、增速最快的电源类型；光伏年发电量首次突破4000亿千瓦时，达到4250亿千瓦时，成为能源绿色低碳转型的有力支撑；光伏产品出口额首次突破500亿美元，同比增长超过80%，成为我国外贸出口的一大亮点，在稳投资、稳增长、稳就业、稳外贸方面发挥了重要作用。

（一）中国首个大型滩涂光伏项目：大唐宁波长大涂渔光互补项目

大唐宁波长大涂海岸滩涂渔光互补光伏项目（以下简称“长大涂项目”）地处浙江省象山县高塘岛乡西侧三门湾海域，总装机容量约30万千瓦，共装设63.7万块高效单晶组件，组成75个发电方阵，由12条集电线路通过海上栈桥汇集至陆上升压站上网，线路总长度约20千米，利用滩涂301公顷，大约相当于422个足球场，是中国首个大型海岸滩涂光伏工程（见附图2）。

附图 2　大唐宁波长大涂海岸滩涂渔光互补光伏项目全景图

长大涂滩涂属于工业用海，长满了成片的互花米草，严重破坏了滩涂生态多样性，不利于鱼类、螺类和贝类等繁衍，且导致区域海鸟减少，因此未产生经济价值，整体上处于闲置、荒废状态。为实现新能源产业与自然生态相互促进、和谐发展，长大涂项目将滩涂打造成多功能生态友好型渔光互补光伏电站，上部结构采用支架上铺设太阳能光伏板的工艺，下部结构为透水构筑物，不改变海域自然属性，有效减小了对海洋生态环境的破坏，形成“上可发电，下可养鱼”综合利用滩涂资源的生态循环发电模式。

“渔光一体化”滩涂光伏发电模式创新性地把光伏和渔业两个占用大量土地资源的产业相结合，大幅提升了滩涂综合利用附加值。长大涂项目平均每年可向电网输送约 3.4 亿千瓦时的清洁电量，年产值约 1.42 亿元，年利税约 4900 万元。每年节约标准煤约 10 万吨，减少二氧化碳排放约 27 万吨，减少二氧化硫排放约 2300 吨，减少氮氧化物排放约1000吨，开创了综合利用滩涂资源的新发展模式，助力当地政府将项目属地打造为集清洁发电、光伏科普、渔业养殖、海岛乡村游于一体的综合产业基地，其经济效益、生态效益和社会效益显著。

长大涂项目的创新实践被国务院国资委列为献礼中国共产党百年华诞的央企超级工程，项目各方面开创性的示范效应推动了我国滩涂光伏设备制造及相关领域的技术发展，对国内滩涂光伏项目开发和能源绿色低碳转型起到了重要带动作用。

（二）世界最大光伏板图形电站：国家电投达拉特光伏电站

国家电投内蒙古公司达拉特旗光伏发电应用领跑基地（以下简称“达拉特光伏电站”）位于内蒙古鄂尔多斯高原北部、库布齐沙漠中段的内蒙古鄂尔多斯市，从空中俯瞰，19.6万块光伏板规则地排列成一匹矫健的“骏马”，蓝色光伏板随着绵延的库布齐沙漠起伏，如滚滚波涛，在漫漫沙海中涌动成“光伏海洋”，光伏板下，药材和牧草蔓发，绿意盎然。

达拉特光伏电站属于第三批国家领跑者应用基地的一部分，分两期建设，一期达拉特光伏发电应用领跑基地1号、4号项目，总装机容量为30万千瓦，于2018年8月开工建设，2018年12月全容量并网，开创了133天一次建成30万千瓦沙漠光伏电站的先河，并荣获2018年中国能源项目创新奖，2021年荣获国家优质工程奖，是全国首个陆地光伏国优项目。达拉特光伏电站一期4号项目由196320块光伏板组成的占地面积139.8万平方米的“骏马奔腾图形电站”，于2019年7月通过吉尼斯世界纪录认证成为世界上最大的光伏板图形电站。

达拉特光伏电站采用“林光互补”方案，“板上发电、板下修复、板间种植”的绿色发展模式正悄然形成，在开发利用太阳能资源的同时，推动沙漠生态治理。电站在光伏阵列间种植紫穗槐、黄芪等经济林，在光伏板下种植沙生灌草植物，实现防风固沙和生态修复，保护光伏阵列间地面免遭风沙侵蚀，在防风固沙、保护光电设备的同时，还能带来可观的经济效益，达到生态效益和经济效益双赢的效果。为推动基地升级发展，当地还以高头窑煤矿疏干水为水源，通过水质提升工程，将煤矿疏干水变为基地产业用水，使沙漠生态修复及利用、可再生能源发电、沙漠有机农林种植、沙漠特色旅游等多个产业高效结合，从而延长光伏产业发展链条。

三、水电典型案例

我国水能资源蕴藏量居世界首位，水电规模巨大，运行灵活，在生产大量绿色低碳电量的同时，发挥着越来越重要的灵活调节和储能作用，为电力系统安全稳定运行提供坚强保障。2022 年，我国水电（含抽水蓄能）装机规模突破 4 亿千瓦大关，达 4.14 亿千瓦，连续 18 年稳居世界第一；水电发电量达 13550 亿千瓦时，在增加清洁能源供应、保障能源安全、应对气候变化、推进节能减排、实现可持续发展等方面发挥了显著的作用。

（一）世界最大清洁能源走廊：长江水电走廊

长江是我国最大的河流，水能资源蕴藏量约 2.68 亿千瓦，其中可开发的水能资源约 1.97 亿千瓦，堪称世界级“水能宝库”，这里建成了世界上最大的水电站集群，是目前世界最大的清洁能源走廊。长江水电走廊始建于 20 世纪 80 年代，2022 年 12 月 20 日随着白鹤滩水电站全部机组投产发电，“六库联调”新格局全面形成，共有 112 台水电机组，总装机容量达 7308.7 万千瓦，每天发电量可达 17.54 亿千瓦时，一年发电量高达6400多亿千瓦时。

其中，葛洲坝水电站位于湖北省宜昌市三峡出口南津关下游约3千米处，1988年12月建成投产，是长江干流上最早建成的大型水利枢纽工程。电站装机数量22台、总装机容量277.7万千瓦（含投产后扩建1台机组和实施2台机组改造增容）。三峡水电站位于湖北省宜昌市夷陵区三斗坪镇三峡坝区，与下游的葛洲坝水电站构成梯级电站，是世界第一大水电站，装机容量高达2250万千瓦，2012年7月全面投产，有32台单机容量70万千瓦的发电机组和2台单机容量5万千瓦的小型发电机组。溪洛渡水电站位于四川省雷波县和云南省永善县交界的金沙江上，是我国第三大、世界第四大水电站，总装机容量为1386万千瓦，2014年6月全面投产，有18台单机容量77万千瓦的发电机组。电站以发电为主，兼具防洪功能。向家坝水电站位于云南省水富县（右岸）和四川省宜宾县（左岸）境内，在两省交界的金沙江下游河段上，是金沙江下游干流河段梯级开发的最后一个梯级电站，电站上距溪洛渡水电站坝址157千米，是我国第七大、世界第九大水电站，总装机容量为775万千瓦，2014年7月全面投产，有8台单机容量80万千瓦的发电机组和3台单机容量45万千瓦的发电机组。乌东德水电站位于云南省禄劝县和四川省会东县交界的金沙江干流上，是中国第四大、世界第七大水电站，总装机容量为1020万千瓦，2021年6月16日全面投产，共有12台单机容量85万千瓦的机组，是党的十八大以来我国开工建设并投产的首个千万千瓦级水电站。白鹤滩水电站位于四川省凉山州宁南县和云南省昭通市巧家县境内，是金沙江下游干流河段梯级开发的第二个梯级电站，也是我国和世界第二大水电站，装机容量为1600万千瓦，2022年12月全部投产发电，共有16台单机容量100万千瓦的水力发电机组。

从2003年三峡工程首批机组投产发电，到2022年12月6座梯级水电站投产发电，累计发电31859亿千瓦时，相当于共节约标准煤约9.1亿吨、减排二氧化碳约25亿吨。强大的发电总量和调峰能力有效缓解了华中、华东地区以及四川、云南、广东等省的用电紧张局面，成为国家西电东送的重大战略支撑，对推动实现“双碳”目标具有重大意义。

（二）世界首台套50万千瓦高水头冲击式机组：大唐西藏扎拉水电站

大唐西藏扎拉水电站地处西藏林芝市察隅县与昌都市左贡县交界处，是玉曲河流域“两库七级”开发中的第六级，利用玉曲河长达60千米的“几”字形大拐弯，截弯取直形成近700米高水头的天然落差，具有“高水头、深竖井、多断裂带”等技术特点和难点，是我国研制的首台套“大容量、冲击式”水轮发电机组的依托项目。

项目采用了2台我国自主研发制造的首台套50万千瓦高水头冲击式水轮发电机组。与大部分平缓流域的混流式水电机组不同，冲击式水电机组可承受7000吨冲击力，是目前世界上单机容量最大、功率最高、技术最先进、难度最大的冲击式水电机组，实现了冲击式水轮机组全产业链完全自主知识产权国产化，为提升我国水电开发能力、实现水电装备关键核心技术自主可控发挥重要的引领示范促进作用。

扎拉水电站是国家“藏电外送”输电架网骨干电源电站、藏东南清洁能源一体化基地核心电站，也是世界在建综合难度最大的冲击式水电项目，计划于2028年底完工，项目投产后，预计年发电量可达39.46亿千瓦时，每年可节约标准煤130万吨、减少二氧化碳排放342万吨（见附图3）。

附图 3　大唐西藏扎拉水电站工程建设现场

四、核电典型案例

我国核电事业肇始于 20 世纪 50 年代，历经 70 多年的发展，我国已经跻身核电强国之列，自主研发了拥有完全自主知识产权和出口权的三代核电技术华龙一号和国和一号，核电运营管理水平位居世界前列。2022 年，我国在运核电机组 55 台，装机容量 5699 万千瓦，居全球第三位；核电发电量 4177.8 亿千瓦时，跃居全球第二位；在建核电机组 24 台，装机容量约为 2780 万千瓦，在建机组装机容量继续保持全球第一位。

（一）我国具有完全自主知识产权的三代压水堆核电创新成果：华龙一号（HPR1000）

华龙一号是由中国广核集团和中核集团立足于中国核电 30 年的设

计、建造和运行经验，联合研发的具有自主知识产权的安全、可靠、经济的百万千瓦级先进压水堆核电站，是安全性与经济性的均衡、先进性与成熟性的统一、能动与非能动的结合，是可持续发展的自主三代核电技术的结晶。

华龙一号以“177组燃料组件堆芯”和“三个实体隔离的安全系列”为主要技术特征，采用世界最高安全要求和最新技术标准，满足国际原子能机构的安全要求，符合美国、欧洲三代技术标准。华龙一号充分利用中国近30年来核电站设计、建设、运营所积累的宝贵经验、技术和人才优势；充分借鉴了包括AP1000、EPR在内的先进核电技术；充分考虑了福岛核事故后国内外的经验反馈，全面落实了核安全监管要求；充分依托业已成熟的中国核电装备制造业体系和能力，采用经验证的成熟技术，实现了集成创新。其创新成果满足国际最高安全标准，完全具备批量化建设能力，已成为中国为世界贡献的三代核电优选方案。

华龙一号具有完整自主知识产权，实现了包括反应堆压力容器、蒸汽发生器、堆内构件等核心设备在内的411台设备的国产化，共获得700余件专利和120余项软件著作权，覆盖了设计技术、专用设计软件、燃料技术、运行维护技术等领域。华龙一号全球首堆示范工程——中核集团福清核电5号机组创造了全球三代核电首堆建设的最佳业绩，成功入选中国共产党一百年大事记，中国成为继美国、法国、俄罗斯等国家之后真正掌握自主三代核电技术的国家，标志着中国核电技术水平和综合实力跻身世界第一方阵，有力支撑了中国由核电大国向核电强国的跨越，是中国核电走向世界的“国家名片”。

（二）高温气冷堆核电技术成功商业化示范项目：华能山东石岛湾核电站

华能山东石岛湾高温气冷堆核电站（以下简称“石岛湾核电站”）

是全球首座具有第四代核电技术主要特征的球床模块式高温气冷堆核电站，示范工程设备国产化率达到93.4%，中国拥有完全自主知识产权。高温气冷堆是指用气体作为冷却剂的核反应堆技术，最早曾应用于军用核材料的生产，如今正逐步发展为商用发电的动力反应堆，它在核反应堆产生热能后的冷却过程中并不使用水，而是采用氦气这种惰性气体进行冷却，氦气充分吸收热量后能产生700多摄氏度的高温，而传统的水冷反应堆则只能产生300多摄氏度的高温。与压水堆相比，高温气冷堆的发电能力相当于一座同等热功率压水堆发电能力的1.5倍，发电效率提高约10%，并且排放到环境中的热量相对较少，具有安全性好、发电效率高、环境适应性强、用途广泛的特点，在核能发电、热电冷联产及高温工艺热等领域商业化应用前景广阔。

石岛湾核电站一期工程投资总额为30亿元，高温气冷堆的实际容量为20万千瓦，属于小型核电机组；远期规划容量为900万千瓦，项目总投资约为1500亿元，建设周期20年。届时，石岛湾核电站将成为集第三代和第四代核电技术于一体的国内最先进的大型核电基地。石岛湾核电站示范工程于2012年12月底开工。2021年12月20日，示范工程1号反应堆完成发电机初始负荷运行试验评价，首次并网成功，标志着全球首座具有第四代先进核能系统特征的球床模块式高温气冷堆实现了从“实验室”到“工程应用”的质的飞跃，意味着我国实现了高温气冷堆核电技术的“中国引领”，这对于促进我国核能创新发展、助力高水平科技自立自强具有重要意义。

五、气电典型案例

燃气发电在我国新型电力系统中有着重要的地位，在基础电力供应、峰谷调峰和分布式能源系统中有着广泛的应用。尤其是重型燃气轮机，其制造流程相当复杂，在装备制造业中有着举足轻重的地位，被誉为制造行业“皇冠上的明珠”，是公认的世界上最难造的机械装备。我国燃气轮机技术的研发起步较晚，但是随着近些年工业水平的不断提升，我国在这一领域不断取得突破，解决了众多“卡脖子”难题。

（一）亚洲首台 9FB 重型燃气轮机：大唐高井热电厂

2012 年，中国大唐高井热电厂与美国通用电气公司（GE）达成协议，引进 3 台 9FB 重型燃气轮机，大唐高井热电厂是北京市第一家燃煤机组关停、转型建成 GE 9FB 机组的燃气轮机电厂。大唐高井热电厂引进的 9FB 燃气轮机，最多可为北京市提供超过 130 万千瓦的电力，当冬季严寒天气到来时，该燃气轮机还可以与区域供暖方案相结合，共同保障首都供电供暖（见附图 4）。

附图 4　大唐高井热电厂

9FB 重型燃气轮机采用的是先进的 50 赫兹空冷系列燃气轮机技术，尤其适用于用电成本高且需求大的城市，其高效的运营可以大大减少供电成本，强大的性能可以保障高负荷运行及调峰运行。大唐高井热电厂通过为 9FB 燃气轮机配套余热锅炉和首台 35 万千瓦全冷发电机，同时采用扩大省煤技术，在汽轮机低压缸与中压缸之间加装 SSS 离合器，大大提高了一次能源的利用率，全年可以实现发电 62 亿千瓦时，年平均总毛热效率达到了 71.5%，比纯燃煤机组效率高 38%。使用 9FB 重型燃气轮机后，平均每单位硫化排放物相较传统燃煤机组减少了 99%，氮氧化物减少了 88%，二氧化碳减少了 49%。大唐高井热电厂的 9FB 重型燃气轮机不仅缓解了首都地区用电紧张的困境，还实现了节能减排的目标，对改善周边大气环境具有重要意义，真正兑现了绿色低碳转型的承诺。

（二）中国首台全国产化 F 级重型燃气轮机：中国华电 G50 重型燃气轮机

中国华电于 2022 年 12 月推出我国首台自主设计研发全国产化的 F 级 50 兆瓦重型燃气轮机 G50，填补了我国多年来在重型自主燃气轮机领域的空白，突破了“卡脖子”的关键技术，标志着我国开启自主重型燃气轮机高质量发展的新篇章，该燃气轮机也被《人民日报》誉为“中国争气机”。

G50 重型燃气轮机的并网发电，是打造原创技术策源地和现代产业链链长路上的里程碑。中国华电创新运用华电睿蓝控制系统、全国产化中高温脱硝催化剂、国产化大容量发电机出口断路器，真正实现了燃气电厂重要主辅机全方位“中国造”，推动形成了我国自主 F 级重型燃气轮机在设计、施工、调试、试验、运行维护等方面的标准体系和工艺规范，为清洁能源领域提供了自主可控全链条的“中国方案”。

G50 重型燃气轮机整机由 2 万多个零部件组成，工作压力 18 个大气压，工作温度最高可达 1300 摄氏度，能够以每分钟 6000 转的功率高速旋转。G50 联合循环 1 小时可以发电 7 万千瓦时，相当于 7000 个家庭一天的用电量，与同功率火电发电机组相比，一年可以减少碳排放 50 万吨以上，极大地改善了大气环境、水资源环境。

六、煤电典型案例

煤电是我国装机容量最多、发电量最大的电源种类。我国从新中国成立初年煤电发电装机总容量 169 万千瓦、总发电量 36 亿千瓦时，至 2022 年底的煤电发电装机总容量 11.24 亿千瓦、总发电量 50770 亿千瓦时，分别增长约 664 倍和 1409 倍，用实际行动承担起电力供应、节能减排、结构调整、绿色发展的使命，电力行业全面进入高参数、大容量、高效率、低排放的新时代，高效支撑了我国经济社会的快速发展。

（一）世界首座“六缸六排汽”百万千瓦燃煤电厂：大唐东营电厂

大唐东营电厂位于黄河入海口三角洲地带的山东省东营市东营港经济开发区，一期建设 2 台百万千瓦超超临界燃煤发电机组，配套建设铁路专用线、取排海水工程，同步建设脱硫脱硝除尘等环保设施，总投资额为 91.54 亿元，是《山东省半岛蓝色经济区发展规划》和《黄河三角洲高效生态经济区发展规划》重点能源项目，也是东营市新旧动能转换重点工程和东营市首家百万千瓦级电厂（见附图 5）。

东营电厂单轴“六缸六排汽”型式（1 个高压缸 +1 个超高压缸 +1 个中压缸 +3 个低压缸）汽轮机在传统“五缸”的基础上增加了一个低压缸，整个机组转子长 59.627 米，是目前汽缸数量最多、轴系

附图 5　大唐东营电厂

最长、煤耗最低的火力发电汽轮机组。“六缸六排汽”二次再热汽轮机充分考虑东营地区海水温度特点，采用 11 级回热系统，节能技术先进；设计背压降低到 2.9 千帕，较“五缸四排汽”方案的设计热耗降低 80 千焦 / 千瓦时，降低发电煤耗 2.902 克 / 千瓦时，实现发电煤耗 248.86 克 / 千瓦时、供电煤耗 258.72 克 / 千瓦时、全厂热效率 49.4%、厂用电率 3.88%，发电煤耗和供电煤耗率处于国际领先水平，比普通机组每年可节约标准煤 20 万吨，相当于单台百万千瓦机组一个半月的“口粮”。

除了世界上首次应用的“六缸六排汽”新技术，东营电厂还采用了 10 项国内首例集成创新技术，如国内首次应用的“单列卧式蛇形管式”型式高压加热器、国内首次设置高效热一次风调温装置、闭式水余热利用、500 千伏户外 GIS 进出线合并构架、火山岩浇筑中压母线等前沿创新技术，整体设备国产化率达 98% 以上，设计与制造均属“中国创造”。

大唐东营电厂作为山东电网“第一跨”——东营黄河 500 千伏输

变电工程重要电源支撑点，在提升国家电力行业装备制造水平、优化电源结构、加快新旧动能转换、改善区域环境质量等方面具有重要的示范作用，为打造山东省高质量发展增长极、建设富有活力的现代化湿地城市、推进黄河口国家公园建设注入了强大动能，也为打造山东省鲁北高端石化基地提供了坚实的能源支撑。

（二）亚洲最大火电碳捕集、利用与封存（CCUS）项目：国家能源集团泰州电厂 CCUS 项目

CCUS 技术被认为是唯一能够实现化石能源大规模低碳化利用的减排技术，可以将二氧化碳从工业、能源生产等排放源或空气中捕集分离，并加以利用或输送到适宜场地封存，最终实现二氧化碳的减排。目前，国内 CCUS 发展仍处于示范阶段，已经投运或正在建设中的 CCUS 示范项目约 40 个，主要集中在石油、电力、化工、水泥等行业。

国家能源集团泰州电厂（以下简称“国电泰州”）CCUS 项目碳捕集量达 50 万吨 / 年，可实现 100% 消纳，是迄今为止亚洲最大的火电 CCUS 项目，也是国内首个大规模火电厂 CCUS 全产业链示范工程，完全由我国自主设计、制造、安装。项目以国电泰州 4 号机组湿式电除尘后烟气为原料气，采用醇胺吸收法，捕集、封存、利用煤炭燃烧后的二氧化碳，并结合周边资源禀赋实现二氧化碳资源化、能源化消纳。国电泰州 CCUS 项目的捕集区总占地面积只有 1650 平方米，与现有项目对比单位占地面积最小，却创造了处于行业领先水平的各项指标——每吨二氧化碳捕集热耗小于 2.4 吉焦、电耗小于 90 千瓦时，二氧化碳捕集率大于 90%，产出干基二氧化碳纯度大于 99.99%。

国电泰州 CCUS 项目建设中自主研发了新一代高容量、低能耗、长寿命吸收剂，创新应用了国内最大出力的离心式二氧化碳压缩机，创新集成了高效新型填料、有机胺高效控制和回收技术，较传统工艺降低了10%捕集电耗、较原吸收塔内径降低了烟气阻力10%，具有捕集率和产品纯度高、捕集能耗和脱碳总成本低、运行人员少等显著特点。

七、储能典型案例

储能技术对于我国电力行业绿色低碳转型发展具有重大意义。2022年，我国储能产业进入规模化发展阶段，新增投产抽水蓄能装机规模880万千瓦，已建成抽水蓄能总装机规模4579万千瓦，占全球总规模的26.2%，另有近2亿千瓦的抽水蓄能电站正在开展前期勘察工作；我国新增投运新型储能项目规模约为700万千瓦，累计装机规模约为1310万千瓦/2710万千瓦时；压缩空气技术、电化学储能技术也取得巨大的进步。

（一）世界最大规模抽水蓄能电站：河北丰宁抽水蓄能电站

抽水蓄能是我国建设新型电力系统最重要的举措之一，其技术成熟、性价比高，非常适合大规模的开发建设。国家电网公司十分重视抽水蓄能工作，其旗下的国网新源控股有限公司（以下简称“国网新源”）开展了大批抽水蓄能电站建设。2020年，国网新源抽蓄机组综合利用达2500小时，促进新能源消纳电量达200亿千瓦时。截至2021年底，国网新源共建设了抽水蓄能电站56座，装机容量达6920万千瓦，开展可研和预可研抽水蓄能项目3000万千瓦。同时，国网新源还研制了我国首台25万千瓦、30万千瓦和37.5万千瓦大型抽水蓄能设备，打破了国外长期以来的垄断，实现了自主研发生产；共同参与、承担修订国际标准2项、国家标准26项、行业标准131项，有力推动了我国抽水蓄能技术的发展。国家电网根据国家能源局2021年发布的《抽水蓄能中长期发展规划（2021—2035年）》，计划在“十四五”期间对国网新源投资1000亿元用于抽水蓄能建设，新增装机容量2000万千瓦。

其中，河北丰宁抽水蓄能电站是目前世界上规模最大的抽水蓄能电站，创造了四项世界第一的纪录：世界第一装机容量抽水蓄能电站、世界第一抽水蓄能能力、世界第一地下厂房规模和世界第一地下洞群规模。该电站总装机规模为360万千瓦，年发电量将超过66.12亿千瓦时，年抽水电量为87.16亿千瓦时，每年可以节约煤炭消耗至少48万吨，减少二氧化碳排放114万吨。

2023年，国家电网继续推动抽水蓄能的发展，开工建设5座抽水蓄能电站，投产运营4座抽水蓄能电站，届时国家电网运行的抽水蓄能电站装机规模将达到3800万千瓦，将极大地促进我国储能行业的发展与进步。

（二）中国一次建成最大电化学储能电站：大唐耒阳电化学储能电站

目前我国电力系统储能的主要方式仍为抽水蓄能，但这一储能技术对自然环境要求比较高。因此，电力行业企业纷纷开始探索压缩空气储能、电化学储能等新型储能技术。

2022年12月，大唐华银耒阳分公司的电化学储能电站正式并网投运，该储能电站是目前湖南省最大的电化学储能项目，总投资7.6亿元，装机规模为200兆瓦/400兆瓦时，采用了直流1500伏技术路线和磷酸铁锂电池，循环次数高于6000次，并设置了共148套电池舱和74套PCS交直流转换一体舱，全寿命周期剩余容量将大于80%，系统综合效率不低于85%，具备一次调频、AGC、AVC、分区控制等功能，适用于调峰、调频等多种应用场景。与传统储能技术相比，电化学储能具有高能量密度、快速响应、双向调节、环境适应性强、建设周期短、使用安全等特点，既可用于分布式布置，也可用于集中式布置。

该项目有效提高了当地乃至整个湖南省电网的调节能力和适应性，大幅增强了电储能能力，为我国构建新能源体系、新型电力体系及湖南省新能源的发展提供了强大保障和动力（见附图 6）。

附图 6　大唐耒阳电化学储能电站

八、氢能典型案例

2022 年 3 月，国家发展和改革委员会发布《氢能产业发展中长期规划（2021—2035 年）》，氢能产业被确定为战略性新兴产业和未来产业重点发展方向。目前，我国氢能产业发展迅速，基本涵盖了氢气“制—储—输—用”全链条。

（一）氢能行业领航者：东方电气

2010 年，中国东方电气集团有限公司（以下简称“东方电气”）以能源转型为契机，率先启动氢能产业原创性、引领性科学技术攻关。东方氢能和东方锅炉作为东方电气两大氢能产业核心发展平台，前者核心方向为燃料电池膜电极、电堆和系统，后者主要聚焦于氢能供应端，包括制氢、储氢、运氢及加氢。通过聚焦氢获取、氢储运、氢加注基础设施建设与运维等领域，东方电气致力于成为氢能综合利用方案提供商、氢能核心设备供应商以及氢能投建运服务商，其相关核心技术与产品涉及膜电极、电池堆、燃料电池发动机、燃料电池汽车动力总成、燃料电池测试平台、绿色制氢技术、高密度储运氢技术、站内固定式高压储氢罐等。

在深耕氢能领域的十余年中，东方电气坚持以“绿色动力，驱动未来”为企业使命，以“氢能点亮美好生活”为愿景，全面布局绿色氢能“制—储—输—用”全产业链。具体到产业链各环节，在氢能制备方面，2022 年成功研制 50 标方 PEM 电解槽及制氢系统，东方锅炉中标首个光伏氢能综合开发项目；在氢能储 / 输方面，2020 年自主研发的四川首套加氢站用高压储氢容器制造完工，2022 年参建的国内首个管道输氢母子加氢站投运；在氢能应用方面，截至 2022 年 3 月，百台装配自主知识产权氢燃料电池的公交车累计载客运营里程突破 1300 万千米，百千米平均氢耗低于 3.4 千克，各项指标达到业内先进水平。

东方电气积极参与“成渝氢走廊建设”，打造西部地区首座氢能高端先进装备制造产业园区。2021 年 7 月，东方氢能产业园在成都市郫都区开工建设，规划总投资金额 15 亿元，占地面积 5.8 公顷，于 2022 年 8 月正式投运，成为国内首个制储用一体化多场景氢能全产业技术应用示范园，也是全国第一座中欧合作的氢能产业园区。园区导入四川省燃料电池重点实验室，一体化建设氢能科技创新中心、制造中心、科普中心、运维服务及大数据中心和应用示范中心，积极引入上下游企业，打造氢能产业生态圈创新产业集群。

未来，东方电气将积极探索氢能耦合多能互补发展。一方面，推动风、光、水等可再生能源与氢能融合发展，探索绿电供绿氢，构建风光水氢储一体化综合智慧能源解决方案；另一方面，聚焦氢制取、储运、加注及应用等环节核心装备研制，聚力氢能交通、综合供能、氢储能、氢燃机、氢化工、氢冶金等应用领域，致力于成为中国氢能综合利用引领者。

（二）勇立氢能发展潮头：国家电投

2016 年起，国家电力投资集团有限公司（以下简称“国家电投”）便前瞻性地从能源线和产品线两方面布局氢能业务发展，并于 2017 年 5 月在能源央企中率先成立首家氢能专业化子公司——国家电投氢能科技发展有限公司，同年，国家电投旗下的中国电力投资集团公司组建中电智慧综合能源有限公司，主要从事氢能运营。

在能源线方面，国家电投加快布局氢能产业基地，以京津冀、长三角和华中地区作为布局重点。北京周边氢能源网络建设的主要目的在于服务 2022 年北京冬奥会，中国电力北京延庆氢能产业园一期和二期项目引进了国内首套兆瓦级新型电解水制氢装置，建成了北京市首座 70MPa 加氢站，达到了国际先进水平，实现了供氢续航里程、全站供氢能力、加氢安全性、智能化程度的“四大跨越”。长三角地区，国家电投在宁波重点推进双极板和氢燃料电池总装两条中试线、氢能产业园一期建设、氢能交通示范应用等项目实施。武汉是国家电投在华中地区布局氢能的重要节点城市，其通过利用武汉本地高校的氢能基础性研究优势，加快布局关键材料研究和燃料电池产业链。

在产品线方面，国家电投氢能公司 2019 年 8 月成功完成首台自主研发百千瓦级燃料电池电堆组装，2020 年 9 月，发布了自主化燃料电池电堆及系统产品“氢腾 FC-ML80/FCS65”，电堆额定功率 88 千瓦，体积功率密度 3.2 千瓦 / 升，系统额定净输出 67 千瓦，质量功率密度 350 瓦 / 千克，可实现零下 30 摄氏度低温启动，技术指标达到国际先进水平，打通了从原材料、零部件到电堆的全自主产业链，补齐了我国氢燃料电池关键技术的短板。

目前，“氢腾”已成功应用于公共交通、铁路运输等领域。2021 年 4 月，“氢腾”大巴首次亮相博鳌亚洲论坛 2021 年年会，并先后服务于东盟博览会、东北亚博览会、北京冬奥会，积累了大型活动服务经验。在北京冬奥会期间，“氢腾”大巴在延庆和北京赛区累计出车 7205 次，接驳人数 16 万人次，总行驶里程 88.8 万千米，经受住了低温、陡坡等重大考验，做到了零失误和零故障，彰显了中国制造和中国创造在氢能产业中的实力。2021 年 5 月，全国首台氢能机车试运行项目在京启动，标志着全国首台氢能机车实现了由研发到应用的重大跨越。据测算，铁路运输分公司 627 千米锦白铁路全部投入使用氢能机车后每年减少碳排放量 9.6 万吨，相当于种植 600 多万棵树，为全球铁路装备领域低碳化、清洁化发展提供了创新示范。

九、综合智慧能源典型案例

近年来，我国在综合智慧能源建设方面出台了《关于推进多能互补集成优化示范工程建设的实施意见》《关于规范开展第三批增量配电业务改革试点的补充通知》等一系列政策文件，启动了 28 个新能源微电网示范工程、320 个增量配电业务改革试点、23 个多能互补集成优化示范工程、55 个“互联网 +”智慧能源项目。

（一）绿色冬奥：一起向未来

北京冬奥会作为全球首个真正实现碳中和的奥运赛事，从申办到筹办，始终秉持绿色、生态、低碳、可持续的核心理念。北京冬奥会从能源、建筑、交通、碳汇 4 个方面入手，通过应用人工智能、5G 等多种前沿技术，实现低碳办会。所有场馆 100% 使用绿色电力，建设场馆全面满足绿色建筑标准，赛事使用的清洁能源车辆占比为历届冬奥会最高，是北京冬奥会力争实现碳中和的重要体现。

实现奥运史上首次全部场馆被城市绿色电网覆盖，是北京冬奥会最大的亮点之一，更是奥运史上的创举。依托张北柔性直流电网工程和适用于北京冬奥会的跨区域绿电交易机制，场馆的照明、运行等用电均由张家口的光伏和风力发电提供。张北柔性直流电网工程采用我国原创柔性直流电网新技术，具有可控能力强、功率调节速度快、运行方式灵活等特点，有效解决了风电、光伏等间歇性能源发电并网安全问题。北京冬奥电力运行保障指挥平台相当于保证全部场馆绿电供应的智慧大脑，通过运用数字孪生、智能语音等技术，可实时、全景式监控场馆内电力情况。冬奥会场馆共消耗绿电约 4 亿千瓦时，减少标准煤燃烧 12.8 万吨，减少二氧化碳排放 32 万吨。

北京冬奥会所有新建室内场馆均达到了绿色建筑三星级标准，既有场馆通过节能改造达到了绿色建筑二星级标准。针对雪上场馆的绿色建筑设计问题，创新制定了我国首个绿色雪上运动场馆评价标准，填补了国内外相关标准的空白。国家速滑馆、首都体育馆、首体短道速滑训练馆、五棵松冰球训练馆 4 个冰上场馆在冬奥会历史上首次使用最清洁、最低碳的二氧化碳跨临界直冷制冰技术，在减少传统制冷剂对臭氧层破坏的同时，大幅降低制冷系统能耗，与传统制冷方式相比，可实现节能 30% 以上。与此同时，采用超低能耗技术建设的“被动房”，也提高了建筑物能效水平，通过高效的保温或无热桥设计，提高了建筑物的气密性，建筑物综合节能率大幅提升。

除了场馆内的能源使用实现了绿色化，赛区内交通、赛区和市区间交通同样也采取了各类措施，确保交通运行更加绿色低碳。交通服务用车的能源类型包括氢燃料车、纯电动车、天然气车、混合动力车及传统能源车，节能与清洁能源车辆在小客车中占比 100%，在全部车辆中占比 85.84%，为历届冬奥会最高，北京冬奥会成为全球首次大批量使用氢燃料电池客车服务的体育赛事。

北京冬奥会对清洁能源的追求与所作出的努力，彰显了中国政府大力发展清洁能源产业、积极践行减碳大国责任的信心和态度。以举办冬奥会为契机，集中力量进行技术攻关，探索新能源大规模输送、并网及消纳的一体化新路径，充分展示新能源应用潜力，也有利于推动新能源产业化，为中国乃至全球能源低碳转型积累宝贵经验。

（二）绿色新国门：北京大兴国际机场

被誉为“新世界七大奇迹”之首的北京大兴国际机场于 2019 年 9 月 25 日正式投运，是全球屈指可数的超大型航空综合交通枢纽。北京大兴国际机场坚持绿色建设理念，高效利用各种能源，其综合能源服务系统包括太阳能光伏发电、浅层地热、污水源热量、烟气余热、储能等。可再生能源总量占机场年综合能源消费总量的 12% 左右，是目前全国运用可再生能源比例最高的机场，其中以美的中央空调等国产设备为代表的地源热泵贡献了 10%，另外 2% 主要是利用风能和太阳能进行照明。北京大兴国际机场在停车楼顶、货运区屋顶、公务机库、能源中心完成太阳能光伏发电设施建设，在蓄滞洪区周边、公务机楼、飞行区服务设施等建设浅层地热利用设施，在污水处理厂配置污水源热泵等区域。

北京大兴国际机场充分借鉴传统绿色生态发展模式，建成了目前国内最大的多能互补地源热泵工程，每年能提取浅层地热能 56.36 万吉焦，根据北京气候及项目用能特点，冬季供暖期为 123 天，夏季制冷期为 120 天，日使用时间为 24 小时，可满足 257 万平方米建筑的冬季供暖和夏季制冷需求，节省天然气 1735.89 立方米，相当于 21078 吨标准煤，可减少碳排放 1.8 万吨以上，实现了环保节能的社会效益和降低能源成本的经济效益的有效统一。

北京大兴国际机场的跑道区、东航基地、南航基地等 13 座分布式光伏电站实现自发自用、余量上网。2019 年 9 月 19 日，机场北跑道南侧区域及其货运区屋顶分布式光伏发电项目顺利并网发电，使其拥有了全球距离跑道最近、国内首个在飞行区跑道旁铺设的光伏系统。该分布式光伏发电项目建设规模 5.61 兆瓦，年均发电量达到 610 万千瓦时，约占机场总能源使用量的 1%，相当于每年节约 1900 吨标准煤，减排 966 吨二氧化碳，减少排放 14.5 吨二氧化硫，并同步减少各类大气污染物的排放。

作为全球“绿色”机场标杆，北京大兴国际机场实现了场内清洁能源车使用率 100%、充电配套设施覆盖率 100%，拉开了全球机场“油改电”进程的序幕，真正实现了降本增效和绿色低碳，对未来公共设施领域可再生能源应用的创新推广形成了有力示范。

十、新型输电技术典型案例

作为新一代电力系统技术，柔性输电技术能够灵活和精准地调节电网潮流、电压等，应用柔性输电装置，可以对输电网按照设定的控制目标和策略进行，有效提升电网的输送能力和安全稳定水平。近 10

年来，我国投入了多项柔性直流工程，电压等级、输送容量均处于世界领先地位。

（一）世界首个网络特性直流电网：国家电网张北柔性直流电网工程

张北柔性直流电网工程于2020年6月正式投运，该工程是世界上首个“风、光、储、输”一体化多能互补的柔性直流电网工程，采用我国原创、领先世界的柔性直流电网新技术，创造了12项世界第一，突破了柔性直流电网构建、柔性直流容量提升、柔性直流可靠性提升三大难题，为破解新能源大规模开发利用这一世界级难题提供了中国方案。

张北地区可再生发电资源丰富，可以有效推动新能源开发外送。张北可再生发电开发规模高达8500万千瓦，是国家规划的大型可再生能源基地，但由于本地消纳能力有限，当地丰富的风、光资源亟须外送消纳。张北柔性直流电网工程配套建设630万千瓦风电、光伏发电，拉动当地风、光发电投资额达到600亿元，工程投运显著提升了张家口地区新能源外送能力，有效促进了当地扶贫电站消纳新能源，惠及1110座光伏扶贫电站和104896户贫困户，总容量达133.9万千瓦。

服务清洁低碳冬奥，保障北京冬奥会100%绿色电力。该工程额定电压为±500千伏，建设666千米±500千伏直流输电线路，总换流容量为900万千瓦，将张北新能源基地、丰宁储能电源与北京负荷中心可靠互联，建立了一条100%输送绿色能源的电力通道，为北京冬奥会提供了坚实的绿色能源保障。工程投产后，能够满足700万千瓦新能源装机的外送和消纳需求，每年输送140亿千瓦时清洁电力，全面满足北京以及张家口26个冬奥会场馆用电需求，助力北京冬奥会场馆实现奥运史上首次100%清洁能源供电。

（二）中国首个特高压多端直流示范工程：南方电网昆柳龙柔性直流输电工程

“昆柳龙柔性直流输电工程”全称为“乌东德电站送电广东广西特高压多端直流示范工程”，由南方电网公司于2018年12月投资开工建设，2021年1月正式投产送电，是国家西电东送重点工程，也是世界第一条800千伏特高压多端柔性直流输电“高速路”。作为世界第七大水电站——乌东德水电站的主要送出“大动脉”，工程从云南出发，跨过1452千米的高山河湖，途经云南、贵州、广西、广东4省份，把电站丰沛的电能分别送往广东和广西用电负荷中心，每年送电330亿千瓦时，相当于每年减少电煤消耗1055万吨，减少二氧化碳排放2500万吨，为落实“十四五”规划要求和满足粤港澳大湾区经济发展用电需求奠定了坚实基础。

作为世界上首个特高压多端混合直流工程，昆柳龙柔性直流输电工程创造了19项世界第一，包括世界上第一个±800千伏特高压柔性直流输电工程、世界单站容量最大的换流站、世界首次具备架空线路故障自清除及再启动能力的输电工程等，大量前所未有的运行方式实现从0到1的突破，围绕特高压柔性直流拓扑结构、控制保护系统以及绝缘栅双极型晶体管（IGBT）、柔性直流变压器等关键设备和核心技术，南方电网展开了为期数年的攻关，解决了“单一模块故障导致系统闭锁”、系统运行方式优化等一批世界级难题。主要设备自主化率更是实现了100%，除IGBT关键芯片外，还包括柔直变压器、桥臂电抗器等多个关键设备、器件。实现从无到有后，维护了特高压直流技术全产业链安全，有效助力中国柔性直流输电技术保持国际领先地位，大大加快了能源电力产业链上下游企业创新能力提升、产品升级换代的步伐。

昆柳龙柔性直流输电工程有效助力乌东德水电站实现全额消纳，支持南方电网西电东送清洁能源占比保持约 85% 的高位水平，并将西电东送南通道的送电能力提升了 16%。该工程为缓解南方地区用电紧张局面作出了突出贡献，尤其是在 2021 年迎峰度夏南方地区电力供应趋紧时，昆柳龙柔性直流输电工程多次达到满负荷 800 万千瓦运行，单日送电量最高达 1.92 亿千瓦时，相当于满足约 300 万人一个月的用电量。

参考文献

[1] 同心筑梦 共赴冰雪之约 [N]. 河北经济日报，2021-10-27.

[2] 吴东，卓然. 北京冬奥会多措并举求低碳 [N]. 北京日报，2021-05-27.

[3] 刘泊静. 华能石岛湾高温气冷堆示范工程首次并网发电 [N]. 中国电力报，2021-12-21.

[4] 王轶辰. 北京冬奥会为能源转型加速 [N]. 经济日报，2022-02-10.

[5] 都芃. 首台全国产化“争气机”并网发电 [N]. 科技日报，2023-01-04.

[6] 赵航. 科技新高度 行业新标杆 [N]. 中国能源报，2020-12-14.

[7] 许盼. 首台全国产化 G50 燃机并网 [N]. 中国电力报，2023-01-06.

[8] 马晓敏. 亚洲最大火电二氧化碳捕集利用封存项目建成投产 [N]. 中国矿业报，2023-02-20.

[9] 2021 年中国核能行业十大新闻 [J]. 辐射防护通讯，2022，42 (01)：44-45.

[10] 谢吉东. 国家能源集团年产 50 万吨 CCUS 项目投产 [N]. 中国煤炭报，2023-06-03.

[11] 王永红，牟晋德，刘莹，等. 多措并举 铸造第四代核能安全先锋 [J]. 绿叶，2022 (07)：17-22.

[12] 丰宁抽水蓄能电站 [J]. 共产党员（河北），2022 (14)：58.

[13] 梁璇. 北京冬奥组委发布低碳管理工作阶段性成果 [N]. 中国青年报，2021-05-27.

［14］邱燕超 . 绿电护佑冰雪［N］. 中国电力报，2022-02-17.

［15］电器工业风云策划 /2020 事件篇 /［J］. 电器工业，2021（02）：7-11.

［16］段晓瑞 . 昆柳龙直流工程投产送电［N］. 云南日报，2020-12-28.

［17］付奇，陈澄，万小珍 . 江苏元素，点靓北京大兴国际机场［N］. 新华日报，2019-10-14.

［18］谭卓雯 . 昆柳龙直流工程正式启动投产［N］. 广西日报，2020-12-28.

［19］高雅 . 驭风而上 逐光向前［N］. 国家电网报，2023-03-20.

［20］张雪晴 . 北京大兴机场光伏项目并网发电［N］. 中国环境报，2019-10-09.

［21］瞿剑 . 特高压输电：以无数全球之最铺就电力“高速公路”［N］. 科技日报，2021-06-24.

［22］高雅 . 美丽中国的三种色彩［N］. 国家电网报，2023-08-21.

［23］贾丽 . 大兴机场开行在即“中国制造”震撼世界［N］. 证券日报，2019-09-24.

［24］刘早 . 推动能源转型 电亮美好未来［N］. 国家电网报，2023-10-23.

［25］韦嵘晖，冯俊杰，周月宾 . 柔性直流输电发展现状及应用前景［J］. 南方电网技术，2022，16（03）：1-7.

［26］李斌，许付磊 . 绿色冬奥新意浓［N］. 河北经济日报，2021-08-16.

［27］范思立 . 世界首个柔性直流电网工程开建［N］. 中国经济时报，2018-03-01.